吴烺集

1

（清）吴烺 撰

政協全椒縣委員會 編
國家圖書館出版社

全椒古籍叢書

圖書在版編目(CIP)數據

吴烺集:全三册 / (清)吴烺撰;政協全椒縣委員會編. —北京:國家圖書館出版社,2019.8

(全椒古代典籍叢書)

ISBN 978-7-5013-6767-2

Ⅰ.①吴… Ⅱ.①吴… Ⅲ.①吴烺—文集 Ⅳ.①Z429.49

中國版本圖書館 CIP 數據核字(2019)第 099679 號

國家圖書館出版社
官方微信

書　　名	吴烺集(全三册)
叢 書 名	全椒古代典籍叢書
著　　者	(清)吴烺　撰　政協全椒縣委員會　編
責任編輯	張愛芳　陳瑩瑩
封面設計	翁　涌
出版發行	國家圖書館出版社(北京市西城區文津街 7 號　100034) (原書目文獻出版社　北京圖書館出版社) 010-66114536　63802249　nlcpress@nlc.cn(郵購)
網　　址	http://www.nlcpress.com
排　　版	中睿智成(北京)科技有限公司
印　　裝	北京華藝齋古籍印務有限公司
版次印次	2019 年 8 月第 1 版　2019 年 8 月第 1 次印刷
開　　本	710×1000(毫米)　1/16
印　　張	65.5
書　　號	ISBN 978-7-5013-6767-2
定　　價	900.00 圓

《全椒古代典籍叢書》學術委員會

《全椒古代典籍叢書》編審指導委員會

《全椒古代典籍叢書》編纂委員會

主　　編：董光林

副 主 編：張　華　陸　鋒

執行主編：張道鋒

編　　委（按姓氏筆畫排列）：

李　雲　林如玉　周錦獅　宣　揚

莊立臻　柴發華　陳　立　陳紅彦

黄顯功　眭　駿　許　立　張　平

張鍾雲　馮立昇　童聖江　楊　健

靳　軍　鄭龍亭　謝冬榮　羅　琳

饒國慶

《全椒古代典籍叢書》出版委員會

主　　任：殷夢霞

副 主 任：張愛芳

委　　員（按姓氏筆畫排列）：

王若舟　王明義　袁宏偉　陳瑩瑩

黄　静　靳　諾　蘆　璿

總序

皖東全椒，地介江淮，壤接合寧，古爲吴楚分野，今乃中部通衢，建置歷史悠久，文化底蘊深厚。據《漢書·地理志》載，全椒於漢高祖四年（前二〇三）置縣，迄今已逾二千二百二十年。雖屢經朝代更替，偶歷廢易僑置，然縣名、治所乃至疆域終無巨變。是故國史邑乘不絶筆墨，鄉風民俗可溯既往，遺址古迹歷然在目，典籍辭章卷帙頗豐。

有唐以降，全椒每以文名而稱江淮著邑。名臣高士時聞於朝野，文采風流廣播於海内。本邑往哲先賢所撰經史子集各類著作并裒輯之文集，於今可考可見者，凡數百種一百七十餘家。其年代久遠者，如南唐清輝殿學士張洎之《賈氏譚録》、宋代翰林承旨吴幵之《優古堂詩話》《漫堂隨筆》；其聲名最著者，如明代高僧憨山大師（釋德清）之《憨山老人夢游集》、清代文豪吴敬梓之《儒林外史》；至於衆家之鴻篇巨制、短編簡帙，乃至閨閣之清唱芳吟，舉類繁複，不一而足。又唐代全椒鄉賢武后時宰相邢文偉，新舊《唐書》均有其傳，稱以博學聞於當朝，而竟無片紙傳世，諸多文獻亦未見著録其作；明代全椒鄉賢陽明心學南中王門學派首座戚賢，辭官歸里創南譙書院，經年講學，名重東南，《明史》有傳，然文獻中唯見其少許佚文，尚未見輯集。凡此似於理不合，贅言書此，待博見者考鏡。

雖然，全椒古爲用武之地，戎馬之鄉，兵燹頻仍，紳民流徙，兼之水火風震，災變不測，致前人之述作多有散佚。或僅見著録下落不明，或流散異鄉束之高閣，且溯至唐代即疑不可考，搜於全邑亦罕見一帙……倘任之如故，恐有亡失無徵之虞，亟宜博徵廣集，歸整編次。前代鄉先輩未嘗不欲求輯以繼往開來，然薪火絶續，非唯心意，時運攸關。

今世國運昌隆，政治清明，民生穩定，善政右文，全民呼應中華民族復興，舉國實施文化强國戰略。全椒縣政協準確把握時勢，以傳承發展中華優秀傳統文化爲己任，於二〇一七年發軔擔綱編纂《全椒古代典籍叢書》，獲全椒縣委、縣政府鼎力支持，一應人事財力，適時調度保障。二〇一八年十月，古籍書目梳理登記及招標采購諸事宜甫定，即行實施。

是編彙集宋初至清末全椒名卿學士之著述，兼收外埠選家裒集吾邑辭章之文集，宦游者編纂他邑之志書則未予收録。爲存古籍原貌，全套影印成册。所收典籍底本，大多散落國内各省市、高校圖書館及民間收藏機構，或流落海外，藏於日英美等異邦外域。若依文獻目録待齊集出版，一則耗時彌久，二則亦有存亡未定者，恐終難如願。爲搶救保護及便於閲研計，是編未按經史子集析分門類，而以著述者個人專題分而輯之，陸續出版。著多者獨自成集，篇短者數人合集，多則多出，少則少出，新見者續出。如此既可權宜，亦不失爲久遠可繼之策。全椒古籍彙集編纂，史爲首舉。倉促如斯，固有漏失，非求急功近利，實乃時不我待。拾遺補闕，匡正體例，或點校注疏，研發利用，唯冀來者修密，後出轉精。

賴蒙國家圖書館出版社承影印出版之任，各路專家學者屬意援手，令尋訪古籍、採集資料、版本之甄別、編纂之繁難變而稍易。《易》曰：『二人同心，其利斷金。』君子共識而遇時，其事寧有不濟哉？

文化乃民族之血脉，典籍乃傳承之載體。倘使吾邑之哲思文采，燭照千秋，資鑒後世，則非唯全椒一邑獨沾遺澤，亦可忝增泱泱中華之燦爛文明以毫末之光。編次伊始，略言大要，勉爲是序。全椒末學陸鋒謹作。

《全椒古代典籍叢書》編纂委員會

二〇一八年十月

前　言

由於康乾時期文網嚴密，清代的學術風氣漸從明末清初的思想論争變爲訓詁考據的研究，這樣一個重大的學術轉型，美國著名學者艾爾曼稱其爲『從理學到樸學』的演變。正是因爲思想的窒息，反而導致了漢學的極大興盛，催生了中國學術史上一批重要的成果。學者們皓首窮經，尋章摘句，史稱『乾嘉學派』，吴烺就是乾嘉時期非常著名的學者之一。他的聲韻學、天文曆算的研究在當時獨步天下，他的文集《杉亭集》更是由乾隆時期著名文壇領袖姚鼐作序。然而到目前爲止，吴烺其人其學却極少有人關注，這不得不説是一種缺憾。

吴烺（1719—約1770），字荀叔，號杉亭，安徽全椒人。十歲喪母，十三歲隨父游歷南京，在此期間廣泛接觸音樂家及歌女，爲其詞律名著《學宋齋詞韻》的面世打下了堅實的基礎。十五歲正式定居南京，從著名天文曆算學家劉著學習，劉著乃是清代天文曆算大師梅文鼎的弟子，吴烺對於此間玄妙頗感興趣，他閱讀古今名家著作，精研探析，纔有了《周髀算經圖注》這部在世界科技史上具有重大影響的名著。乾隆十六年（1751），吴烺趁乾隆皇帝南巡的機會，與王又曾、王鳴盛、錢大昕等六人迎鑾獻詩賦被召試行在，并賜舉人身份，授內閣中書的閑職。然而這樣閑散的生活是不符合吴烺的心性的，他在入仕後不久即離開京城，經常在南京、揚州一帶游覽，探親訪友、吟詩作對。

乾隆十七年，吴烺『乞假歸覲』，往揚州、真州、和州等地會見朋友，不久其妻病篤去世。乾隆十九年，金兆燕馳書報喪，其父吴敬梓仙逝，吴烺極爲悲痛，於次年買舟南還，回到家鄉全椒。吴氏父子感情甚篤，超出了一般意義的父子關係，吴敬梓曾在《病中憶兒烺》一詩中説『有如別良友，獨念少寒衣』，二人詩集唱和之作亦甚多。吴敬梓的逝世使得吴烺心性爲之一變，成爲他爲人與爲文的一個重要轉折點。乾隆三十四年，吴烺往甘肅任寧武府同知，一年後以疾辭歸。

吴烺是清代著名的聲韻學家，著名詞學家吴梅曾評價他的《學宋齋詞韻》道：『當戈韻未出以前，詞家奉爲金科玉律者，莫如吴烺、程名世等所著之《學宋齋詞韻》。』可見此書之崇高地位與廣泛的利用率。吴烺還是著名的天文曆算學家，他的《周髀算經圖注》和《勾股算法》一直影響到現代的很多科學領域，吴烺也因此被列入《疇人傳》中。當然，吴烺還是一位著名的文學家，他的《杉亭集》《靚妝詞鈔》等作品在乾隆時期獨樹一幟，産生了很大影響。他的古文創作更是開時代風氣之先，被姚鼐、王鳴盛等大學者交口稱贊。

一九九三年黄山書社曾出版《吴敬梓吴烺詩文合集》，這是一部點校版文集，其中涉及吴烺部分包括《春華小草》《靚妝詞鈔》和《杉亭集》，因爲受到體例的限制，并没有收録吴氏學術著作。此次所編《吴烺集》不僅包括上述文學著作，也涵蓋其學術著作如《五聲反切正均》等，可以説是吴烺現存所有著述的第一次完整結集，其文獻價值不言而喻。《吴烺集》凡八種文獻，《五聲反切正均》《學宋齋詞韻》是聲韻學著作，《周髀算經圖注》是天文曆算類著作，《試帖扶輪集》屬於科舉文獻，《杉亭集》《杉亭詞》《春華小草》及《靚妝詞鈔》則是吴氏各個時期創作的詩文詞的各種重要版本。以上著述種類豐富，涉及面廣泛，可以反映一代學者多方面的精湛造詣。然而在編纂過程中也存在一些遺憾，《勾股算法》不知所蹤，《杉亭集》中國社會科學院文學研究所藏本乃是完本，亦下落不明，衹好以安徽博物院藏殘本代替。

《吴烺集》的編纂過程是嚴謹的，但是限於編者水平，錯誤必然難免，懇請廣大學者賜閲指正！

《全椒古代典籍叢書》編纂委員會

二〇一九年七月二十八日

凡　例

一、本集凡八種文獻，成書三册，乃吴烺著述合集。

二、本集按照四部分類法順序編排，同一門類按照刻本在前、稿抄本在後的原則排列。

三、《試帖扶輪集》乃科舉文獻，今仿《中國古籍總目》体例按集部總集類課藝之屬處理。

四、本集所收各書，另撰提要置於全書之前。

總目録

第一册

第二册

第三册

提　要

一、五聲反切正均

《五聲反切正均》一卷，清吴烺著，清乾隆十六年（1751）刻本。卷首有程名世序。全書分『辨五聲』『論字母』『審縱音』『定正韻』『詳反切』『立切脚』六章。吴氏於聲母删并三十六字母，其法與江永、方以智諸大家皆不相類，於韻母則歸并《佩文詩韻》。其聲韻調系統因江淮官話而擴充之，於近代金陵官話之研究亦大有裨益。

二、學宋齋詞韻

《學宋齋詞韻》一卷，清吴烺、江昉、吴鏜、程名世輯，清乾隆三十年（1765）刻本。卷首有金兆燕序，又有例言明其體例。是書詳究宋以來詞韻書，分詞韻爲十五部。前十一部爲平、上、去三聲，後四部爲入聲。其中六、七兩部韻尾相混，入聲亦有此例。是書以同音排列韻字，無注音，亦無釋義，當專爲填詞所備也。

三、周髀算經圖注

《周髀算經圖注》一卷，清吴烺撰，清乾隆三十三年（1768）刻本。卷首有沈大成序及吴氏自序。吴氏乃算學大家梅文鼎再傳弟子，因而頗通曆象章算音韻，工勾股旁要之學。是書以西法補證古經，尤有建樹。《周髀算經》除弦圖、日高圖、七衡圖外，皆以文字行之。吴氏因文製圖，沈序謂其：『舉千載之難明者，一旦豁然于目而洞于心。』

四、試帖扶輪集

《試帖扶輪集》八卷，清吴烺、程夢元輯注，館閣諸公評定，清乾隆二十五年（1760）刻本。卷首有王鳴盛、吴烺、程夢元序，又有發凡六條。是書爲科舉範文之彙編，録文凡一百五十六篇，皆有眉批以明文法。此前多有以『扶輪』命集者，如《扶輪續集》《扶輪廣集》《扶輪新集》者皆是也，蓋取其輔助之義也。

五、杉亭詞

《杉亭詞》一卷，清吴烺撰，清乾隆四十三年（1778）刻琴畫樓詞鈔本。《琴畫樓詞鈔》凡録浙派二十五人詞集二十五卷，吴烺亦在其列。《詞鈔》輯者王昶乃吴氏好友，所據版本當從吴氏本人而來。卷八所録吴氏詞凡七十四首，内容與《杉亭集》等皆有不同之處，具有重要的版本校勘價值。

六、春華小草附靚妝詞鈔

《春華小草》附《靚妝詞鈔》，清吴烺撰，民國二十年（1931）亞東書局鉛印本。是書本附於吴敬梓乾隆刻本《文木山房集》後，《春華小草》乃詩集，《靚妝詞鈔》乃詞集，皆其二十二歲前所爲作也。部分詩詞見於《杉亭集》中，所録詩文皆吴氏最早作品。

七、杉亭集

《杉亭集》十六卷（存七卷），清吴烺撰，清抄本，安徽博物院藏（簡稱皖本）。是書本十六卷，詩十一卷，詞五卷，中國社會科學院文學研究所原藏有一完整抄本（簡稱京本），惜近來查無所得。皖本僅存詩集七卷。半葉八行，行二十四字，無框格，字迹工整，似出一人之手。除《勸學詩》三首外，餘皆與京本同。抄本《杉亭集》所録吴烺作品甚多，跨度持久，兼具文學與文獻價值。

第一册目録

五聲反切正均一卷

（清）吴烺 著

清乾隆十六年（1751）刻本

齊梁以來學者始言聲韻隋陸法言爲切韻五卷後郭知元輩從而增加之唐韻撰自孫愐宋陳彭年等重脩廣韻蓋卽孫愐之書而刊益者也昔開皇初有儀同劉臻外史顏之推著作郎魏淵武陽太守盧思道散騎常侍李若國子博士蕭該蜀王諮議叅軍辛德源吏部侍郎薛道衡同詣法言門宿夜永酒闌論及音韻以今聲調旣自有別諸家取舍亦復不同吳楚則時傷輕淺燕趙則多傷重濁秦隴則去聲爲入梁益則平聲似去呂靜韻集夏侯該韻畧陽休之韻畧周思言音韻李季節音

韻杜臺卿韻畧各有乖舛欲更摭選精切除削疎緩而成一編然其書不傳今所傳之書莫善於至元庚寅重刊改併五音集韻顧其中仍用神珙三十六母排定先後而不分陰陽平且猶不知東有公穹陽有岡姜光也杉亭舍人淵雅績學撰著甚富所輯五聲反切正均六篇言簡而義精證博而旨遠實能發前人未發之秘余急捐囊金鐫之以公同好斯世不乏賞音應無待於桓譚之屢歎矣

乾隆昭陽協洽且月江都程名世筠榭撰

杉亭集

五聲反切正均目

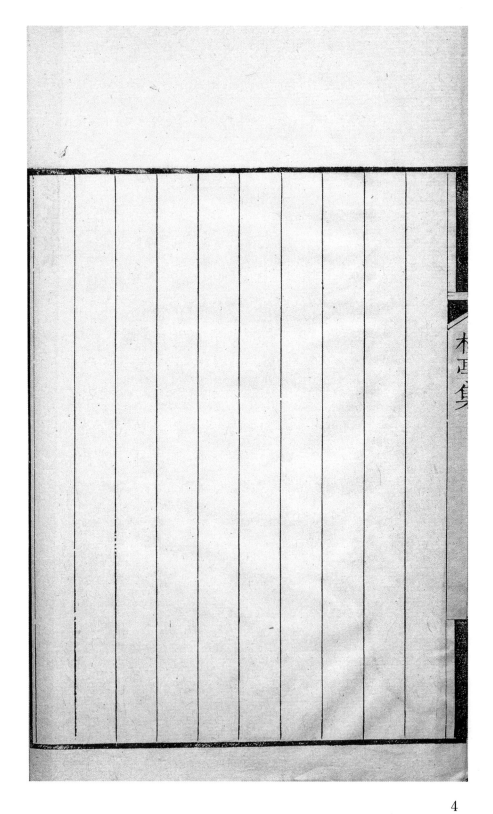

杉亭集

全椒吴烺荀叔著

五聲反切正均

辨五聲第一

反切之學出於五聲五聲者由人心生也平聲有二陰陽是也仄聲有三上去入是也方以智曰平上去入以一統三則曰平仄仄無餘聲聲皆平也平中自有陰陽張世南以聲輕清爲陽重濁爲陰周德清以啌喉清平爲陰以嘡喉濁平爲陽郝京山以四聲後轉一聲爲五西土謂之

清濁上去入故曰翕叜公東綳五聲也開承轉縱
合亦五聲也陰陽清濁輕重留爲泛之論權以怦爲
細聲烹爲粗聲兵爲發聲怦爲送聲潤則大人尖
爲童子本以無聲爲陽有聲爲陰用則聲發爲陽
發則闢陽闔陰字頭陽而尾陰宮商角陽而徵羽
陰宮角羽陽而商徵陰又宮陽而餘皆陰陰陽互
根則全陰全陽矣

古之學者詳於義而畧於音故詩三百篇其被
之筦弦者初無宮調不過聲依永律和聲而已
而四聲之說則濫觴於周顒發明於沈約

隋經籍志曰說者以爲書之所起起自黃帝蒼頡比類象形謂之文形聲損益謂之字著於竹帛謂之書故有象形諧聲會意轉注指事假借六義之別古者童子示而不誑六年教之數與方名十歲入小學學書計二十而冠始習先王之道故能成其德而任事然自蒼頡訖於漢初書經五變一曰古文卽蒼頡所作二曰大篆周宣王時史籀所作三曰小篆秦時李斯所作四曰隸書程邈所作五曰草書漢初作秦世既廢古文始用八體有大篆小篆刻符摹印蟲書署書殳書隸書漢時以六體

教學童有古文奇字篆書隸書繆篆蟲鳥并藁書
楷書懸針垂露飛白等二十餘種之勢皆出於上
六書因事生變也魏世又有八分書其字義訓讀
有史籀篇蒼頡篇三蒼埤蒼廣蒼等諸篇章訓詁
說文字林音義聲韻體勢等諸書自漢佛法行於
中國又得西域胡書能以十四字貫一切音文省
而義廣謂之婆羅門書與八體六文之義殊別
陳振孫曰吳棫撰韻補取古書自易書詩而下以
及本朝歐蘇凡五十種其聲韻與今不同者皆入
焉朱侍講多用其說於詩傳楚辭注其爲書詳且

博矣又有毛詩補音一書別見詩類大歸亦如此以愚攷之古今世殊南北俗異語言音聲誠有不得盡合者古之爲詩學者多以風誦不專在竹帛竹帛所傳不過文字而聲音不可得而傳也又漢以前未有反切之學許氏說文鄭氏箋註但曰讀若某而已其於後世四聲七音又豈能盡合哉反切之學自西域入中國至齊梁間盛行然後聲病之說詳焉韻書肇於陸法言於是有音同韻異若東冬鍾魚虞模庚耕清青登蒸之斷斷乎不可以相雜若此者豈惟古書未之有漢魏之前亦未之

有也陸德明於燕燕詩以南韻心有讀南作泥心切者陸以爲古人韻緩不煩改字此誠名言今之讀古書古韻者但當隨其聲之叶而讀之若來之爲釐慶之爲羌馬之爲姥聲韻全别不容不改其聲韻苟相近可以叶讀則何必改字如燔字必欲作汾沿反官字必欲作俱貟反天字必欲作鐵因反之類則贅矣

雖然聲音之道與性命通今以四聲之法口授童子得一可以通百亦可知斯理之非妄矣

方以智曰古音之亡於沈約猶古文之亡於秦篆

也然沈韻之功亦猶秦篆之功何也羅泌謂古有蒼帝而頡乃黃帝之史前此已有書矣六書既出各時增改古文篆大小篆波磔之筆至周列國緣飾俱備如六書統所載一字至一二百秦一天下始禁列國之書專從秦篆故漢之說文僅存但知小篆者也自秦篆行而古文亡矣然使無李斯畫一則秦漢而下各以意造書其紛亂可勝道哉古今隨自然之氣至有七音韻鑑而叔然之反切始明東晉謝安乃屬徐廣兄弟作音釋因取江左之方言而沈約增定之陸法言陸德明孫愐因之宋

廣韻因之故自沈韻行而古音亡矣然使無沈韻畫一則唐至今皆如漢晉之以方言讀其紛亂又可勝道哉音託於字故轉假用多同類應聲則叶之爲韻後人不能淹貫經史旁攷曲證止便習熟而成編之易爲功也遂守斯篆以論古聖制字之意遵沈韻以斥中原自然之聲則使人益病李與沈之過矣顏之推卽嘆小學依小篆是正爲不通古今何況今日邪吾故曰音有定而字無定切等旣立隨人塡入耳漢以來有通用者有分別者魏王吳朱因漁仲合溪而隨手掫造長箋守徐郭圭

漢篆則泥而不通何怪郝京山之一埽而通之乎然有古可借今不必借者自備包改古文之後史漢尚存舊文石經時可徵引惟當明其原委乃不爲辯攷者之所惑耳音韻之變與籀楷同天地推移而人隨之今日之變沈即沈之變上古也上古之音見於古歌三百漢晉之音見於鄭應服之論註至宋漸轉元周德清始起而暢之洪武正韻依德清而增入聲者也必如才老取宋人之叶必如升庵狥漢讀之異亦何貴乎凡此數者皆當通知然後愚者之所折衷可得而論矣

歷來相傳但曰四聲實則平有陰陽仄有上去
入合之爲五也夫五聲不明則陰陽不清陰陽
不清則標箭不準矣
方以智曰陰陽清濁輕重留爲通稱故權以啌喉
之陰平聲嘡喉之陽平聲側曰啌嘡不以溷開合
之陰陽清濁之陰陽也其輕重則曰麤聲細聲其
清濁則曰初發聲送氣聲不以混上聲濁去聲清
平聲清仄聲濁啌聲清嘡聲濁之通論也
又曰日月燈與字彙四法二十門纏繞無論且以
類隔門言之謂以端母切知知母切端如都江切

椿字丁恭切中字濁甘切譚字陟經切丁字此不
過因孫愐椿字一切也然四切已違其三矣唐韻
椿都江切而中則陟弓切譚則徒甘切丁則當經
切都江切椿非古讀都如諸則譌耳者古音渚故
諸翥等諧聲如休屠音除葢中國以所習字譯之
譯時不作休除而作屠以當時讀屠如除也曹子
建有都蔗詩六帖云張協有都蔗賦林下偶譚曰
甘蔗亦謂諸蔗相如賦諸蔗巴且則證知古都有
諸音又旁推之詩酌以大斗鄭元音主古文易曰
中見主凡字從詹從單從亶皆有舌頭舌上一種

之聲攷說文椿豚江切韻會椿株江切非確證乎椿從舂聲說文舂書容切韻會初江切以狗軌旁舂之蠻音牕也古江如工降如烘後漢謠江夏黃童天下無雙則此韻亦復轉也至於陟經切丁則尤可噴飯詩伐木丁丁陸德明釋文丁陟耕切葢讀如錚也指南乃以丙丁之丁附此門法寃哉

又曰或問濁聲法廢乎曰清濁通稱也將以用力輕爲清用力重爲濁乎將以初發聲爲清送氣聲爲濁乎將以空喉之陰聲爲清堂喉之陽聲爲濁乎李如眞言之詳矣平有清濁即啌陰嘡陽也仄

唱不用故以清兼濁而羣定竝从床等可并也譜
列董動借塡配位耳一行曰上聲去聲自爲陰陽
猶平聲之自爲陰陽也今必曰上聲亦有淸濁將
謂上聲有空喉堂喉乎若曰用力輕重則何以處
夫啌平聲之用力輕重嘡平聲之用力輕重乎支
分太細則另俟之此論紀綱也如沈約知平上去
入四聲寧知啌嘡上去入之五聲橫之七音亦韻
鑑入而傳者也今之發送收確證自然如此更復
何疑配位員用先逼其理如五行可四可六可約
四爲兩端而參之豈有礙耶

其法凡有一字先審其開承轉縱合卽陰陽上去入也開口爲陰承而揚起者爲陽轉者爲上縱者爲去收而合者爲入分而言之陰陽平各用上去入合而言之陰陽平共用上去入也

論字母第二

切韻字母出自西域其先相傳十四字後又得三十六字反切之法實本諸此

鄭樵曰切韻之學起自西域舊所傳十四字貫一切音文省而音博謂之婆羅門書然猶未也其後又得三十六字母而音韻之道始備中華之韻只

彈四聲然有聲有音聲爲經音爲緯平上去入者
四聲也其體縱故爲經宮商角徵羽半徵半商者
七音也其體橫故爲緯經緯錯綜然後成文愚所
作韻書備矣釋氏謂此學爲小悟學者誠不可忽
也

晁公武曰皇朝王宗道撰切韻指元論三卷四聲
等第圖一卷切韻者上字爲切下字爲韻其學本
出西域今其法類本韻字各歸於母幫滂並明非
敷奉微脣音也端透定泥知徹澄孃齒音也曉匣
影喻牙音也來日半齒半舌也凡三十六分爲五

音天下之聲總於是矣切歸本母韻歸本等者謂之音和常本等聲盡汎入別等者謂之類隔變也中國自齊梁以前此學未傳至沈約以後始以之爲文章至於近時始有專門者矣

華嚴字母 即隋志所載以十四字貫一切音

阿 侒鞥翁烏爊哀翳因安音諳謳阿

華嚴字母衞四十字縱十四字華嚴經每卷後附以三字母母下縱列十三字此其第一卷第一行也所謂以十四字統一切音者凡舉一字長言而咏嘆之其音必歸於此十四字中也烺按其中亦不全備少咬齒聲與魚模車遮韻也

三十六字母

見溪羣疑端透定泥知徹
澄孃幫滂並明非敷奉微
精清從心邪照穿牀審禪
影曉喻匣來日

右三十六字母相傳爲僧神珙所作鄭漁仲取爲七音畧而以非敷奉微知徹澄孃疊書於幫滂並明端透定泥之下又以照穿牀審禪疊書於精清從心邪之下初未有說以發明之若以下十三字與上十三字同母則是三十六母只存二十三母且照穿與精清尖團大不相同是必以照讀爲皂穿讀爲爨平聲而後可母乃漁仲之土音乎烜按漁仲之言多大而夸彼以爲七音等畧乃漢唐以來儒者所未窺見其舛謬已如此則又不獨十五畧之竊取杜氏之說以爲已說如貴與所譏也漁仲之强不知以爲知母論已今考字母不必用三十六其中有重複

處也必欲開口撮口聲俱全則又有遺漏尚非三十六母所能該括不如舉而去之爲便立切脚時任指兩字皆可求聲何必拘拘然定用此三十六字乎

見溪疑端透泥幫滂明精清心知徹審曉非來日

羣影定　孃並　從邪照澄　匣敷

喻　穿　奉

微　牀

禪

按上三十六母細分之只用十九母足矣餘皆複處也又見母於東韻不能切宮欲切宮字於三十六母中竟無母可用又如溪羣二母於東韻只切得穹窮二字欲切空字即無母可用可見其挂漏處正多也

其法以三十六母橫列於上平上去入縱列於下其橫者字之聲也以兩字切一字上字定位下字定聲識其母以爲標準

梅膺祚曰李嘉紹撰韵法橫圖等韻自音和門而下其法繁其旨秘人每憚其難而棄之曰吾取青紫奚藉是哉故世有窮經皓首之儒而反切莫知敝相仍也嘉紹氏以四例該等韵之十三門褫其繁以就於簡闡其秘以趨於明令人易知易能不有功後學哉嘉紹故如真先生子先生會爲字母詩括家學淵源所自來矣

鄭樵曰六書惟類聲之生無窮音切之學自西域流入中國而古人取音制字乃與韻圖脗合烺嘗深思之而知其非善法也夫同在九州之内風氣不同聲音亦異賈子云胡粤之人生而同聲耆欲不異及其長而成俗累數譯而不能相通今必執字母以求聲其不致相齟齬者亦鮮矣且諸蕃之聲與中華異安知字母之在西域又將以何聲讀之乎

鄭樵曰諸蕃文字不同而多本於梵書流入中國代有大鴻臚之職譯經潤文之官恐不能盡通其

旨不可不論也梵書左旋其勢向右華書右旋其勢向左華以正錯成文梵以偏纏成體華則一字該一音梵則一字或貫數音華以直相隨梵以橫相綴華蓋以目傳故必詳於書梵以口傳如曲譜然書但識其大畧華之讀別聲故就聲而借梵之讀別音故即音而借梵人別音在音不在字華人別字在字不在音故梵書甚簡不過數個屈曲耳差別不多亦不成文理而有無字之音爲華人若不別音如切韻之學自漢以前人皆不識實自西域流入中土所以韻圖之類釋子多能言之而儒

者皆不識起例以其源流出於彼耳華書制字極
宻點畫極多梵書比之實相遠邈故梵有無窮之
音而華有無窮之字梵則音有妙義而字無文彩
華則字有變通而音無錙銖梵人長於音所得從
聞入故曰此方眞教體清淨在音聞我昔三菩提
盡從聞中入有目根功德少耳根功德多之說華
人長於文所得從見入故天下以識字人爲賢智
不識字人爲庸愚

而其立法尤爲瑣屑字母横列於上四聲縱衡
之音列於下作爲圖式不勝其緐其以字母爲

標標猶虛位也未嘗不可易字以代之若以爲
協之宮商角徵羽配之喉齶舌齒脣則見溪羣
疑亦何殊於吉區奇魚乎故曰非善法也
方以智曰吳幼清陳晉翁熊與可趙凡夫皆欲加
母以迮狀不明也呂獨抱吳敬甫皆廢門法張洪
陽定二十字李如眞存影母括二十一字謂平有
清濁仄唱不用故以清兼濁此即指啌陰嘡陽也
但未明前人何以詭耳
又曰自鄭漁仲温公朱子吳幼清陳晉翁熊與可
章道常劉鑑廣宣智騫呂獨抱吳敬甫張洪陽李

如眞趙凡夫皆有辯說聚訟久矣今以配位通幾言之以易律歷徵之學者省力不亦便乎

又曰後人因攷辯而積悟之自詳於前前人偶見一端而況有傳訛强爭者乎今定此例乃便於窮古今之法非膠執此例也若用舊法舊法現在人當細心知其所以然耳

又曰不聿謂筆於菟謂虎終葵爲椎俠累爲傀軒轅爲韓奈何爲那何莫爲盍合古音矣然切叶之道今日明備聖人禮樂甚精而切叶用渾時也後人詳之時也詳而訛謬不得不更詳定之時也有

開必先聖人留象數律歷呼吸翕闢爲徵亦已明
矣書鏤版紙搨扇絜木綿飲芥露詩至長律書至
行草皆潤潤緬志之源江河金魚火鳥之補天漢
也何必定以古人掩後人乎且如一行之說邵子
之說有知其故者乎且如律吕新書之定史漢通
典與李文利瞿九思之說有折中者乎聲音爲徵
至之門切韻乃字頭之端幾耳且如王宗道以見
溪爲宫喉以影曉爲羽脣章黼半取之熊明來雨
疑之將何決乎玉鑰云知照影喻相通是何故乎
且悉曇金剛文殊問五十字母華嚴大般若用四

十二舍利用三十珙温用三十六以後或取二十四或取二十一今酌二十此中自有不定而一定之玅可顢頇乎

又曰管子謂五音出於五行此初配位圖也王宗道以牙爲宫温公以四時序配横圖以喉爲羽韻會依之章道常又改其半按漢書羽聚也爲水爲智樂書曰聲出於脣而齒開吻聚此爲確證嶽傳朱子法以河圖生序脣舌齶齒喉爲羽徵角商宫律生之後黃鍾上旋南吕回旋自然符合即鄭漁仲所明七音鑑也究竟五音之用全不拘此等切

字頭端幾係焉初譯之時取中土字塡之孫炎反切與婆羅門書十四横貫適相符逼呂介孺曰舍利定三十字守温加六眞空玉鑰見前人反切不合增立門法豈知各時之方言異乎洪武正韻改沈約矣而各字切響尙襲舊註因作例明之烺按方例亦有舛誤故不錄

審縱音第三

字母既不可用然則反切以何者爲主乎曰縱音之法不可不知也天地之理經緯而成文章發於自然不待勉强古之聖人仰觀俯察類萬

物之情而作字當其始也未有字先有聲而後以字實之是聲爲本體而字爲虛位也夫天下字有限而聲無窮聖人易結繩爲書契取其便於民用也用之既足則亦已矣是以同文之教專主乎義而音不預焉然人受天地之中以生榮衛之精上輸於肺發而爲聲應乎律呂縱衡轇比不失絫黍雖古今異宜五方異俗出乎口而爲聲其致一也

梅膺祚曰上古有音無字中古以字通音輓近又沿字而失其音葢以韻學未講而仍訛襲舛莫知

適從也韻學自沈約始而釋神珙繼以等韻列為
三十六母分為平仄四聲亦既攄性靈之奥而洩
造化之元矣顧通攝門繁而膚淺莫測予苦之壬
子春從新安得是圖乃知反切之學人人可能者
圖有經有緯經以切韻緯以調聲一切一調彼此
合湊葢有增之不得減之不得倒置之不得出自
天然無容思索稍一停思竟無聲續矣圖各三十
二音上下直貫因曰韻法直圖學者按圖誦之庶
音韻著明一啟口即知而通攝之法可置之矣

舊傳韻法直圖頗便誦習埽除字母大有廓清

之功特其中陰陽平相混且多脱音而上去入
不免重複其切脚二字往往不準烺今别立新
法使其陰聲歸陰陽聲歸陽上去入各以類從
爲位則有二十爲三字句者五爲五字句者一
縱橫條理歸於一貫學者誦之不崇朝而其功
巳竟亦如五聲之發乎天籟而非人力所能爲
也

邵雍曰韻法闢翕律天清濁吕地先閉後開者春
也純開者夏也先開後閉者秋也冬則閉矣

方以智曰元會呼吸律歷聲音無非一在二中之

交輪幾也聲音之幾至微因聲起義聲以節應節即有數故古者以韻解字占者以聲知卦無定中有定理故適值則一切可配縷析而有經緯故旋元則一切可輪因此表之原非思議可及

或曰切韻始於西域字母今子毅然去之可乎曰法求無弊而已且如茹毛飲血之變爲粒食蕢桴土鼓之變爲笙簧不可謂前人是而後人非也而況韻法直圖相傳已久烜則斟酌損益於其間初未嘗創作也

縱音圖說

陰	公空翁東通		宗聰松中充	烘風							
陽	同農	蓬蒙	從	蟲	紅馮	龍戎					
上	拱孔	董統	琫捧猛總	竦冢寵	哄諷	壟冗					
去	貢控甕動痛	蚌	夢縱	送衆銃	汞奉	弄					
入	穀酷屋篤禿	卜樸木足促速竹畜叔忽福	祿辱								

右圖横者五聲也縱者縱音二十字也公空翁三字喉音東通口三字舌音口口口三字脣音宗聰松三字齒音中充口三字齶音下五字不能類附烘音仍喉風音脣齒半口音最難出聲鼻與齶相合也口音喉齶半口音喉舌半以下

陽上去入四聲盡同一經一緯瞭如列眉學者熟誦此圖其餘三十有一自然貫通

定正韻第四

文之有韻其來尚矣書有六義而諧聲居其一古人之韻緩各隨其方言故易詩楚辭漢樂府暨歷代歌謠可考而知也自齊梁之後音韻之學始盛各有專書發明

宋三朝藝文志曰漢志六藝以爾雅附孝經六書爲小學隋沿其制唐錄有詁訓小學二類爾雅爲詁訓偏傍音韻雜字爲小學今合爲一自齊梁之

後音韻之學始盛顧野王玉篇陸法言切韻尤行
於世
方以智曰吳音呼照如皂呼牀如藏則同精從矣
又攷孫陸於安恩咢昂等字俱用五字烏字作切
響而今半作齶聲果古未精但趨近似邪
顧炎武曰宋許觀東齋記事云古者字未有反切
故訓釋者但曰讀如某字而已至魏孫炎始作反
切其實出於西域梵學也自後聲韻日盛宋周顒
始作反切韻行於時梁沈約又撰四聲譜以爲在
昔詞人累千載而不悟而獨胸襟窮其妙旨自謂

入神之作繼是若夏侯該四聲韻略之類紛然者
自名家矣至唐孫愐始集爲唐韻諸書遂爲之廢
宋朝眞宗時陳彭年與晁迥戚綸條貢舉事取字
林韻集韻略字統及三蒼爾雅爲禮部韻凡科場
儀範悉著爲格又景祐四年詔國子監以翰林學
士丁度修禮部韻略頒行初崇政殿說書賈朝言
舊韻略多無訓解又疑单聲與重叠字不諳義理
致舉人詩賦或誤用之遂詔度等以唐諸家本內
刋定其韻窄者凡三十處許令附近通用疑單聲
及疊出字皆於字下注解之此葢今所行禮部韻

也吳曾漫錄嘗論景祐修韻略事既不知其始徒屑屑於張希文鄭天休修書先後之辨爾予因歎近時不學幾至於廢絶遂摭聲韻之本末備論於此庶覽者得以考云

然聲者不齊者也今必欲齊之非天子之法制不可故唐用詩賦取士以試韻爲程終唐之詩人莫敢出其範圍假令起李杜諸公而問之安知其必讀佳爲皆元爲云乎明洪武初宋濂王偰趙壎樂韶鳳孫蕢等奉詔撰洪武正韻頒之學官故終明之代科塲士子雖點畫不敢或違

子思子以攷文列於三重良有以也今依佩文詩韵演三十二圖俾學者得以省覽而中華之音略盡於是

提要

公　穹　岡　姜　光　兹闕九聲　基　歸　居

孤　皆　該　乖　根　斤　昆　君　干

關　堅　捐　交　高　歌　鍋　瓜　家

他　耶　嗟　鳩　鉤

右三十二字每圖陰平聲第一字也穹他耶嗟四字因本圖首一位無字故借用

五聲目次

公同拱貢同孤　穹窮勇用同居　岡昂慷摃同他

姜強講絳同家　光狂廣誑同瓜　茲慈子字則

基其幾記極　歸葵鬼貴國　居渠舉句橘

孤吾古固穀　皆埃解戒同耶　該臺改蓋格

乖排掛怪同歸　根縢梗艮同該　斤擎謹近同基

昆文袞棍同孤　君羣迥郡同居　干俺敢幹同該

關頑管慣同歸　堅乾減見同耶　捐拳卷眷同嗟

交喬皎教同家　高敖槁告同他　歌訛可箇閣

鍋鵞果過郭　瓜華寡卦刮　家牙假駕甲

他拿打罷葛　耶爺也夜結　嗟口口口厥
鳩求九救覺　鉤頭苟彀同歌
邵長蘅撰古今韵略采明章黼所著韵學集成內四聲韵圖分爲二十一部有入聲者十部餘皆無入聲如以屋韵繫東以質韵係眞此皆拘守成見而不明于切響自然之理北人讀字多平聲今使北方讀屋必讀爲烏而不讀爲翁讀質必讀爲支而不讀爲眞卽使幼學童子調平仄亦必爾故烺所列之五聲目次皆一本天籟也

第一

陰　公空翁東通　宗聰松中充　烘風

陽　同農　蒙　從　蟲　紅馮　龍戎

上　拱孔　董統　琫捧蠓揔　聳腫寵　哄諷　壟冗

去　貢控甕動痛　蚌　夢縱　送衆銃　鬨奉　弄

入

有音無字以存之熟習之久其眞音自出此二十字增一不能脫一不可倒置之不得天籟也

第二

陰　穹雍　凶

陽	窮容					雄	
上	勇					洶	
去	用						
入							

已上二圖東冬韻

第三

陰	岡康	當湯	邦	臧倉喪	張昌商	方	
陽	昂	唐囊	旁茫	藏	長	杭房	郎瓤
上	慷	黨攩攮	榜莽	愴顙	掌敞賞	倣	朗曩
去	掮亢盎	蕩盪	謗	葬喪	帳悵上	行放	浪讓

入						

第四

陰	姜腔秧			將槍箱		鄉
陽	強羊	娘		墻		降 良
上	講強養	仰		蔣槍想		響 兩
去	絳樣	釀		醬相		向 輛
入						

第五

陰	光匡汪				莊牕霜	荒
陽	狂王				牀	黃

	上	去	入
	廣枉	誑曠旺	
	爽慌	壯創晃	

已上三圖江陽韵

第六

陰	陽	上	去	入
茲疵斯知癡詩	慈遲時	子此死紙恥始	字次四至滯是	則測色直尺十

各圖空處雖無字尚有聲惟茲韻乃咬齒之聲前九位無字無聲在第十位讀起

第七

陰 基欺衣低梯 披 妻西 兮

陽 其宜 題泥 皮迷 齊 離而

上 幾啟以底體你比痞米濟洗 喜 里耳

去 記氣意弟替膩秘譬謎薺妻細 係 麗二

入 極乞一 笛剔逆必辟客集七錫 吸 力日

第八

陰 歸虧威堆推 碑 催雖 追吹 輝飛

陽	上	去	入
葵微	鬼傀委	貴匱未	國濶
頹	腿餧	對退內	
陪梅	美	被配妹	
隨	嘴瀡	醉翠碎	
椎誰	水	墜睡	拙輟說
回肥雷	毀匪壘蕊	會費類銳	或弗

已上三圖支微齊灰韻

第九

陰	陽	上	去
居驅迂	渠魚	舉去羽	句去遇
		女	
疽蛆胥	徐	取	聚娶絮
朱樞書吁	除	楮處暑許	住處署
	閭如	呂汝	慮茹

入 橘曲玉 恧 戍 蓄 律

第十

陰 孤枯烏都 逋鋪 租粗疎猪樞舒 乎夫

陽 吾 徒奴 蒲模 殂 廚 壺夫 盧儒

上 古苦五賭土弩 捕普母祖楚數主鼠 虎甫 魯乳

去 固庫務 杜兔怒 布鋪暮 祚醋素 著處樹 護父 路孺

入 縠酷屋篤禿 卜樸木 足促速 竹畜叔 忽福 祿辱

已上二圖魚虞韵後圖第五句與前圖異前圖蘇常入聲也後圖盧鳳入聲也

第十一

	陰	陽	上	去	入
	皆	埃	解楷	戒艾	
	齋釵	柴		債蠆曬	
		鞵	蠏	懈	

第十二

	陰	陽	上	去
	該開哀		改慨靄	蓋槩愛
	駭台	臺能	紿乃	帶太奈
	杯丕	排埋	擺買	拜派賣
	哉猜腮	才	宰采洒	在菜賽
		孩	海	亥賴

入	格客厄德特	白廹麥賊坼色	折徹設黑弗	勒熱	

格韵諧聲應在耶嗟之間因本韵陰陽上去皆無字故繫於此

第十三

陰	乖偎				衰	灰
陽						懷
上	掛膾					
去	怪快外					壞
入						

已上三圖佳灰韵

第十四

陰	根鏗恩登吞		奔噴捫曾撐森眞稱身亨分		
陽		滕能	盆門	曾	成神恆墳	倫仁
上	梗肯	等	本	怎忖損枕逞沈狠粉	冷忍
去	艮揹	鈍褪嫩笨噴悶贈寸滲正稱盛恨忿			論認
入					

第十五

陰	斤輕陰丁汀	氷傳	精靑心		欣	
陽	擎銀	停寧	平明	情	行	伶
上	謹頃影頂艇	併品敏井請醒			悻	領

去　敬磬印定聽甯並聘命進靚信　幸　令
入

第十六
陰　昆坤溫　尊村孫肫春　葷
陽　文　存　純魂
上　袞閫穩　筍準蠢瞬渾
去　棍困悶　舜混
入

第十七
陰　君　薰

陽	羣雲			荀		
上	迥永					
去	郡韵			遜	訓	
入						

已上四圖眞文元庚青蒸侵韵在昔庚青眞文之韻辯者如聚訟以其有輕重淸濁之分也如北人以程陳讀爲二南人以爲一江以南之生孫異淮南則同相去未百里而讀字即迥別者何也一則父師授受童而習之以爲故常一則爲方言所囿雖學者亦習而不察也然煩以爲

不必問其讀何如聲但一啟口即莫能逃乎喉
齶舌齒脣之外亦即在三十二圖中雖其聲不
同而其位則不易是以奇耳且六書之義各有
變通即如古韵冬轉江以江韵偏傍皆冬音也
麻通歌侵通覃如葚駉簪鐔之類以其聲之可
彼可此也洪武正韻以江韻併入陽後亦未有
起而非之者故學問之道求其是而已毋爲前
人印定也至於侵韻别爲一部不與眞庚等韻
通究竟心之與新衾之與勤其聲無大異必欲
強爲之說以侵韻爲閉口字斤斤然分其畛域

則何以處夫燕人之讀程陳乎其亦可以不必
矣
自周顒沈約陸詞而後始有韻書其所分之部
本無義理平聲字多故有兩卷上平下平猶言
平聲上平聲下耳按唐韻部分凡二百有六至
平水劉氏併之爲一百又七元周德清作中原
音韻於監咸侵尋等韻盻限甚嚴所謂閉口字
不與寒山先天眞文庚青等相通者也今配之
華嚴字母似當分出侵尋監咸以調協音諧二
母然聲音之道無窮是書不過爲切韻家發凡

舉例而已雖增之至於無窮而其理則一而已
矣

第十八

陰　干堪安單灘　班攀　簪參三　攙山憨帆
陽　俺　談南　盤蠻喈讒　讒　寒樊　藍
上　敢坎闇膽坦　板　攢慘散斬産　罕反　覽
去　幹看暗但嘆難　辦盼慢贊燦散暫懺訕汗飯　爛
入

第十九

陰　關寬刓端　搬潘　鑽　酸專穿　歡

陽　頑　團　瞞　攢　傳　還

上　管欵梡短煖　滿纂　轉舛緩　卵輭

去　慣　萬斷　半畔　鑽篡算傳串　換　亂

入

已上二圖寒刪覃韵干關之間尚有撮口官音江北人能分而江南不能分在韻書揔歸十四寒故併入此圖亦不另列

第二十

陰　堅謙烟　顛天拈邊偏　煎千仙占　軒

陽　乾鹽　田年　便眠　前　纏　賢　連然

上　減蹇眼典覥輦扁　免剪淺鮮展闡閃顯　臉染

去　見欠燕殿　念遍騙面賤茜綫顫纏扇縣　歛

入

第二十一

陰　捐圈淵　詮　川諠

陽　拳元　全旋　船懸

上　卷犬遠

去　眷勸怨　旋　眩

入

已上二圖元先鹽咸韵

第二十二

陰 交獻腰刀挑 標飄 焦鍬蕭 囂

陽 喬姚 條 瓢苗 憔 爻 僚

上 皎巧杳 窕鳥表摽眇勦悄小 曉 了

去 教竅要吊眺 票妙醮俏笑 孝 料

入

第二十三

陰 高熝 刀韜 包拋 糟操騷 招超燒蒿 撈

陽 敖 桃鐃 袍茅 曹 朝韶毫 勞鐃

上 槁考襖 倒討惱 保跑卯 早草嫂 爪炒少好 老繞

去　告靠奧到套鬧抱泡冒皁糙埽趙鈔劭耗　勞

入

已上二圖蕭肴豪韵

第二十四

陰　歌苛　呵

陽　訛　和

上　可

去　个　和

入　閣殼惡奪托諾薄濼莫作撮索捉綽勺活　樂若

第二十五

陰 鍋科阿多拖 波坡摩 磋莎
陽 鵞 駞那 婆磨 河 羅
上 果顆我朶妥那皺頗麽左 鎖 火
去 過課餓粱 那播破磨佐剉逊 禍 邏
入 郭括齷

已上二圖歌韻

第二十六

陰 瓜誇窪 花
陽 華
上 寡 瓦

去	卦跨			
入	刮襪			刷滑髮
第二十七				
陰	家丫			蝦
陽	迦牙			霞
上	假啞			下
去	駕亞			夏
入	甲恰鴨			狎
第二十八				
陰	他	巴	嫎	查差沙

陽　　拿　扒麻
上　打　那把　馬
去　大　那罷怕罵　乍坐厦
入　葛渴遏達塔捺八　抹雜擦撒　閘挿殺榼髮　臘

第二十九

陰　耶爹　　　些遮車奢
陽　爺　　　邪蛇
上　也　　姐且寫者扯捨　惹
去　夜　　借謝柘舍
入　結挈莢　蝶鐵聶　别撇滅　接妾洩　　歇　列

第三十

陰			嗟		靴
陽					
上					
去					
入	厥缺月		絕	雪拙輟說血	

已上五圖麻韻後二圖分出以與入聲相麗取法於洪武正韻也卽周德清中原音韻之意

第三十一

陰	鳩邱幽丟	彪	啾秋修		休

陽	求游	牛	矛	囚		留
上	九有	鈕		酒	朽	柳
去	救又	繆		就	臭	溜
入	覺却樂	虐		爵雀削	學	略

覺韵諧聲應在歌鍋之間因本韻陰陽上去皆無字故繫於此

第三十二

陰	鉤彄鷗兜偷		抔	緅搊搜周抽收			
陽		頭	裒謀	愁	紬	侯	樓柔
上	苟口偶斗		剖某走	叟肘醜手吼否			摟

去 彀扣漚豆透耨　茂縐奏瘦咒臭受后　漏操

入

已上二圖尤韻

圖中所填之字就一時之記憶不過舉此以示例耳非一定而不可移者也學者誠能熟於喉齶齒舌脣之等則一啟口即得真音無俟刻舟求劍矣

詳反切第五

反切以上一字定位下一字定聲假如德翁切德字舌音也在第十二圖入聲第四位但識其

第四位以爲標再詳僉字在第一圖陰聲內其第四字舌音爲東也久而熟習通貫不必檢圖而已知之

梅膺祚曰韻法橫圖名曰標射切韻法蓋射者先立標的然後可指而射焉譜內最上一列三十六字皆標也今以兩字切一字上字作標下字作箭如德紅切先審德字在入聲內與革字同韻便在革字橫列內尋看頂上是端字即定端爲標矣次審紅字在平聲內與公字同韻便在公字橫列內看端標下乃是東字是也烺按德紅不當切東字辨在後文

顧炎武曰昔人謂反切出於西域漢揚雄方言筆謂之不律詩牆有茨注蒺藜也語連則爲茨緩則爲蒺藜此反切之理也

字有聲聲相同一而已分析太詳失之於瑣故三十二圖足以統括全部韻書已無遺憾

顧炎武曰韵會云舊韻上平聲二十八韻下平聲二十九韻上聲五十五韻去聲六十韻入聲三十四韻然舊韵所定不無可議如支之脂佳皆山刪先僊覃談本同一音而誤加釐析如東冬魚虞清青至隔韻而不相通近平水劉氏壬子新刊韻始

併通用之類以省重複上平聲十五韵下平聲十五韻上去聲三十韻入聲一十七韵今因之

舊傳之字母暨三十二直音其陰陽平皆相混故切脚不準今已釐析萬無一失脫或有誤立切脚者之責也

陶宗儀曰杜清碧有所編五聲韻自大小篆分隸眞草以至於外蕃書及國朝蒙古新字靡不收錄題曰華夏同音至正壬午中書奏修三史以翰林待制聘先生起至武林辭疾不行磐桓久之浙省平章康里子山公巙巙時來訪一日語及聲律之

學因問國字何以用可喉字爲首先生曰正如嬰兒初墜地時作此一聲乃得天地之全氣也平章甚悅服

毛奇齡曰古有雙聲卽反切也如蝃蝀鴛鴦之類然前人不以之註書但曰某讀作某故高貴鄉公不解反語至三國六朝則多有反音而後人以反字不祥易作翻字實則慢聲急聲古早有之如慢聲爲不可急聲爲叵類而昧者謂始於番音故名翻如華嚴字母誤矣但今人不曉反法不得不從字母攝入故諸韻音紐大槩以七音字母爲準舊

有禮部韻略七音三十六母通考一卷見韵會卷首然毎多複音如公弓同見母中終同照母類嘗考神珙字母原過重複故梅氏切韻譜止用三十二母去知徹澄娘四母以與照穿牀泥四母複出故也然猶有敷微禪喻之未盡去者昔先子有竟山等韻錄一卷得之先聽齋司馬先天字母之學其說仍用三十六母而去知徹澄娘非敷奉微之舊母八增幹枯呼合鄧萌增盧之新母八其所增損槩有清濁子母之異最爲詳確如梅氏去娘母而此反存之則以娘爲泥之清母禮韵通考增呼

母而此故用之則以呼爲曉之濁母其去留斟酌可謂精嘶但切韻活法半在上切亦半在下收收有清濁則切亦隨之假如陽唐一韻中同見母而下收不同便分三字則但用二十八母而反切自全不必分母清濁又增新母八補濁母也是書翻切音紐一從先司馬之說去舊母八以省重複但不拘定增新母者謂上下通切或不全藉字母耳若禮韻通考於三十六母外又增魚幺合呼引乃六母則複之又複不堪問矣唯合匣呼曉頗爲先司馬所取然祗存曉去匣者以匣與曉仍是疑之

轉音耳至若舊等韻譜所載音和窠切諸法固屬紛棘即開口閉口齊齒撮口諸註亦甚誕妄天下有寒山歌麻作閉口侵覃鹽咸作開口而可以定音韻乎有識者自曉耳烜按毛著古今通韵其論字母反切亦不確

用其法即可以射字射字之法須兩人熟於反切縱音或有人示以詩詞文字一人間壁一人但撫掌而彼已知之先熟記提要三十二字次審陰陽上去入次定縱音位即得之其有音同而字不同者詳其義改而書之於紙此通人之事也假如天子聖哲四字射天字在提要堅字

內掯掌二十陰聲也又掯一在縱音第五位又掯五知其爲天矣射子字在提要玆字內掯掌六上聲也又掯三在縱音第十一位而此韻獨缺九聲但掯掌一卽知其爲子矣聖在根中哲在該中皆用上法以射之是雖小道亦足以驗立法之無弊也射字爲反切之小道今用縱音而不用反切尤爲簡易法也

陶宗儀曰有教于射字法必須彼我二人俱聰明熟於反切優於記問者方乃便捷倘遇人以詩詞或言語示我彼在隔坐不及知聞我則掯掌彼便說出與所示同然片段文章皆可成誦非特一句

一字而已用拊掌代擊鼓殊無勾肆市井俗態此天下太平優游無事漫以取一時之笑樂耳使聾鼓之聲震天干戈之鋒耀目又能留情於此耶其法七字詩十二句逐句排寫前四句括定字母後八句括定叶韻詩曰輕輕牽兵兵邊平平便明明眠逢□□與與掀征征煎經經堅迎迎年傳傳偏停停田應應烟成成涎聲聲羶清清干澄澄纏星星鮮晴晴涎丁丁顛縈縈虔盈盈延能能口稱稱千非□□精精煎零零連汀汀天橙橙纏東蒙鍾江支茲爲微魚胡模齊乖佳灰咍真諄臻匡虧元

魂痕寒歡關山先森蕭宵爻豪歌戈麻陽唐耕斜榮青蒸登尤侯車侵潭譚鹽添横光凡如欲切春字清諄清清千春清字在第三行第一字諄字在第七行第四字掐掌則前三後一少歇又前七後四夏字平聲爲霞盈麻盈盈延霞盈字在第三行第七字麻字在第十行第二字掐掌則前三後七少歇又前十後二少歇又三蓋夏字去聲所以又三也若入聲則四矣餘倣此但字母不離二十八字而叶韻莫逃五十六字此爲至要後見賓退錄一則與此略同併志之其曰俗間有擊鼓射字之

技莫知所始蓋全用切字該以兩詩詩皆七言一篇六句四十二字以代三十六母全用五支至十二齊韻取其聲相近便於誦習一篇七句四十九字以該平聲五十七韻而無側聲如一字字母在第三句第四字則鼓節前三後四叶韻亦如之又以一二三四爲平上去入之别亦有不擊鼓而揮扇之類其實一也詩曰西希低之機詩資非卑妻欺癡梯歸披皮肥其辭移題攜持齊時依眉微雞爲兒儀伊離尼醯雞篦溪批毗迷此字母也羅來瓜藍斜凌倫思戈交勞皆來論流連王郎龍南關

盧甘林巒雷聊隣簾櫳贏婁參辰闌楞根灣離驢
寒間懷橫榮鞵庚光顏此叶韻也

立切脚第六

切脚先辨開口撮口聲同類者可切異類者不可切也言切脚者約有二說其一以下一字爲主但求與上一字之位相遇者即定其聲此李嘉紹之法也玉篇篇海集韻吳才老之韻補皆同蓋以古人不分五聲故陰陽平混而爲一此德紅切東之所由來也

方以智曰切響期同母行韻期叶而已今母必粗

細審其狀焉韻審啌嘡合撮開閉焉舊以德紅切東則紅嘡矣宜德翁端翁當公皆可指南於切母一定者反通其所不必通於行韻可通者反限定於一格自相矛盾不畫一也

其一以上一字爲主下字就其韻而已不能細分其同異上字之聲爲開口下字雖撮亦開矣上字之聲爲撮口下字雖開亦撮矣蓋以立切脚者不知東韻有公穹陽韻有岡姜光故混而同之也以下字爲主者既失切響自然之妙以上字爲主者又不辨一韻有開撮之分見董切

倉歌雍切公此由不知東韻有公穹也公羊穀梁切姜此由不知陽韻有陰陽平也去此二獘而以開口切開撮口切撮則烺之正均可得而知矣

朱彝尊詞曰公羊穀梁鄱陽括蒼詞人試數諸姜算堯章擅場自注云公羊穀梁皆切姜字

學宋齋詞韻一卷

（清）吴烺 江昉 吴鎧 程名世 輯

清乾隆三十年（1765）刻本

詞之體上不可似詩下不可似
曲惟韻必叶顧亭林撰音學
五書謂今人所讀之聲古人不
知也漸久漸訛遂失其本音
耳余以韙其言嘗怪詞韻

踳駁甚無著落其韻有半通者輒注如某某字之類學者將何所適從詞之有姜張猶詩之有杜韓填詞用韻而不步趨姜張汎濫固失之放拘守

亡佚之隘矣今觀四子所輯考覈既精刪併更確將見海內倚聲之家人挾一編而詞韻自是有定式豈非藝林之快事乎

學宋齋詞韻序

乾隆乙酉初秋椶亭金兆燕書於學宋齋中

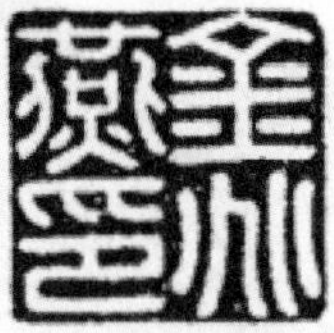

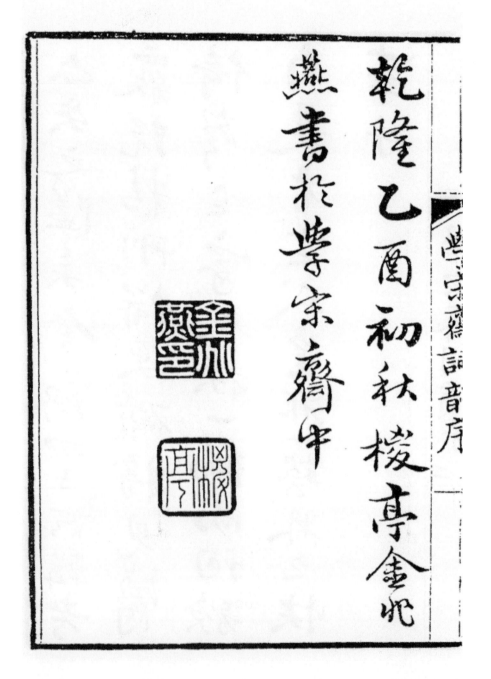

學宋齋詞韻

全椒吳烺杉亭
歙江昉橙里
吳鏜韞亭
江都程名世筠榭同輯

例言

詞學至今日而極盛論文則有詞綜訂譜

則有詞律顧詞韻尚無善本沈去矜所輯按以宋元人所押未能盡合茲分合次第折中於至當編爲一帙以公同好云

詞韻非詩韻也今學宋元人塡詞而用唐韻所謂童牛角馬矣沈約陸詞所譔之四聲切韻久亡唐之廣韻宋之集韻曁禮部韻略皆科舉之書當時作今體詩則遵之

作古體詩亦不盡遵之也今人目不見古書而以劉平水隂時夫之韻謂即沈陸之舊而又即遵之以為詞韻豈不一誤再誤乎

韻書之次第本無義意相傳至今遂不能更改然自廣韻以來相承皆二百六部平水乃併為一百七部時夫又併上聲一部

為一百六部今人習見時夫之次第且不知廣韵之次第矣事貴從朔本書所用之次第仍照廣韻不依平水也

作詞較作詩不同古詩所押韵脚生澀怪僻愈出愈奇詞則不然凡不經見之字嵌入其中便覺刺目正以好處不在怪僻解人自知之也本書從廣韵中錄出其不經

見無用之字槩行刪削歸於平易簡淨而
已
詞有平上去三聲通押者故分部仍照去
矜本入聲別爲分部原有五今併爲四
廣韵有一字收入本韻數次而其義無別
者顧寧人云古人讀字各有不同故廣韵
并收之其書本不專爲後人作詩詞押脚

而設也本書於韻中義同而音異者只收一次以免重複

詞韻皆眼前習見之字可以不註又上去同押其去聲字已見上聲而無異義者亦不再收

詞韻有半通者如佳泰等韻其韻首字入本部者用方匡不入本部者用白文便撿

閡也
韵中如瑪瑙之瑪茱萸之茱徘徊之徘躑躅之躑等字收入究屬無用今一槩删削之
廣韵乃前人審定之善本今按陽韵無忘字麻韵無涯字此必遺漏之處甚矣著書之難本書長夏偶鈔送日不敢遂云無遺

憾也
打字詞家俱押入馬韻今只係於馬韻之
後富婦否等字詞家閒押入語韻今兩收
之
詞韻最寬如真庚相通不必言矣侵韻亦
與真庚同用張玉田詞歷歷可証本書併
為一部非汎濫也至吳音不能辨支魚白

石詞不會得青青如此將此字押入語韻
由夫但暗憶江南江北句誤押北字入屋
韻不可爲訓也本書支魚仍分爲二部

學宋齋詞韻

目錄

第一部

用第三

第二部

上平江第四

下平陽第十　唐第十一

上聲講第三　養第三十六

蕩第三十七

去聲絳第四　漾第四十一

宕第四十二

第三部

上平支第五　脂第六

之第七　微第八

齊第十二　灰第十五

上聲紙第四　旨第五

止第六　尾第七

薺第十一　賄第十四

海第十五半

去聲

寘第五　至第六

志第七　未第八

霽第十二　祭第十三

泰第十四半　隊第十八半

廢第二十半

第四部

上平魚第九　虞第十

模第十一

上聲語第八　麌第九

姥第十

去聲御第九　遇第十

暮第十一

第五部

上平佳第十三半　皆第十四

哈第十六

上聲蟹第十二　駭第十三

海第十五半

去聲泰第十四半　卦第十五半

怪第十六　夬第十七

隊第十八半　代第十九

第六部

上平真第十七　諄第十八

臻第十九　文第二十

欣第二十一　魂第二十三

痕第二十四

下平庚第十二　耕第十三

清第十四　青第十五
蒸第十六　登第十七
侵第二十一
上聲軫第十六　準第十七
吻第十八　隱第十九
混第二十一　很第二十二
梗第三十八　耿第三十九

勁第四十五　徑第四十六

證第四十七　嶝第四十八

沁第五十二

第七部

上平元第二十二　寒第二十五

桓第二十六　刪第二十七

山第二十八

下平先第一　仙第二

覃第二十二　談第二十三

鹽第二十四　添第二十五

咸第二十六　銜第二十七

嚴第二十八　凡第二十九

上聲阮第二十　旱第二十三

緩第二十四　潸第二十五

去聲

願第二十五　翰第二十八

換第二十九　諫第三十

襉第三十一　霰第三十二

線第三十三　勘第五十三

闞第五十四　豔第五十五

㮇第五十六　釅第五十七

陷第五十八　鑑第五十九

梵第六十

第八部

下平蕭第三　宵第四

肴第五　豪第六

上聲篠第二十九　小第三十

巧第三十一　晧第三十二

去聲嘯第三十四　笑第三十五

效第三十六　号第三十七

第九部

下平歌第七　戈第八

上聲哿第三十三　果第三十四

去聲箇第三十八　過第三十九

第十部

上平佳第十三半

下平麻第九

上聲馬第三十五

去聲卦第十五半　夬第十七半

禡第四十

第十一部

下平尤第十八　侯第十九

幽第二十

上聲有第四十四　厚第四十五

黝第四十六，

去聲宥第四十九　候第五十

幼第五十一

第十二部

入聲屋第一　沃第二

燭第三

第十三部

入聲覺第四　藥第十八

鐸第十九

第十四部

入聲質第五　術第六

櫛第七　物第八

迄第九　陌第二十

麥第二十一　昔第二十二

錫第二十三　職第二十四

德第二十五　緝第二十六

第十五部

入聲月第十　沒第十一

曷第十二　末第十三

黠第十四　鎋第十五

屑第十六　薛第十七

合第二十七　盍第二十八

葉第二十九　怗第三十

洽第三十一　狎第三十二

業第三十三　乏第三十四

學宋齋詞韻

第一部

上平 東蝀同童僮銅桐
峒筒曈筩中衷忠蟲
終螽忡崇嵩菘戎絨
弓躬宮融雄穹窮馮
風楓豐充隆空公功

工攻蒙濛籠龒朧聾

瓏洪紅虹鴻渱叢翁

匆聰驄蔥通椶蓬篷

蜂烘[冬]彤鼕琮淙農

儂憹宗鬆[鍾]鐘龍舂

松衝容溶庸墉鎔蓉

封胷凶雍濃穠重從

逢縫峯鋒丰縱蹤烽

茸蛩邛筇慵恭供淞

上

董蝀懂孔揔汞籠

動

腫種踵寵壠壅擁

宂勇捧涌踊恐拱悚

聳

去

送鳳貢弄凍哢棟

控空鞚粽甕洞痛仲

諷夢中衆

宋

綜統

用

頌誦訟俸縫共供縱

種重從

第二部

上平**江**扛矼釭厖尨窻
邦降缸雙艭龐腔幢
橦椿 下平**陽**暘楊揚颺
羊徉洋詳翔庠祥良
梁粱糧涼量香鄉商
傷觴湯場房防坊方

章漳樟璋彰障麞昌
倡羌薑韁繮姜僵長
腸張穰攘瀼勷襄廂
湘相緗驤箱將漿蔣
螿亡芒鋩邙望娘牀
莊妝裝常裳嘗償霜
牆檣鏘槍蹌斨匡筐

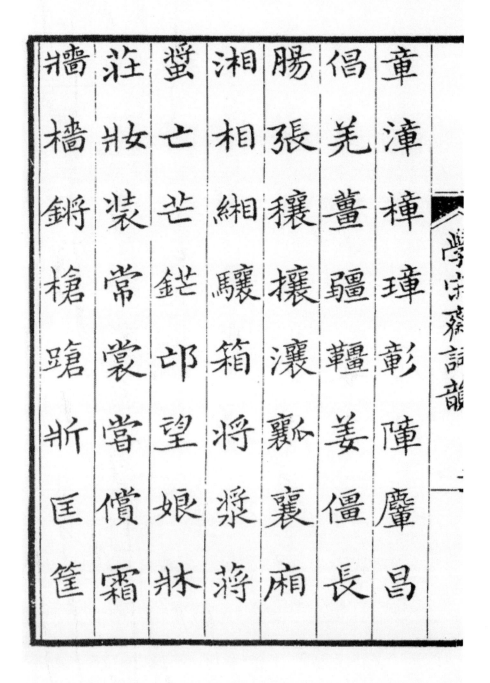

王央鴦秧強芳妨狂
唐糖堂棠塘郎廊浪
琅狼當璫倉蒼滄岡
剛綱桑喪康糠荒黄
皇惶遑簧凰光湯汪
航行杭臧囊旁卬昂
藏忙忘

上

講

港蚌項

養

像象奬槳蔣兩鞅怏強仰搶愴想掌爽響敞氅丈杖仗壤攘賞紡網惘倣枉往長上

蕩

盪廣榜曩儻莽蟒黨朗慷盎晃幌蒼

去〔絳〕降巷撞戇〔漾〕恙
颺養亮緉兩諒量狀
讓餉向帳漲悵暢鬯
釀匠障嶂尚上壯裝
唱創醬將訪妄望忘
況貺誑旺王放舫相
〔宕〕浪閬吭行奘傍藏

當抗亢謗蕩曠纊喪

第三部

上平〔支〕危梔枝肢移匜

為麾萎糜縻蘼醾隋

觽垂陲羸吹炊披陂

碑羆隨隋虧窺奇騎

祇岐犧羲攲宜儀涯

皮疲兒離籬罹璃驪

鸝縭離麗羅貲頿觜
羈羇奇卑啤脾裨施
斯差摛𢒉彌瀰雌知
漪猗馳池篪褫危規
衰脂姨彝夷痍洟師
獅比咨資粢姿齋飢
肌鴟絺郗瓻茨瓷尼

墀坻遲私尸蓍鬐祁
伊棃犂葵追龜蕤緌
惟維遺纍逵夔眉嵋
湄楣麋悲錐騅誰帷
邳椎推（之）芝飴怡貽
頤姬時塒疑嶷思司
絲罳輜颸其期○旗綦

萁淇綦詩而欺基箕
詞祠辭釐貍菑緇熙
嬉嘻醫癡治持嗤慈
鶿茲滋徽薇揮輝暉
徽翬幃韋闈圍違霏
妃菲騑飛扉緋非肥
威祈旂畿幾機譏磯

璣希晞饑稀欷依衣
沂巍歸齊臍黎妻藜
萋凄悽低鞮隄啼提
蹏題荑雞稽笄奚蹊
嵇兮鷖倪霓猊醯西
棲犀梯鞞韲躋擠迷
泥谿溪圭閨袿奎攜

畦 灰 虺 恢 詼 魁 盔 隈
煨 偎 回 洄 迴 徊 枚 梅
媒 煤 禖 雷 罍 頹 崔 催
堆 摧 裴 陪 培 杯 桅
上 紙 只 枳 咫 抵 砥 是
氏 靡 彼 被 毀 燬 委 詭
髓 累 妓 枝 倚 綺 蟻 艤

觜蘂此泚徙璽屣髀
爾邇婢弛豕紫菙揣
旎**旨**指厎視美鄙兕
几姊比軌簋晷洧矢
雉死履水壘誄耒揆
癸否圮唯藟**止**時沚
趾址芷市恃徵喜紀

己以已似祀耜史使
耳里裏鯉李理枲始
峙起杞屺士仕柿俟
涘子耔梓矣擬薿恥
祉滓伱尾娓扆豈蟣
幾斐菲匪篚偉鬼卉
薺鱭禮蠡澧醴體涕

濟邸柢弟娣遞禰洗

啟米陛垙〔賄〕悔磊蕾

儡罪每腿匯餧琲 海半

倍

去〔寘〕觶避惴詈荔離

豉積賜為帔被累寄

臂芰騎刺易議誼義

譬漬智縋吹戲翅施
僞恚睡瑞至摯贄鷙
礩位媚魅遂燧穗醉
邃祟誶粹類淚祕轡
費匱餽櫃簣備愧喟
嗜利膩致棄緻稚遲
治寐冀悸翠二貳恣

次懿四肆駟器季鼻
比畀庇萃悴瘁地肄
示謚自隧遺 [志] 誌痣
識値植寺嗣飼笥伺
思試幟事吏字餌珥
駛使廁異食置侍蒔
忌熾意記 [未] 味貴胃

謂緯彙渭魏沸尉熨

慰畏蔚諱旣氣毅餼

衣**霽**濟帝諦蔕劑齋

替剃第遰髢締睇棣

砌妻細壻詣睨計係

繼繫髻系禊契翳謎

閉嬖慧惠蕙桂嘒麗

戾隸儷唳捩泥殢〔祭〕
際歲衛螮贅毳脆帨
鋭綴稅說蛻嫳幣敝
彗蔽鱖蹶袂制製逝
噬誓筮曳裔枻澨藝
囈滯瘞例厲礪勵蠣
糲憩揭世勢貰罽偈

泰 半 貝沛狽會繪兊儈

膾檜最噦翽酹薈旆

隊 半 佩背妹昧瑁誨配

對碓倅淬晬退潰碎

内輩 廢 半 肺穢吠喙刈

柿

第四部

上平 魚 漁 魰 初 書 舒 紓

居 据 裾 琚 車 渠 璩 磲

蕖 醵 蘧 余 蜍 餘 輿 旟

璵 畬 歟 礜 妤 予 胥 湑

疽 岨 趄 狙 雎 鋤 攄 䟽

梳 蔬 踈 虛 歔 徐 於 箊

豬瀦臚閭廬蘆櫚驢
諸蠩除躇儲滁屠如
洳鴽茹且虛墟袪菹
蜍袽虞愚娛嵎禺隅
芻無毋蕪誣巫于迂
盂雩竽汙吁衢劬臞
瞿儒濡襦嚅繻醹須

鬚需株誅蛛貙殊銖
殳逾窬臾腴諛覦俞
歈愉揄瑜榆萸渝區
驅嶇毆軀朱珠硃趨
蔞鏤婁扶符鳧苻蚨
夫枹雛敷麩孚鋪俘
痡殍莩諏跗膚玞夫

紆輸樞姝廚蹰幮拘

駒俱毹〔模〕摸謨酺蒲

蒱胡壺狐湖鶘醐弧

乎孤苽姑辜酤觚蛄

箛鴣沽罛徒瘏塗荼

圖菟奴駑弩笯呼吾

吳梧租盧鑪壚顱鱸

轤艫爐矑蘇酥徂烏
嗚逋餔晡枯麄都
上 語 籞圉敔圄齬禦
呂膂旅侶佇苧紵杼
宁與予煑渚茹暑鼠
黍杵處貯褚著湑楮
女籹許巨拒距炬所

楚礎齼阻俎沮舉筥

弆敘緒序漵嶼去抒

墅〈麌〉羽禹雨宇瑀栩

聚甫脯斧俯府腑父

武舞嫵侮憮廡鵡膴

輔腐釜撫拊柱豎樹

庾窳愈主麈炷齲踽

拄乳窶數矩椇取縷
褸僂嶁〔姥〕莽土吐杜
肚魯櫓擄鹵覩堵古
鼓瞽股罟蠱賈五午
伍簿部祖組虎滸鴣
苦怒弩努戶扈怙祜
岵雇普溥浦補譜圃

母牡畝否

去**御**馭語慮據鋸倨

踞覷去署曙恕庶著

箸翥疏飫淤除遽醵

絮助豫預譽與女處

遇寓嫗樹澍住附賻

注鑄註屨句戍裕覦

諭喻籲獳赴訃仆務
婺霧騖鶩懼具芋數
付賦傅娶搏趣駐屨
暮慕募墓渡鍍度路
露潞輅鷺賂妬蠹兔
顧故固錮誤寤迕晤
悟護瓠嫭互濩沍訴

愬遡素塑祚胙阼怒
布佈惡怖鋪措醋袴
庫捕哺步作婦負富
副

第五部

上平 **佳半** 街鞵牌簰柴釵

差崖涯厓 〔皆〕 偕稭喈

階荄堦諧骸排俳乖

懷槐淮豺儕埋霾齋

揩 〔咍〕 開哀埃臺檯苔

儓駘該垓陔裁纔財

才材莱來裁栽哉猜

胎台孩頦顋皚獃

上 蟹 觧澥買廌妳罷

矮擺躧 駭 楷 半海 醢愷

凱塏鎧宰載殆待怠

廼紿乃改亥采採綵

寀彩在

去 泰半 太 汰 蓋 丐 艾 藹
壒 靄 柰 奈 大 害 帶 外
蔡 賴 籟 瀨 卦半 懈 解 隘
賣 瘥 稗 眦 派 債 曬 怪
壞 瘵 誡 戒 界 介 屆 疥
𩬊 芥 械 薤 瀣 拜 湃 憊
鎩 殺 夬半 快 邁 敗 蠆 寨

嵦 隊半 塊 代 岱 黛 逮 埭
袋 靆 載 再 賽 塞 貸 態
漑 槩 慨 礙 愛 耐 戴 賚
睞 菜 裁 帥

第六部

上平 真 甄 因 茵 湮 陻 姻

新 辛 薪 辰 晨 宸 臣 仁

人 神 親 申 伸 紳 呻 身

賓 濱 燐 鄰 轔 粼 麟 鱗

珍 陳 塵 津 嗔 秦 寅 紉

頻 蘋 嬪 顰 銀 狺 誾 垠

巾麕筠囷珉岷閩緡
旻貧駰彬豳民〔諄〕惇
肫椿荀郇詢峋洵恂
昀純蓴醇鶉淳脣漘
紃淪倫輪綸掄屯皴
遵春勻旬巡馴循均
鈞〔臻〕蓁榛莘〔文〕聞紋

雯蚊雲芸耘紜云氳
汾墳氛濆焚蕡分羣
焄薰曛勳熏纁葷君
軍芬紛欣昕訢殷勤
芹斤筋齗黿渾昆褌
琨鯤溫門捫孫蓀飧
猻尊樽存蹲敦暾屯

豚村盆奔論崙坤髡
昏婚閽歕痕根跟恩
吞
下平
庚鶊更秔賡羹
坑盲横觥彭棚亨鐺
琤傖英瑛平評苹枰
坪驚京荆明盟鳴棖
榮瑩嶸兵兄卿生笙

牲甥騂迎行衡珩
蘅(耕)鏗甍萌⿰言民莖丁
罌鶯嚶怦伻轟鍧橙
爭箏(清)情晴精菁鶄
晶睛旌盈嬴瀛籯贏
楹營嬰纓櫻貞楨赬
成城誠盛呈程酲聲

征鯖鉦正輕名令并

屛傾餳縈瓊煢

青

經涇刑形型庭停亭霆

渟蜓廷丁馨星腥醒

猩惺塀靈舲齡鴒蛉

鈴醽苓櫺伶泠玲聆

零翎寧嚀聽汀廳町

冥銘溟瓶萍熒螢扃
坰蒸烝承丞澂陵懲
凌綾蔆應膺䧹凭憑
冰蠅繩乘澠塍升昇
陞騰仍兢矜徵繒嶒
凝興稱登燈簦楞棱
僧鬙崩增憎曾罾層

曾朋堋鵬肱薨能騰

滕縢藤謄恒〔侵〕駸浸

尋潯鱘林琳淋臨霖

琛郴斟鍼箴沈湛砧

諶愖忱任鵀任壬紝

深淫霪蟫心愔琴擒

禽芩檎欽衾吟金今

衿襟禁音陰森參岑
涔鐕

上軫畛縝腎蜃忍矧
哂緊盡儘牝窘菌引
蚓靷慜憫閔敏泯殞
隕黽準尹允筍隼蠢
盾吻刎抆粉憤忿藴

韞醞〔隱〕檃謹槿卺近
齔〔混〕渾忖本畚笨損
穩遯袞閫壼悃懣〔很〕
墾懇〔梗〕哽綆鯁埂丙
炳秉警景境影省永
皿杏荇猛艋礦冷〔耿〕
幸倖〔靜〕靖穽整逞騁

郢潁穎領嶺頸餅屏
併頃井癭請省迥炯
茗溟頂鼎酊挺艇町
醒箵並拯等肯寑寢
廩懍凜稔袵枕沈審
諗淰葚甚瀋噤錦稟
飲品

去 震 振 賑 信 訊 迅 刃
認 韌 仞 軔 牣 吝 燐 藺
躙 儐 擯 殯 鬢 陳 慎 燼
晉 進 釁 鎮 覲 墐 襯 印
趁 稕 峻 濬 浚 儁 晙 駿
舜 蕣 瞬 閏 潤 順 問 璺
汶 聞 運 暈 韻 訓 薰 瀵

糞奮慍捃郡分焮靳
隱慁溷頓巽潠遜困
嫩搵悶歕鈍寸坌論
奔恨艮映敬竟鏡競
慶更命病孟橫柄詠
泳行迎諍迸硬勁倩
凊政正証聖鄭性姓

令聘淨靚盛〔徑〕甯佞

濘脛定錠釘訂飣罄

磬聽暝瑩〔證〕孕賸媵

乘應甑興勝凭稱凝

〔嶝〕鐙磴贈亙鄧〔沁〕浸

祲妊紝鵀任衽鴆枕

噤禁賃蔭窨廕飲滲

譜識

學宗家同領

芒

第七部

上平 元 原 源 袁 垣 園 援
轅 媛 猿 煩 番 蹯 繁 蘩
樊 繙 燔 蕃 礬 璠 旛 藩
翻 反 暄 萱 諠 冤 鵷 怨
眢 言 軒 掀 鶱 揵 寒 韓
翰 邗 單 鄲 丹 殫 簞 安

鞍難餐灘嘆攤跚珊

壇檀殫殘干乾竿玕

蘭瀾闌攔看刊桓完

丸紈岏刓端湍酸團

慱漙摶官棺觀冠鑾

鸞巒欒歡寬鑽槃盤

般蟠瞞謾慲墁刪潸

闗彎灣還環鬟寰圜
鐶班頒斑斒扳蠻鬘
顔攀頑 山 鰥綸閒艱
蕳閑嫺鷴僩慳潺孱
殷湲漫 下平 先 蹮前湔
千阡芊箋韉濺天堅
肩賢弦舷烟燕蓮憐

田畋填闐鈿滇年顛

牽妍研眠軿駢淵涓

蠲鵑圓邊籩編懸（仙）

鮮錢遷韆煎然延蜒

箋饘旃氈鸇邅鱣扇

蟬禪纏躔廛嫣連聯

漣篇偏翩便緜全泉

宣楦鐫儇穿川沿鉛
捐鳶緣旋還娟船鞭
詮銓筌荃專甎遄乾
虔鍵愆褰騫權拳顴
卷椽傳焉蔫【覃】潭曇
壜鐔參驂南男枏諳
庵含涵函婪嵐蠶簪

探貪耽甔龕堪毿〔談〕
甘柑擔三鬖藍籃慙
酣憨〔鹽〕檐閻廉簾匳
帘砭銛纖籤僉詹瞻
占蟾撏幨髯黏炎霑
淹尖殲漸鋟潛箝黔
鈐〔添〕甜恬謙兼縑鶼

蒹嫌拈〔咸〕鹹諴緘摻
杉嵒喃讒〔銜〕巖攙衫
芟監嵌〔嚴〕杴醃〔凡〕帆
颿
上〔阮〕遠偃蹇楗巘晚
挽反阪返圈菌婉卷
苑畹宛綣飯〔旱〕坦散

纖但誕瓚趲嬾侃衎

罕緩澣短斷盌算管

盥卵款煗纂纘伴滿

潸綰板赧撰饌產限

簡揀剗棧眼琖銑洗

腆靦典宴殄繭筧峴

顯撚扁泫鉉畎犬獮

鮮癬蘚燹演衍踐餞
展淺闡遣蹇善墠翦
輦璉件辯辨緬湎褊
吮覸兖臠孌轉捲輭
舛喘荈篆選免勉冕
蕆【感】贛禫黮窞萏慘
糝坎頷轗壈【敢】欖覽

攬莢毯膽紞噉澹淡
槧喊揜【琰】剡錟斂撿
險貶颭噞儉芡厭魘
苒染陜閃諂漸【忝】點
玷簟【儼】【豏】減斬【檻】艦
【范】範笵犯臉
去【願】愿怨販券勸万

萬蔓曼飯建堰獻憲
健遠〔翰〕汗悍閈炭歎
按案晏憚彈旰幹岸
看漢爛瀾難粲㛑燦
璨散贊讚〔換〕逭惋腕
貫館灌鸛冠觀竄爨
玩段亂斷彖喚煥渙

蒜幔漫謾半絆判泮
沜畔伴諫澗鴈贗訕
柵慢嫚患宦豢慣丱
串襉閒莧辦辧盼幻
綻扮霰先蒨茜倩絢
縣衒罥電殿奠淀甸
佃鈿練鍊見現硯燕

讌咽薦麵片殿〔線〕戰
顫檀嬗膳彥唁諺譴
絹狷瑗援媛院面釧
掾箭煎扇煽眷倦戀
變卞忭旋選傳賤羨
囀便徧〔勘〕紺憾暗闇
〔闞〕瞰濫纜憺啗暫擔

三豔焰鹽灩贍髯厭
饜驗苫塹斂占㮇忝
念店坫墊僭釅陷蘸
站鑑監懺梵帆泛劒
欠

第八部

下平　蕭 簫 艘 條 佻 挑 貂
刁 凋 雕 彫 船 迢 條 髫
跳 蜩 苕 調 驍 梟 澆 邀
聊 遼 憀 竂 寥 撩 寮 潦
嘹 堯 嶢 嘵 幺 葽 宵 消
霄 綃 銷 魈 超 朝 朝 潮

囂枵歊樵憔譙驕嬌
喬焦蕉椒噍饒橈蕘
燒遙傜䬙窯姚搖謠
軺陶瑤韶昭招飆標
杓鑣瀌瓢飄苗描貓
要腰鴞橋僑轎妖夭
蹺漂彯翹[看]殽爻淆

交蛟茭膠鮫郊教嘐
巢鐃呶譊梢捎旓弰
筲鞘蛸茅虓哮包胞
苞脬抛泡敲抓嘲鈔
庖匏跑坳豪號毫嘷
濠壕高膏皋羔餻篙
橰勞牢醪撈蒿撓毛

嬦髦旄饕韜滔叨絛

刀忉舠騷搔繅臊颾

袍褒陶咷桃綯逃濤

掏萄糟遭槽敖翱熬

鼇螯曹猻操淘

上 篠 皎繳鳥蔦了蓼

瞭繚窱曉杳窅嫋裊

窕掉挑〔小〕肇兆趙旐

沼夭少擾繞摽縹醥

眇渺淼杪藐紹矯表

殍悄勦燎〔巧〕飽夘昴

狡攪爪拗鮑齩炒〔晧〕

昊浩顥灝抱老潦討

道稻腦惱嫂燥掃倒

檮島禱草早澡藻蚤
棗皁造杲藁縞好寶
保堡褓葆襖媼考槁
蕘
去
嘯糶眺弔釣叫徼
銚調竅料
笑肖誚照
詔燿耀曜要召邵劭

嶠轎漂噍誚妙峭俏
療醮釂廟少燒[效]校
教窖校覺孝罩豹爆
貌稍棹淖鬧鈔[号]號
導翿纛悼蹈盜幬到
倒告膏誥傲帽耄冒
勞操造暴報漕奥譟

箓犒竈躁好

第九部

下平【歌】柯哥搓磋多娑

挱駝鼉陀沱跎莪哦

娥峩鵝俄蛾他羅蘿

欏那儺何河荷苛訶

呵珂阿【戈】過渦鍋莎

趖蓑梭婆皤摩魔磨

訛騾螺波頗坡和禾
科鞾窩
上〔哿〕舸軃柁我砢娜
那荷可坷左〔果〕裹鬌
朶鎖瑣隋垜惰妥撱
麼坐裸蠃跛簸叵頗
禍夥火顆堁

去

箇个賀佐左作邏

餓馱大那些過和課

唾嫷播剉磨愞破座

坐臥貨涴

學宋齋詞韻　卌

第十部

上平〔佳半〕查娃哇　下平〔麻〕蟆

車奢賒畬邪鎁斜遮

嗟罝蛇荼華划瓜騧

蝸媧抓花譁誇夸拏

笯嘉家加葭笳䕨痂

茄遐蝦霞瑕葩鴉椏

丫巴笆叉杈差艖鯊

沙砂裟紗牙衙芽枒

樝衺邪洼蛙檛杷琶

楂些涯他

上

馬

罵者赭野也冶

雅檟嘏假賈斝灑啞

灺下夏廈寫瀉且社

捨舍姐把寡剮瓦若
惹鮓撦打
去 卦半 挂畫杈 夬半 話 禡
駕稼嫁架價假亞稏
啞婭嚇罅迓訝砑詫
咤奼詐榨乍蜡謝榭
暇夏藉下夜射卸柘

鷓炙蔗借舍赦麝貰

霸欛壩帊怕華樺化

跨胯

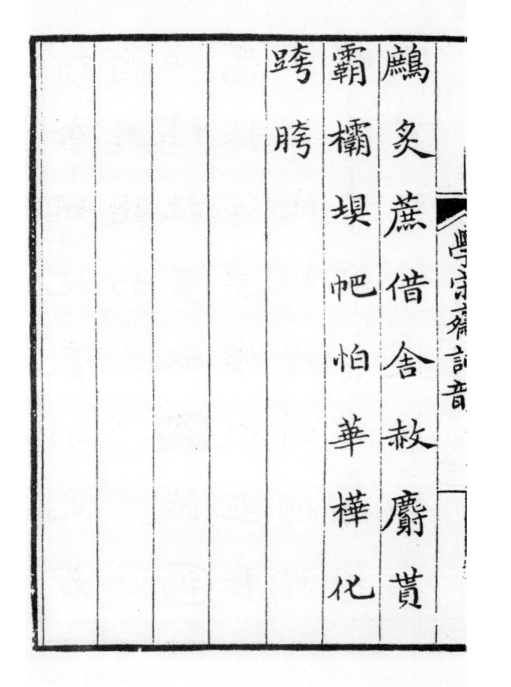

第十一部

下平 尤 疣 郵 憂 優 劉 留

騮 流 飀 榴 旒 遛 秋 猷

猶 悠 油 由 攸 游 牛 遒

啾 酋 脩 抽 周 州 洲 舟

讎 酬 柔 揉 収 邱 鳩 鬮

不 搜 颼 蒐 搊 篘 鄒 騶

陬愁休貅髹儔幬疇
紬稠籌裘求逑球賕
毬浮謀眸牟侔矛鍪
繆〔侯〕猴喉餱篌謳甌
漚鷗樓婁彄摳韝偷
頭投骰鉤溝篝句兜
杯〔幽〕呦虯璆樛簍

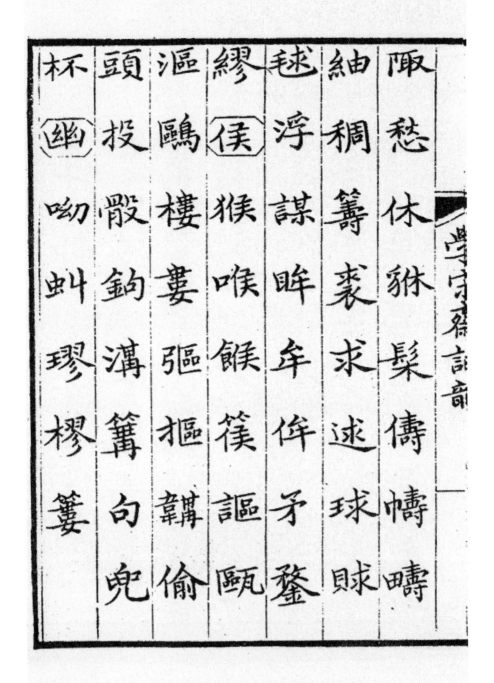

上

有 右 友 柳 罶 紐 鈕

杻 丑 肘 扭 朽 久 九 玖

灸 韭 首 手 守 醜 婦 負

阜 缶 否 舅 臼 咎 紂 酉

誘 牖 卣 槱 莠 受 壽 綬

酒 溲 帚 厚 後 后 母 牡

某 栂 畝 瓿 蔀 斗 蚪 陡

苟狗垢笱耇詬枸藕
偶掊叟瞍擻藪吼剖
塿走口扣叩黝糾赳
去宥又佑右祐囿侑
救廄究疚冑酎宙籀
晝狩獸守首臭岫袖
齅呪舊柩瘦漱皺甃

綉覆溜秀繡宿僦驟
僽就糅狖柚授〈候〉堠
寇茂貿戊袤懋瞀豆
竇逗脰鬭耨嗽嗾奏
走透漚遘構媾覯姤
購搆冓輳腠蔟陋漏
鏤蔻〈幼〉謬繆

第十二部

入 屋 獨讀櫝牘瀆⿰忄賣

穀轂谷㱿槲斛哭禿

竺速餗祿鹿漉簏麓

盝籙录族蔟簇鏃暴

樸僕扑撲卜濮木沐

鶩霂楘福腹複幅輻

蝠伏復服馥鵩輹洑

箙匐縮六陸戮逐軸

筑柚菊鞠掬麴熟孰

淑塾俶育毓粥蹴肉

祝叔蓄畜竹築慼矗

蝮覆郁彧燠澳肅宿

蓿夙玉目睦穆牧滀

沃鋈毒纛篤督酷鵠
牿告褥燭屬矚囑獄
旭勗局蜀屬觸辱蓐
溽束浴欲鵒慾躅錄
淥綠醁碌曲劚足贖
促續俗粟

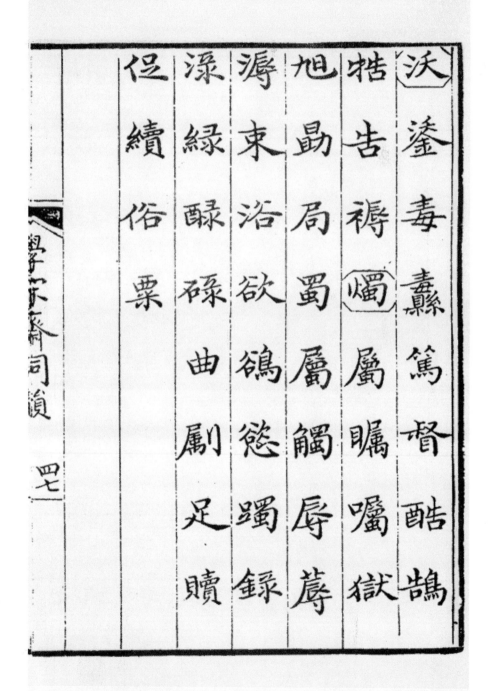

學海類編書

第十三部

入〔覺〕角桷榷搉岳樂

捉朔槊數斵琢卓啄

剝駮邈雹璞樸確埆

濁擢濯渥握幄喔葯

搦犖學鷽齪〔藥〕躍鑰

瀹龠籥略掠腳卻屩

灼斫彴勺酌繳妁鑠
爍若弱蒻箬綽約虐
[illegible]杓芍削斮爵雀爝
皭嚼鵲醵彠縛戄籰
攫著謯〔鐸〕度踱莫幕
膜模漠寞落絡烙洛
珞酪樂駱託橐籜柝

拓擇飥魄作柞鑿錯
各閣恪咢愕諤萼噩
齶粕膊搏惡堊泊箔
薄簙臛[illegible]索涸鶴貉
昨酢怍笮博諾霍藿
郭椁臒蠖穫鑊廓鞹

第十四部

入 質 隲 鑕 日 馹 實 秩

帙 姪 悉 膝 一 壹 七 漆

匹 吉 暱 逸 佚 溢 軼 鎰

泆 詰 栗 慄 溧 篥 窒 疾

嫉 失 室 蜜 謐 必 畢 蓽

蹕 率 蟀 密 弼 乙 筆 茁

術述术秫橘聿遹卒

戌恤律黜怵出櫛瑟

蝨物勿弗紱黻綍不

髴鬱黦熨蔚屈詘掘

佛拂祓紼迄訖乞吃

陌貊驀磔白帛舶伯

迫百柏劇屐戟索窄

嘖隙額逆客啞拍魄
珀赫格砉宅擇澤翟
虢彠搦
麥
脉獲畫劃
蟈馘幗檗擘繴賾責
簀幘債策冊柵覈核
翮隔膈革摘謫厄搤
昔
腊惜舄積脊跡鯽

益繹亦弈奕帟譯懌
斁驛嶧掖易埸射釋
適螫襫尺赤斥石隻
炙擲刺席夕穸汐籍
藉耤瘠闢辟役躄壁
襞碧**錫**析裼晳淅擊
劈癖僻櫪櫟瀝皪歷

的嫡甋鏑滴檄覡鷊
荻敵覿笛糴滌逖惕
績勣溺寂覓冪壁戚
慼〔職〕織直力敕飭鷘
陟食蝕息熄寔植殖
識式拭軾飾極匿測
惻畟憶億臆抑色嗇

穡濇棘弋翊翼即稷
逼域蜮罭閾愊仄側
〔德〕得則勒肋忒慝刻
克剋特黑墨默賊塞
北或惑國劾〔緝〕葺十
什拾褶執汁習襲隰
集輯檝入廿揖挹濕

及笈蟄縶立粒笠急
汲給級泣吸翕戢邑
悒浥

第十五部

入 月 伐 筏 罰 拔 越 粵

鉞 樾 曰 厥 蹶 闕 髮 發

韤 謁 暍 歇 蠍 訐 羯 揭

竭 沒 骨 鶻 滑 勃 孛 咄

柮 突 凸 忽 笏 惚 兀 矹

窟 訥 窣 猝 卒 齕 倅 曷

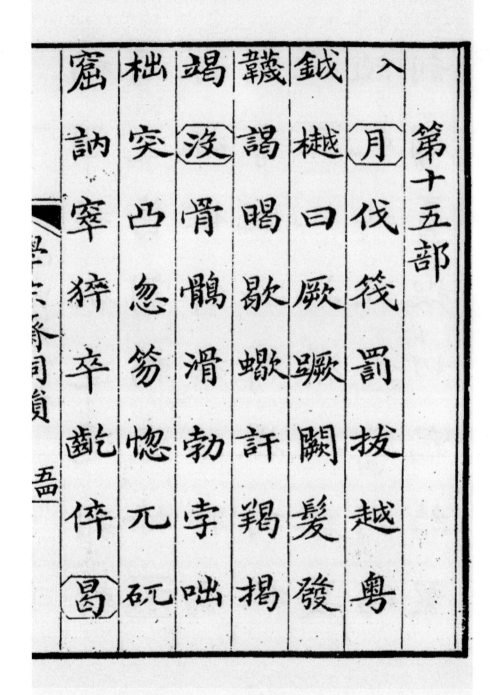

褐闥撻獺達遏剌辢

渴達葛割輵薩捺【末】

秣抹撥鉢括活聒鴰

闊奪脫豁斡撮捋掇

綴【黠】札扎猾八察戛

頡軋圠殺【鎋】齾刹瞎

刮刷【屑】楔切竊結絜

潔節血決闋缺玦訣
鴂穴抉垤耋迭跌絰
咥鐵餮纈擷頁襭涅
揑苶截齧臬闑噎咽
撇瞥
〔薛〕泄列蛚烈洌
洌裂哲傑桀櫟熱淅
折舌揲折孽滅鼈絕

雪悅說閱蛻爇蜹訖

拙啜輟掇劣埒別轍

徹撤澈孑設掣〔合〕閤

盇鴿合答颯靸霅沓

遝踏雜帀拉衲〔盍〕闔

臘搨榻塔搭蹋闒閘

榼〔葉〕椄睫楫攝歙涉

獵鬣躐捷踕聶鑷慴

摺妾笈輒饁箑歃霎

魘靨怗帖貼協叶挾

俠頰鋏莢愜篋牒喋

蹀諜堞氎疊蝶燮屧

喋浹洽狹恰掐牐夾

袷眨插狎柙匣鴨壓

押甲呷〔業〕鄴業脅怯

刧〔乏〕法

（清）吴烺 撰

周髀算經圖注一卷

清乾隆三十三年（1768）刻本

周髀算經

序

客有問于余者西法何自昉乎曰周髀何以知其然也曰周髀者葢天也葢天之學始立句股句股者西法所謂三角也衡之以爲句縱之以爲股袤而引之以爲弦正而信之以爲開方是故并之則爲矩環之則爲規圜內容方方內容圜則爲冪積弧矢五寸之矩可以盡天下之方一圜之規可以盡天下之圜歷家以葢天不同於渾天卽揚子雲猶疑之然吾以爲葢天者渾天之半渾天者葢天之全葢天者自內而觀之渾天者自外而觀之然

觀天必先於察地以太陽之晷景在地也樹一表
而句股之數可得句股之數得而高深廣遠無遁
形矣是周髀之術也蓋嘗稽諸考工輪人之爲蓋
弓也冶氏之爲戟也磬氏之爲磬也匠人之置槷
也有一不出于是者哉商高之言曰智出於句句
出於矩其言可謂簡而要矣趙爽甄鸞之徒從而
疏解之榮方陳子又踵而述之支離轇轕如鼷鼠
食郊牛之角愈入愈深而愈不可出是故通人無
取焉全椒吳檆亭舍人精於九章以是經之難明
也寫之以筆沶而繪以圖皎若列眉劃然若畫井

昭昭然若揭日月而行舉數千載之難明者一旦豁於目而洞於心豈非愉快事哉是學者必宜讀之書也爲引於端以誶同志云

乾隆戊子日長至雲間沈大成撰

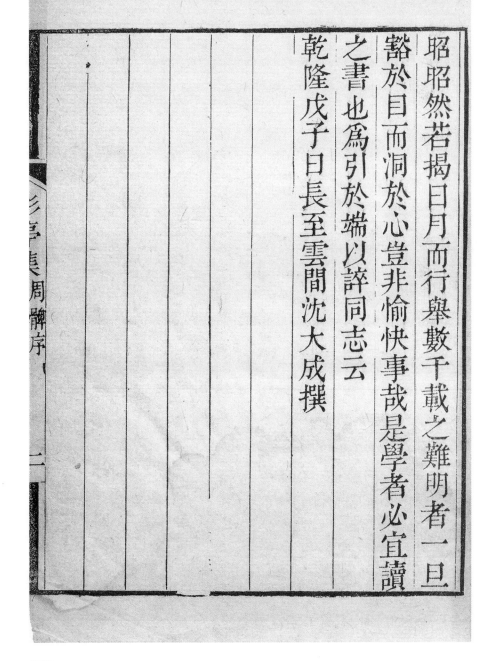

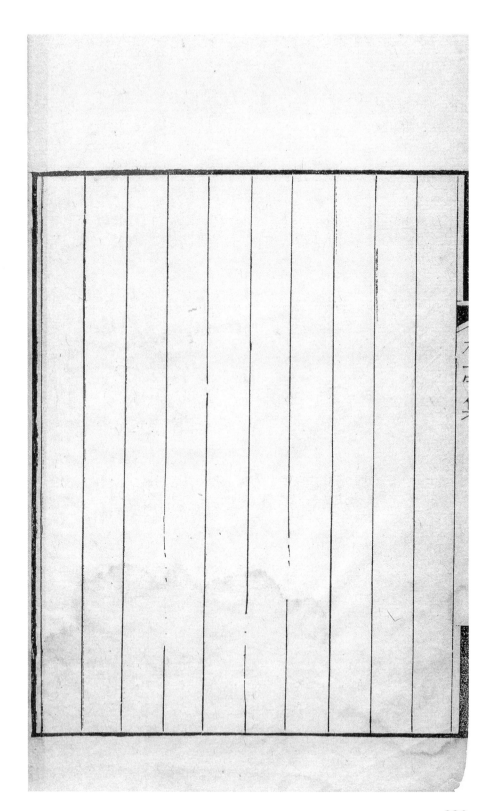

文之言算數者簡則畧詳則繁兩擅其能者難矣
余少好數學久而益篤於名家著論無所不窺思
欲纂述一編積思有年而脫稿不易偶讀趙君卿
所注周髀算經於心有所未安遂博采諸家之說
作爲圖注以補之俾其晦者復明誤者以正約其
文辭質直而易曉雖不敢謂有功於古人庶幾便
於初學云爾乾隆戊子夏五月吳烺自記

周髀算經圖注

全椒吳　烺荀叔輯

李籍曰。周髀算經者。以九數句股重差算日月周天行度遠近之數。皆得于股表。即推步蓋天之法也。髀者。股也。以表爲股。周天歷度本包犧氏立法。其傳自周公受之于大夫商高。周人志之。故曰周髀。

烺曰。班志無周髀。古今人表亦無商高之名。然蔡邕謂周髀于推步之術。多所違失。則其書由來古矣。中有三圖。圖後繫以趙君卿注。皆九章

句股法也其違失處李淳風已駁之今作細圖詳說發明其所以然命曰周髀算經圖注云

昔者周公問于商高曰竊聞乎大夫善算也

趙君卿曰商高周時賢大夫善算者也周公位居冢宰德則至高尚自卑己以自牧下學而上達況其凡乎

請問古者包犧立周天歷度

趙君卿曰包犧三皇之一始畫八卦以商高善數能通乎微妙達乎無方無大不綜無幽不顯聞包犧立周天歷度運章蔀之法易曰古者包

犧氏之王天下也仰則觀象于天俯則觀法于地此之謂也

烺曰天本無度以太陽行天三百六十五日四分日之一而一周天故歷家卽命天爲三百六十五度四分度之一度者虛數也大而天體小而浮漚從其腰圍之一線而均剖之皆可分爲三百六十度（今歷家入算只用三百六十整度）故古今之言天者止言度而不言尺寸也

夫天不可階而升地不可將尺寸而度請問數從安出商高曰數之法出于圓方

趙君卿曰圓徑一而周三方徑一而匝四伸圓之周而爲句展方之匝而爲股共結一角邪適弦五政圓方邪徑相通之率故曰數之法出于圓方圓方者天地之形陰陽之數然則周公之所問天地也是以商高陳圓方之形以見其象因奇耦之數以制其法所謂言約指遠微妙幽通矣

煩曰圓徑一而周三此古率也古人之算術甚疎約舉其概而已自劉徽祖冲之以來各爲密率知徑一則周三有餘然曲線與直線異理終

古無相通之率今之歷書以六宗三要法（見數理精蘊）求得大圜內容外切之數大約徑七則周二十有二庶幾近之

圓出于方方出于矩

趙君卿曰圓規之數理之以方方周匝也方正之物出之以矩矩廣長也

烺曰圓方爲萬算之根圓者不可算凡算圓者必以方故曰圓出于方一線不能成方凡成方者必四線相得故曰方出于矩

矩出于九九八十一

趙君卿曰推圓方之率通廣長之數當須乘除以計之九九者乘除之原也

烺曰矩之數一縱一橫縱橫必由相因而得九九八十一因數之極也九章莫難于句股句股莫難于測圓然算有千變萬化而其根則在于加減乘除傳曰辟如行遠必自邇辟如登高必自卑世有不能布算而侈言天象者猶之不鼓絲竹而矜言樂律言之雖精無裨實用矣茲畧爲舉例于後以便初學然由淺入深即九章之綱要也

一一如一	一二如二	一三如三	一四如四	一五如五	一六如六	一七如七	一八如八	一九如九
	二二如四	二三如六	二四如八	二五成十	二六一十二	二七一十四	二八一十六	二九一十八
		三三如九	三四一十二	三五一十五	三六一十八	三七二十一	三八二十四	三九二十七
			四四一十六	四五成二十	四六二十四	四七二十八	四八三十二	四九三十六
				五五二十五	五六成三十	五七三十五	五八成四十	五九四十五
					六六三十六	六七四十二	六八四十八	六九五十四
						七七四十九	七八五十六	七九六十三
							八八六十四	八九七十二
								九九八十一

右圖。始于一。究于八十一。縱横相得而數生焉。加減乘除開方之法畢具自然之理也。先輩著算書。欲人易曉。往往借錢糧布帛立例。至于句股測量。其所算者皆矩積。學者轉易惑焉。何者。先入者爲之主也。玆之立例。一以矩積爲主。而不更雜以他端。庶于測量之理。始終一貫。

矩積者何。太空之虛象。無形者也。其有形者。則如田疇之畛域。古以見方五尺爲步。以二百四十步爲畝。假如圖中一方是一步。則必積二百四十方始成一畝耳。

圖中右加法。

如第一層。截取三方。是一三如三。再

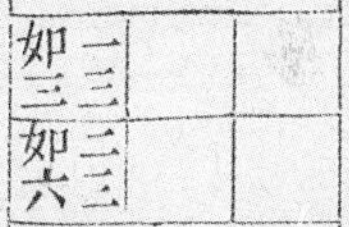

加三方。即是二三如六。

圖中有減法。

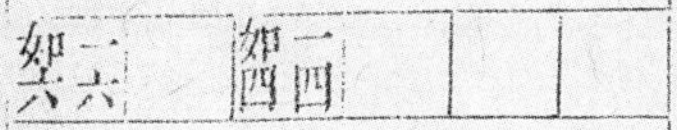

如第一層。截取六方是一六如六。從

末後減去二方。即是一四如四。

圖中有乘法。

如縱截四方。橫截六方。乃是四个六

方。縱橫相乘。即是四六二十四方。

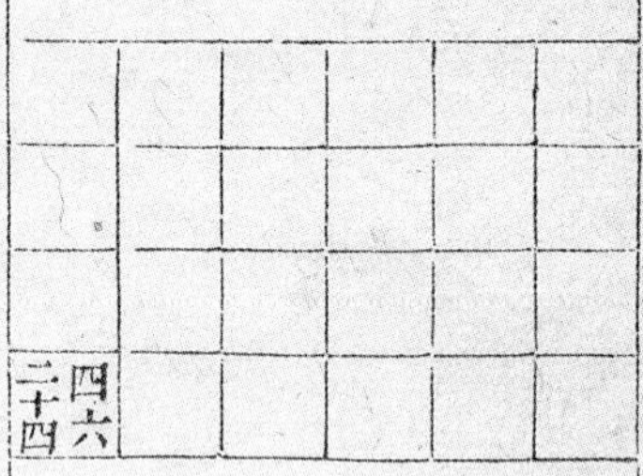

圖中有除法。

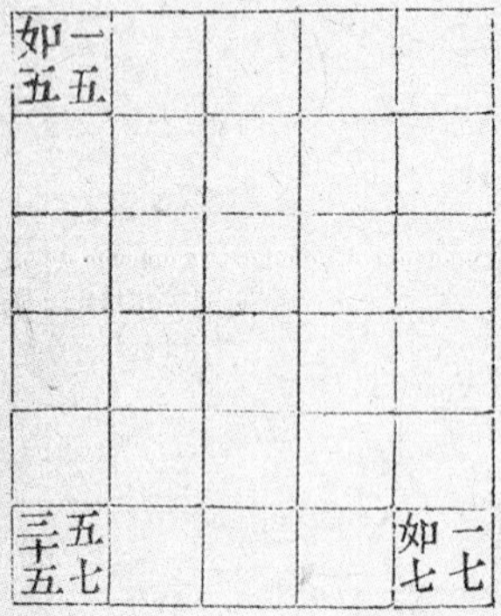

如縱截七方。橫截五方。共積三十五。以縱七爲法。除之得五。以橫五爲法。除之即得七。

算有器。器不同。在乎用之者之自取便也。古有算子。有珠盤。近日西法有筆。有籌。有比例規。皆器也。算之理。不在乎器。亦因器而顯。市肆莫便于珠盤。文士莫便于筆。熟其理。無往而不相通矣。

凡布算。先定位。位者。萬千百十單之等。定單位爲根。則進一位是十。又進一位是百。推之至于無窮。而位皆定。不必更書萬千百十等名。單下有零分。亦因之而定。

其一曰。加法。加者。合衆散數。爲一整數也。卽珠盤之小九九。又名梁積。又名上法。古曰併法。在句股謂之曰和。

假如有矩積。（積。古亦謂之冪。）三萬五千九百七十六。又九千七百五十二。問共若干。

左					右
	三·	五·	九·	七	六△
		九	七	五	二
	四	五	七	二	八

法以兩宗疊書于上。六爲根作虛點誌之。下畫一線。（線長短不拘。足容數而止。）取左爲大。右爲小。從右手最小處併起。六二併爲八。書八于線下。七五併爲十二。進點于上位。書二于線下。一九七併爲十七。（所進之點。即成一數。）進點于上位。線下

書七。一五九併爲十五。進點于上位。線下書五
一三併爲四。書于線下。併訖。視末位是單。逆而
推之。知首爲四萬。
荅曰。四萬五千七百二十八。合問。
大約加法。以五宗併爲一總。足矣。多則數紛而
易紊。如其數繁甚。則先分作數段。各併爲小總。
然後再併小總爲一大總。此執簡御繁法也。
或謂筆算累積。終不如珠盤之捷。此言非也。吾
儒之學。在明其理。非欲與市井之人。爭巧而鬬
捷。況珠盤或以爲郭伯玉所造。其來不久。古人

之六觚。皆算子。其繁重較甚于筆。且用筆諸數歷然。各不相混。毋妨泛應久可復核。非如珠盤。一誤皆誤。必須從頭再算也。

數有以十爲等者。有不以十爲等者。十百千萬。此以十爲等而遞進者。如古衡法。以二十四銖爲兩。以十六兩爲斤。以二十五斤爲鈞。以四鈞爲石。則其遞進也皆不以十。法當逐段爲率。而併之。

其二曰。減法。減者。加之對于一總數中。減去幾何。仍存幾何也。減而留餘者。謂之減餘。珠盤名

曰退法在句股則謂之曰較

假如有矩積八萬四千三百六十三今減去七萬五千六百五十二問餘若干

、	、			△
七	五	六	五	二
八	四	三	六	三
〇	八	七	一	一

如上式原數書下層減數書上層畫一横線從末位小數減起三中減二仍餘一書于線下六中減五亦餘一書于線下三中不能減六借一點在上位本位該餘四合併原有之三共餘七書于線下此借點作十之法始于同文算指四中不能減六減數是五合併所進之點成六借一點在上位本位亦

該餘四合併原有之四共餘八書于線下八中減八恰盡減數是七合併所進之點成八線下作〇凡數中有空位卽作〇以誌之減訖視末位是根逆而上之知首位是千

荅曰八千七百一十一合問

凡減法只有兩宗一原數一減數假使所減之數有多宗則先將應減之數用加法併爲一總然後減之仍是只有兩宗也

其三曰乘法乘者集諸齊同之小數而成一大數也有法有實法實相乘而數生焉或以一位曰因多位曰乘然古統謂之乘法

假如有矩積六十四今加六倍問共若干

	六		
三	二	四	
	六	四	實
		六	法
三	八	四	

如上式先畫二橫線書法實于線內乘法之法實可以互用第以少者爲法乃覺捷便然後用九九數因而乘之書于線上從末位起四與六因呼四六二十四逢如在本位遇十進一位書二四于線上又以六與六因呼六六三十六進一位書三六于線上乘訖用併法併于線之下視末位是根知首位是百

荅曰三百八十四合問

法數位多則多乘幾次其理則同又如有矩積六百七十八加九十五倍問共若干

		、			
	、	三			
	四	七	二		
、	六	○	五		
五	三	三	四	○	
—	—	—	—	—	—
		六	七	八	實
				△	
			九	五	法
—	—	—	—	—	—
六	四	四	一	○	

上式照前先以法五與八七六乘一遍同前式又以法九進一位與八七六再乘一遍乘訖併于線下如法數更多由此推之

荅曰六萬四千四百一十合問

其四曰除法除者剖一大數而爲衆齊同之小數也有法有實法實必須審定互用之則誤或

以一位曰歸。多位曰除。古統謂之除法。其理。一縱。一橫。一矩積。乘者。是有縱橫而求積。除者。是有積而以縱求橫。或有積而以橫求縱也。

凡乘法。必兼用加法。凡除法。必兼用減法。

凡除法。多不能恰盡。其不盡者。則命分之。如曰幾何之幾。天度三百六十五度四分度之一。若曰。其不能成一度者。使四分之。其零恰得四分中之一分耳。如以一度爲一百。則零分是二十五。

假如有矩積七千六百四十八。今欲分作八分。問每分若干。

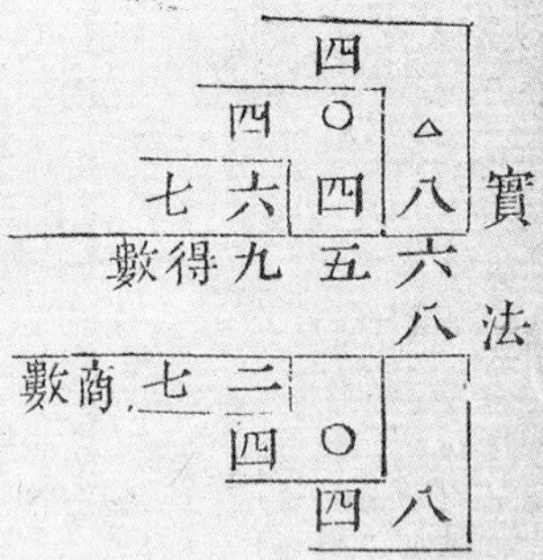

如上式先畫二橫線書實于上線之上書法于下線之上以法八與實首七六合商能當八之幾分商得九數呼八九七十二書于下線之下用減法于原實七六中減去七二餘四勾去七六書四于勾上又以法八與餘實四四商商得五數呼五八成四十書四〇于下線之下降一位用減法于餘實四四中減去四〇餘四勾去四四書四于勾上凡實上用勾商數亦用勾又以法八與餘實四八商商得六數凡商得數書于上線

之下。呼六八四十八。書四八于下線之下。又降一位。凡降位。與實相對。用減法。減餘實四八。恰盡。竟勾去之。

荅曰。每分該九百五十六。合問。

凡除法。商得數。書于原實勾尾。卽是定位法。

又如矩積五十一萬四千四百二十八。分爲七百八十九分。問每分若干。

此式法有三位。商得之數。用乘法乘遍勾畫畍限既清。然後用減法。減原實有不盡者。以待次商。此與一位除同理。因法位多。故步算畧繁耳。

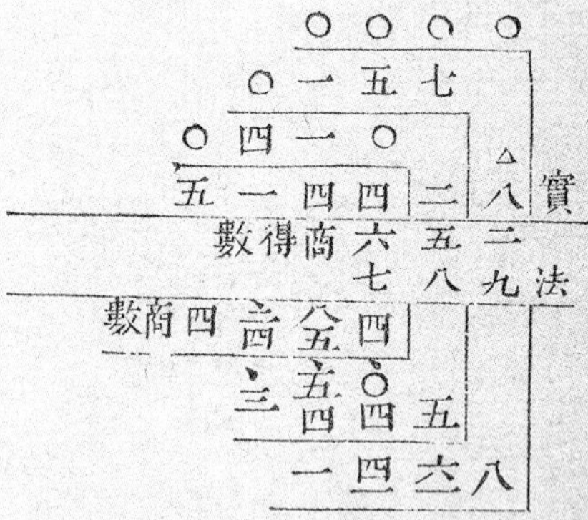

如上式照前畫兩線書實于上線之上書法于下線之上以法首七與實首五一商商得六遍乘法數三位勾畫畍定與實首四位對減勾去原實四位餘者以待次商又以法首七與餘實四一商商得五如法遍乘對減餘實一五七八以待三商而三商恰盡

荅曰每分得六百五十二合問

同文算指暨勿菴筆算有九減七減試法今可不用將商數用加法併之與原實相同卽不誤矣

乘除者一縱一橫相對待之理也橫六百五十二矩積五十一萬四千四百二十八以橫爲法除之必得縱七百八十九猶之以縱爲法除之得橫六百五十二也是知乘除之理只有三件一縱一橫一矩積有縱橫而求積則爲乘有縱積求橫或橫積求縱則爲除也

以圖明之

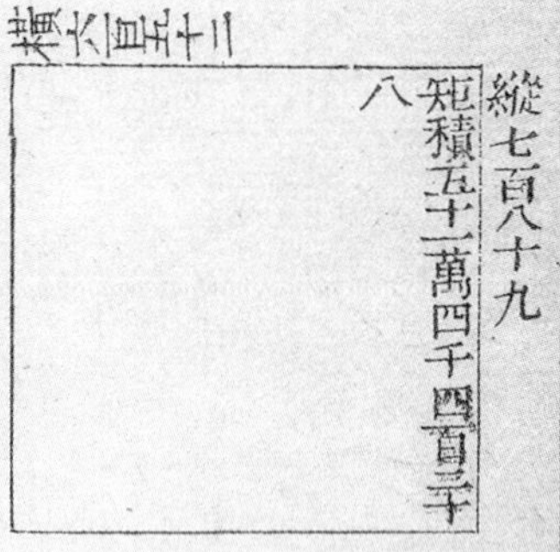

如上圖縱橫相乘，得矩積，以矩積爲實，縱爲法，除之得橫，橫爲法，除之得縱。經曰：矩出于九九八十一。此之謂也。

其五曰：開方法。開方者，取矩積整齊而方正之，如棋局然，問其一邊得幾何數也。其爲算也，有實無法。古有平方、立方、諸乘方，而勾股所恃者，惟平方。此測量之要義也。

凡開方，難定者初商。初商若誤，則通身皆誤。筆算有分段作點之法，最捷最便。初商既得，自次

商以下有廉有隅其法皆與除法同矣

假如矩積三百六十一平方開之問方邊若干

初商	表
一	○
四	○
九	○
六	一
五	二
六	三
九	四
四	六
一	八

一二三四五六七八九

凡開方列實後從末位根上作點（根必在每隔單數）一位作一點有幾點知有幾商最左之點在實首位者商表端三數在實次位者商表末六數

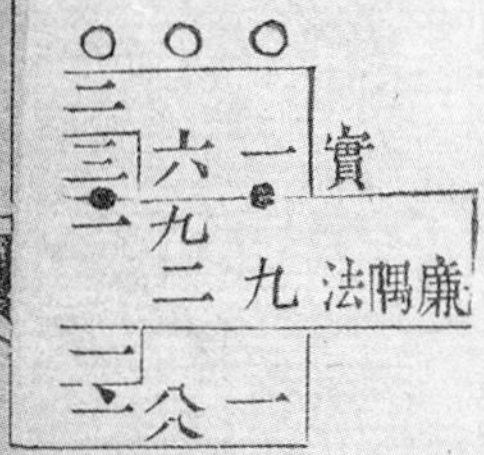

如上式列實誌根作點（點欲圓勿與併法之點混）此有兩點知有兩商（商得數是幾十幾）視點在首位在表端三位

商商得〇一。表第一位是〇一。（〇四。即大于實。不及商。）第二位書一于上線之下。如除法。呼一一如一。書下線之下對實書。勾畫之于實首位三。勾而減之。餘實二六一。以待次商。于是以初商之一。倍之爲二。以爲廉法。與餘實商商得九。書于上線之下。呼二九一十八。又即以九爲隅法。呼九九八十一。如除法。次比書于下線之下。勾畫之。用減法。對上餘實減之。恰盡。

荅曰。開得方邊一十九。合問。

開方之定位易明。有幾點。則有幾商。商至單位而餘實不盡，則以法命之。如命分。否則實尾加二圈，化分杪而開之。

凡開方初商減實不得過第一點，次商減實不得過第二點，三商以下並同。如不過本點，而法大實小，不及減者，是有空位也。

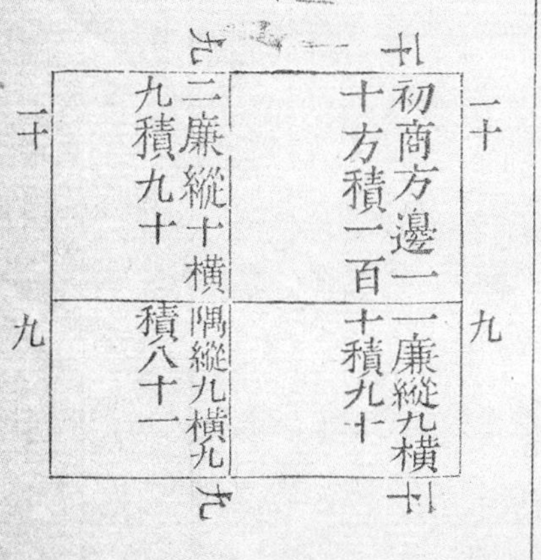

如圖，初商一十，減積一百。次商九，合兩廉一隅而共減之，故減積二百六十一。觀圖自明。

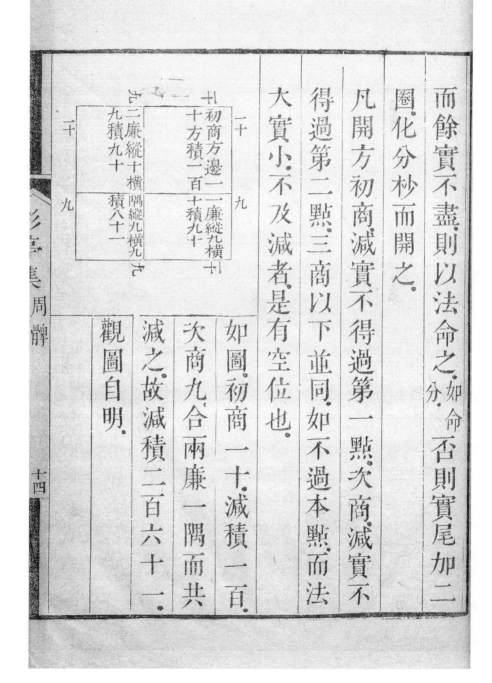

假如矩積九十七萬四千一百六十九平方開之問方若干

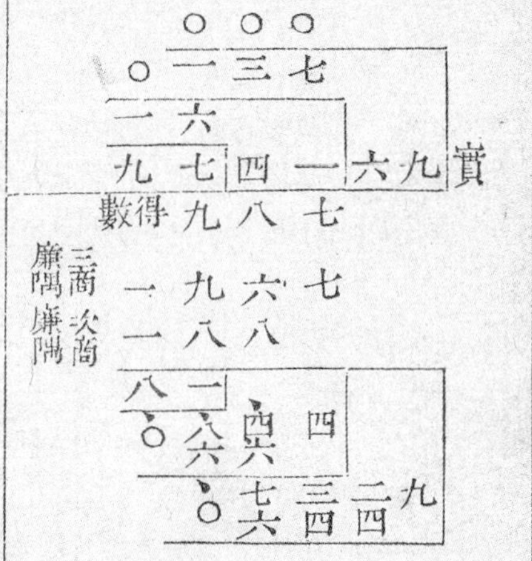

如上式有三點知有三商得數首位是百畫下線之盼宜畧疎取足書兩次廉法也

視實首九七檢表商得九呼九九八十一書下線之下與實對減如前餘一六四一以待次商倍得數九為一八以為次商廉法商得八呼一

八如八八八八六十四又卽以八爲隅法呼八八六十四次比書于下線之下勾畫之對上餘實一六四一減而勾畫之餘實一三七六九以待三商于是倍初商次商之得數九八成一九六以爲三商之廉法商得七呼一七如七七九六十三六七四十二次比書于下線之下又卽以七爲隅法呼七七四十九次比之勾畫之與餘實對減恰盡

荅曰開得方邊九百八十七合問

以圖明之

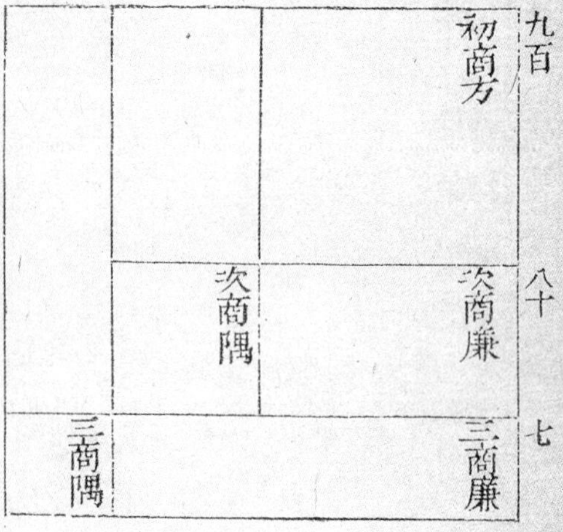

其六曰。三率法。三率。卽古之異乘同除。泰西謂之三率。謂以已知之三率。求未知之一率。實則四率也。此爲九章之大法。尤爲測量之所必用。不可不知也。蓋乘除之理。無往而非三率。學者

習而不察。今爲圖以證其理。俾布算者。確然知其所以然則句股之術。思過半矣。

假如原有股一十八尺。句一十二尺。今截股九尺。問句若干　荅曰六尺。

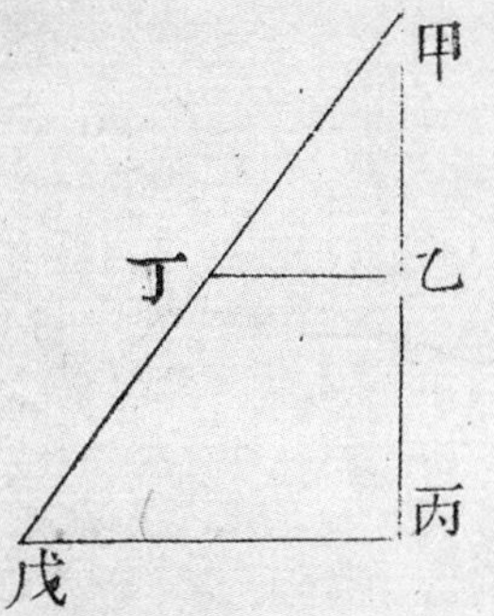

一率原股甲丙	一十八尺
二率原句丙戊	一十二尺
三率截股甲乙	九尺
四率截句乙丁	六尺

其法恒以二率與三率相乘爲實以一率爲法除之。卽得所求四率。故曰以甲丙比丙戊。若甲

乙與乙丁

其所以然之故何也凡二率與三率相乘其積數必與一率乘四率者等故三率之法可以互求若以一率乘四率爲實以二率爲法除之即得三率以三率爲法除之亦得二率也今二三相乘爲實以四率爲法除之亦得一率也

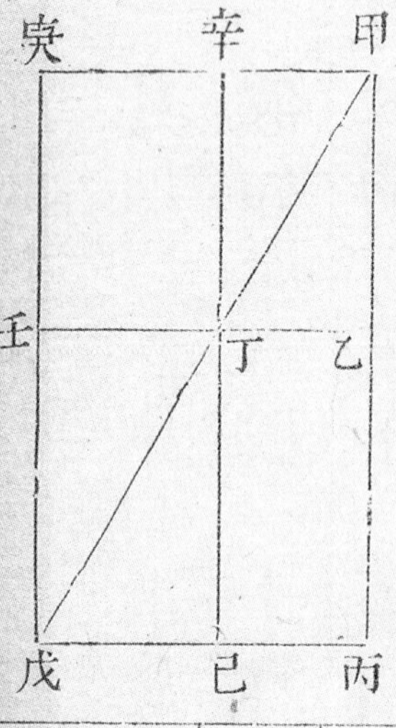

如圖甲丙庚戊矩形用甲戊線剖爲兩句股形其積必等中含四小句股又兩兩相等然則倒順兩句股

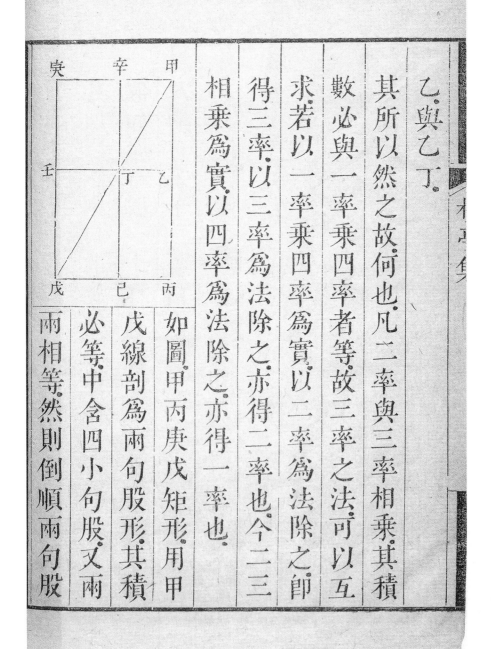

內各減去兩小句股所餘之乙己辛壬兩矩雖不同形而同積可知矣于是三率比例生焉

一率　甲乙　一　戊己　己上二率與三率相乘爲實一率爲法除之而得四率乃是先有乙己矩變爲辛壬矩也

二率　乙丁　二　己丁

三率　丁己　三　丁乙

四率　己戊　四　乙甲

使反其率則是先有辛壬矩變爲乙己矩故知三率比例可以小者比大亦可以大者比小觀于圖可以無疑義矣

一率　戊壬　一　甲辛

二率　壬丁　二　辛丁

三率　丁辛　三　丁壬

四率　辛甲　四　壬戊

故折矩。

趙君卿曰故者申事之辭也將爲句股之率故曰折矩也。

烜曰矩者長方也長方之邊一縱一橫如磬折然故曰折也。

以爲句廣三。

趙君卿曰應圓之周橫者謂之廣句亦廣廣短也

股修四

趙君卿曰應方之匝從者謂之修股亦修修長也

徑隅五

趙君卿曰自然相應之率徑直隅角也亦謂之弦

烜曰橫者爲句縱者爲股邪者爲弦或謂句短于股其實句股之稱名異而實同也句股之形

千變萬化。句三。股四。弦五。此數之恰盡者。故古
人多舉此以示例耳。

既方之外。半其一矩。

趙君卿曰。句股之法。先知二數。然後推一。見句
股。然後求弦。先各自乘。成其實。實成勢化。外乃
變通。故曰既方其外。或并句股之實。以求弦實
之中。乃求句股之分。并實不正等。更相取與。互
有所得。故曰半其一矩。其術句股各自乘。三三
如九。四四一十六。并爲弦自乘之實二十五。減
句于弦。爲股之實一十六。減股于弦。爲句之實

九。
烜曰。經文此二句費解。君卿蓋自爲一說。未必與經文有合也。愚意旣方其外者。謂三四相乘而爲矩。半其一矩者。從中斜剖之而成句股也。

環而共盤。得成三四五。

趙君卿曰。盤。讀如盤桓之盤。言聚而并減之。積環屈而共盤之謂開方除之。其一面。故曰得成三四五也。

烜曰。盤義未詳。君卿之解。似亦未合。愚意盤如盤旋之盤。句股形有三邊。盤旋之而成三四五。

也。

兩矩共長二十有五。是謂積矩。

趙君卿曰。兩矩者。句股各自乘之實。共長者。并實之數。將以施于萬事。而此先陳其率也。

烺曰。兩矩。即兩方。謂句方九。股方十六。積矩猶言矩積也。

故禹之所以治天下者。此數之所生也。

趙君卿曰。禹治洪水。决流江河。望山川之形。定高下之勢。除滔天之災。釋昏墊之厄。使東注于海。而無浸溺。乃句股之所由生也。

烜曰夏書隨山刋木史記作行山表木謂禹平水土植木爲表以望山川之高下而導水歸壑即表測準望法也或謂數居六藝之末以之教學童蓋即今之小九九乘除之數若夫句股精義非專門名家不能覃思諳微如堯典在璿璣所以明天也禹貢奠山川所以察地也明天察地聖人之能事也而可以小學目之乎

又曰原本此處有三圖圖後有趙君卿總注一段又有臣鸞逐段釋之今悉如其舊而各增以圖發明其所以然也

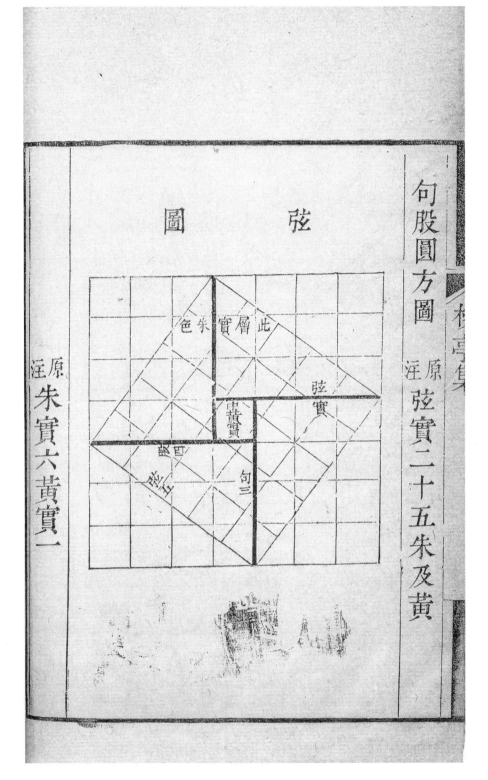

句股圓方圖

（原注）弦實二十五朱及黃

弦圖

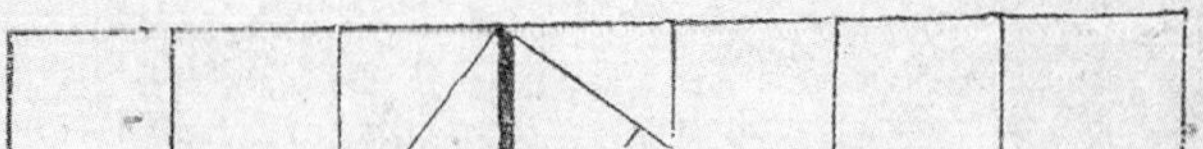

（原注）朱實六黃實一

原注句實九青

右圖

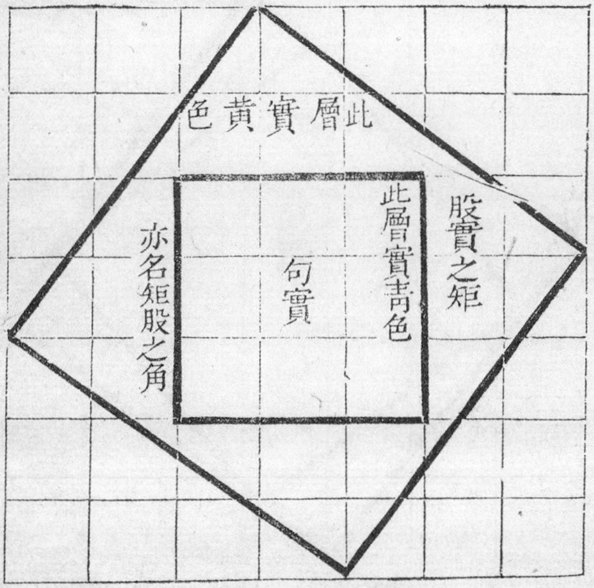

原注股實之矩十六黃

左圖

原注股實十六黄

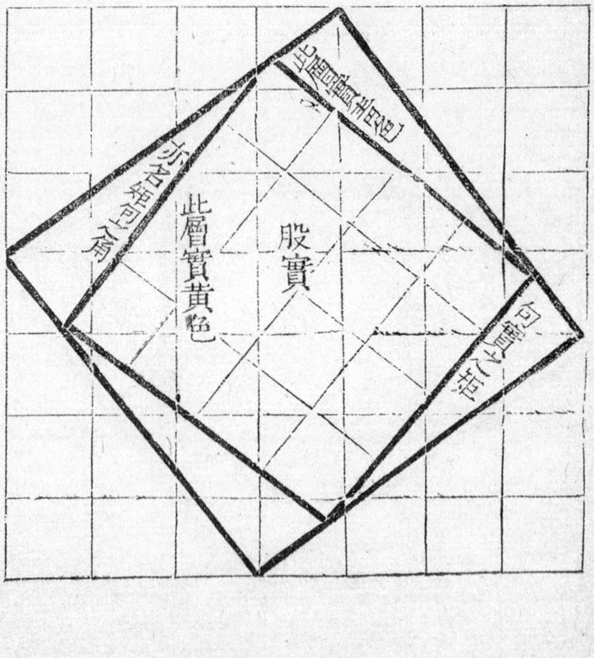

原注句實之矩九青

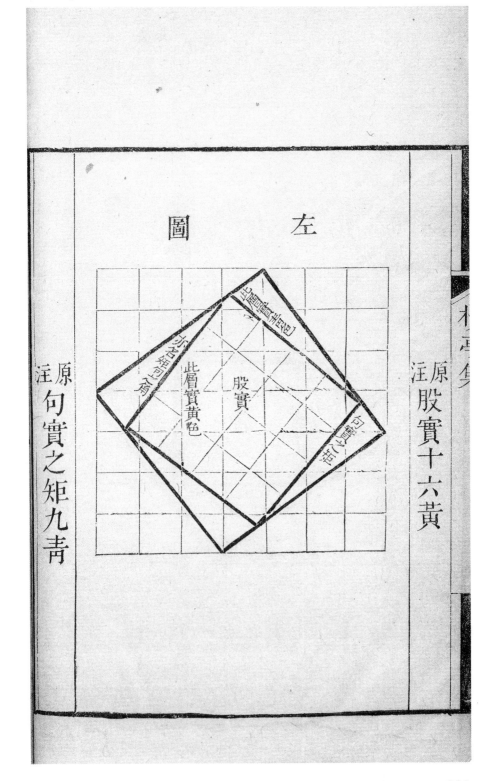

句股方圓圖注

趙君卿曰句股各自乘併之爲弦實開方除之即弦也案弦圖又可以句股相乘爲朱實二倍之爲朱實四以句股之差自相乘爲中黃實加差實亦成弦實以差實減弦實半其餘以差爲從法開方除之復得句矣加差于句即股凡并句股之實即成弦實或矩于內或方于外形詭而量均體殊而數齊句實之矩以股弦差爲廣股弦并爲袤而股實方其裏減矩句之實于弦實開其餘即股倍股在兩邊爲從法開矩句之

角卽股弦差加股為弦以差除句實得股弦并
以并除句實亦得股弦差令并自乘與句實為
實倍并為法所得亦弦句實減并自乘如法為
股股實之矩以句股差為廣句弦并為袤而句
實方其裏減矩股之實于弦實開其餘卽句倍
句在兩邊為從法開矩股之角卽句弦差加句
為弦以差除股實得句弦并以并除股實得句
弦差令并自乘與股實為實倍并為法所得亦
弦股實減并自乘如法為句兩差相乘倍而開
之所得以股弦差增之為句以句弦差增之為

股兩差增之爲弦倍弦實列句股差實見弦實者以圖考之倍弦實滿外大方而多黃實黃實之多卽句股差實以差實減之開其餘得外大方大方之面卽句股并也令并自乘倍弦實乃減之開其餘得中黃方黃方之面卽句股差以差減并而半之爲句加差于并而半之爲股其倍弦爲廣袤合令句股見者自乘爲其實四實以減之開其餘所得爲差以差減合半其餘爲廣減廣于弦卽所求也觀其迭相規矩共爲反覆互與通分各有所得然則統敘羣倫宏紀衆

理貫幽入微鉤深致遠故曰其裁制萬物唯所
爲之也
烜曰句股術以已知之二宗求未知之一宗有
名義有次第右圖與注皆不能盡句股之蘊且
立術多舛李淳風駁之詳矣今于其是者疏之
非者勘之闕者補之博采諸家圖說以備句股
之大觀云
句股名義
横者曰句縱者曰股邪者曰弦句股相減而得
其減餘曰較亦謂之差句股相加而得其總數

曰和。亦謂之并。弦與句股較謂之弦較。弦與句股和謂之弦和。二者又與句股之較和爲較和也。句股之實曰積。亦謂之冪。兩數相乘曰矩。自乘曰方。自乘或省曰自之。

釋圓方句股注。

按趙君卿注曰。句股各自乘。并之爲弦實。開方除之即弦。

臣鸞曰。假令句三。自乘得九。股四。自乘得十六。并之得二十五。開方除之得五爲弦也。

煩曰。句股兩方適與弦方等。其故何也。試以句股齊同者觀之。如圖。甲乙丙句股形。甲丙為股。丙乙為句。兩數齊同。甲乙為弦。甲丙自乘成丁丙方。丙乙自乘成丙戊方。此兩方同積。凡形同者必同積。今移

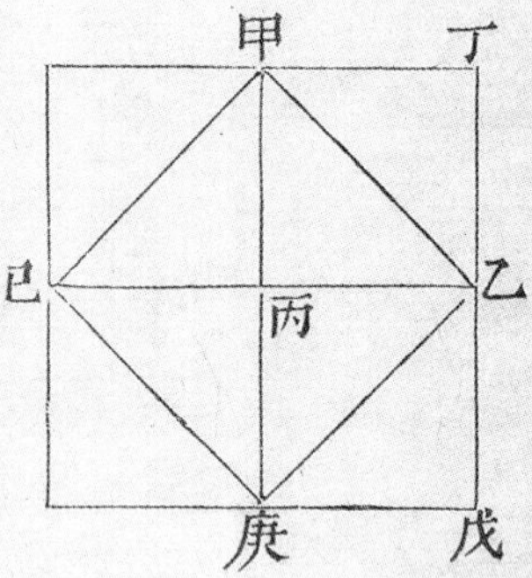

甲丁乙句股形補甲丙己。移乙戊庚。補己丙庚。即戊甲庚弦上方矣。句股齊同者如此。其不齊同者。一理也。總之弦方必函句股二方。合句股二方。必成弦方。天地自然之巧妙也。已上第一條。名曰句股求弦。

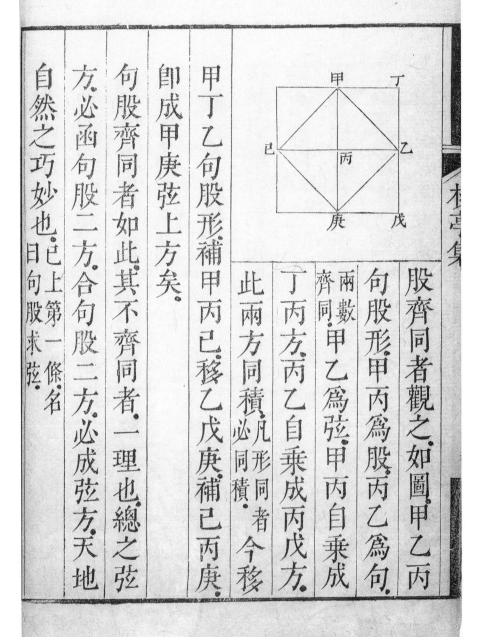

注云按弦圖又可以句股相乘爲朱實二倍之爲朱實四以句股之差自相乘爲中黃實

臣鸞曰以句弦差二倍之爲四自乘得一十六爲左圖中黃實也

臣淳風等謹按注云以句股之差自乘爲中黃實鸞云倍句弦差自乘者苟求異端雖合其數于率不通

注云加差實亦成弦實

臣鸞曰加差實一并外矩青八得九并中黃十六得二十五亦成弦實也

臣淳風等謹按注云加差實一亦成弦實鸞曰加差實并外矩及中黄者雖合其數于率不通烺曰此條注不誤而甄鸞誤也術應日以句股積四倍之加差實開方得弦

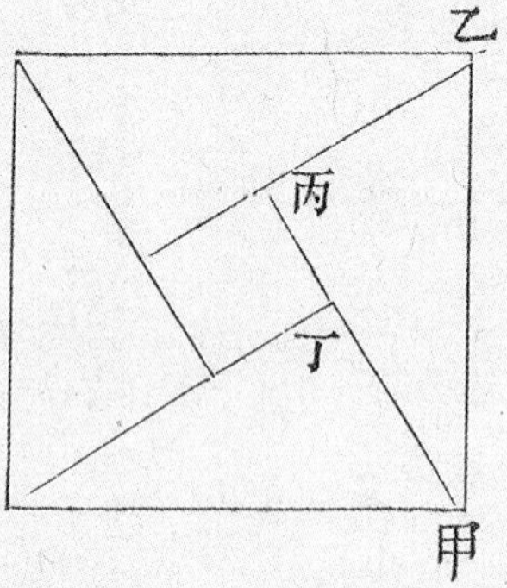

如圖甲乙丙句股形甲丙股乙丙句丁丙差甲乙弦四倍句股之積加差積卽弦方也已上第二條名日句股積與較求弦

注云以差實減弦實半其餘以差為從法開方

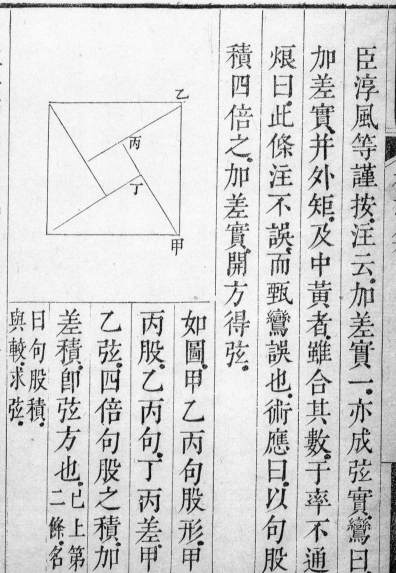

除之復得句矣

臣鸞曰以差實九減弦實二十五餘十六半之得八以差一加之得九開之得句三也

臣淳風等謹按注宜云以差實一減弦實二十五餘二十四半之爲十二以差一從開方除之得句三鸞云以差實九減弦實者雖合其數于率不通

烜曰淳風言是也此是有句股積與差用長濶相差開方帶從即縱字法求得句有句則諸數皆得矣

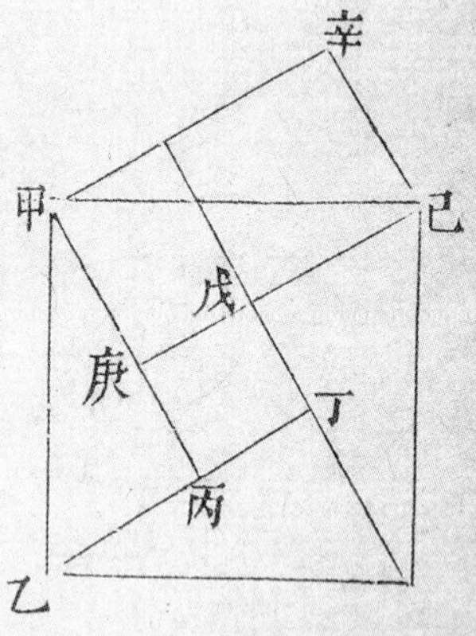

如圖乙丁股也乙丙句也丙丁差也今有積有差準前圖已求得己乙大方于大方中減去戊丙差方餘四句股積半之存二即己庚辛甲矩用帶縱平方開之得辛己爲句句得則諸數皆得矣已上第三條名曰句股積與較

求句股弦

汪云加差于句即股

臣鑾曰加差一于句三得股四也

煶曰加庚戊差于戊己句戊己與乙丙同大即庚己股

庚己與乙丁同大

注云凡并句股之實卽成弦實

臣鸞曰句實九股實十六并之得二十五

烜曰謂弦方能函句股二方之積

注云或矩于內或方于外形詭而量均體殊而數齊句實之矩以股弦差爲廣股弦并爲袤

臣鸞曰以股弦差一爲廣股四并弦五得九爲袤左圖外青也

注云而股實方其裏

臣鸞曰爲左圖中黃十六

注云減矩句之實九于弦實二十五餘一十六開之得四股也

焜曰廣袤猶縱橫也凡弦方積能函句股二方之積是以于弦方内減去股方其餘即弦較（即股弦差）乘弦和（即股弦并）之積開之即爲句也

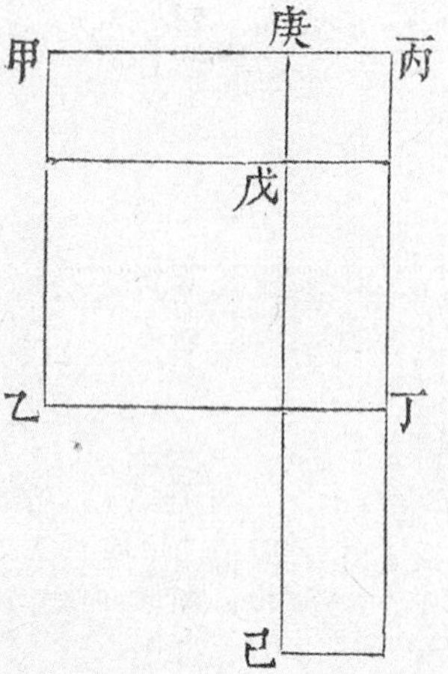

如圖丙乙弦方戊乙股方于弦方中減去股方所餘之丁丙甲磬折形以丙庚弦較爲廣（即橫）庚己弦和爲袤（即縱）戊甲矩

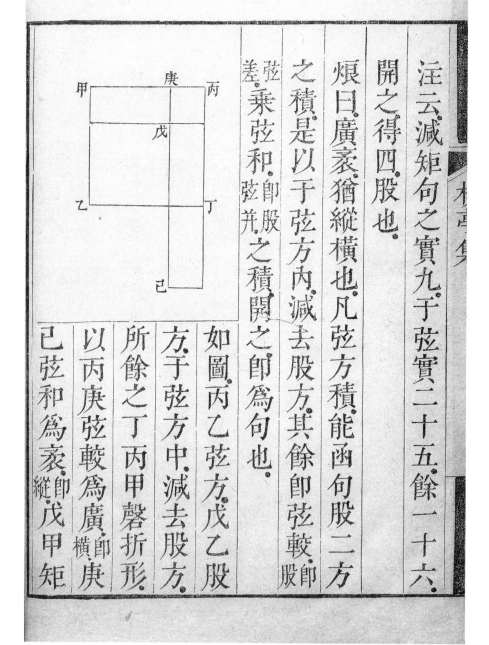

與丁己矩同大。此丙己長矩積，即句積也。已上第四

條。名曰弦較與弦和，求句股弦。

術為弦較乘弦和，開之得句。弦較減弦和，半之得股。有句股可以求弦。

注云：倍股在兩邊為從法，開矩句之角，即股弦差。

臣鸞曰：倍股四，得八，在圖兩邊，以為從法。開矩句之角九，得一也。

注云：加股為弦。

臣鸞曰：加差一于股四，則弦五也。

注云以差除句實得股弦并

臣鸞曰以差一除句實九得九即股四弦五并爲九也

注云以并除句實亦得股弦差

臣鸞曰以九除句實九得股弦差一

煨曰此條仍申說第四條之義大凡弦方內減去股方所餘之罄折形即句方積弦方能含句股二方之故亦即弦較乘弦和之積凡句弦較和股弦較和皆可省一字以稱之故倍股爲從法而以帶縱平方開之必得弦較加股即弦以弦較除句方積得弦和以弦和除

句方積得弦較也。

注云令并自乘與句實爲實。

臣鸞曰令并股弦得九自乘爲八十一又與句實九加之得九十爲實。

注云倍并爲法。

臣鸞曰倍股弦并九得十八者爲法。

注云所得亦弦。

臣鸞曰除之得五爲弦。

煩曰此條易明又法弦和自乘句自乘并而半之以弦和爲法除之得弦。

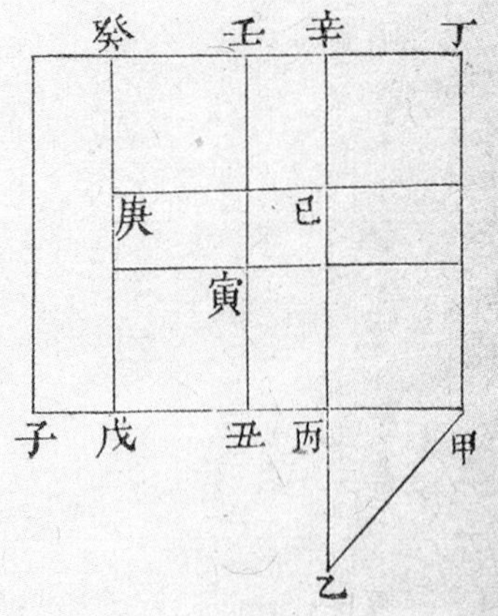

如圖甲乙丙句股形丙乙爲句甲丙爲股甲乙爲弦丁癸爲股弦和自乘丁戊大方癸子矩形是句自乘之積何以知爲句自乘之積解在後合之成丁子矩形故半之成丁丑矩形以丁甲股弦和爲法除之得甲丑弦也原注用倍弦和除全實同理癸子矩即句自乘之積何也凡弦方必含句股二方圖中己戊弦方減去寅戊股方所餘之庚寅丙罄折形即句方積也而庚寅矩與壬己矩同大

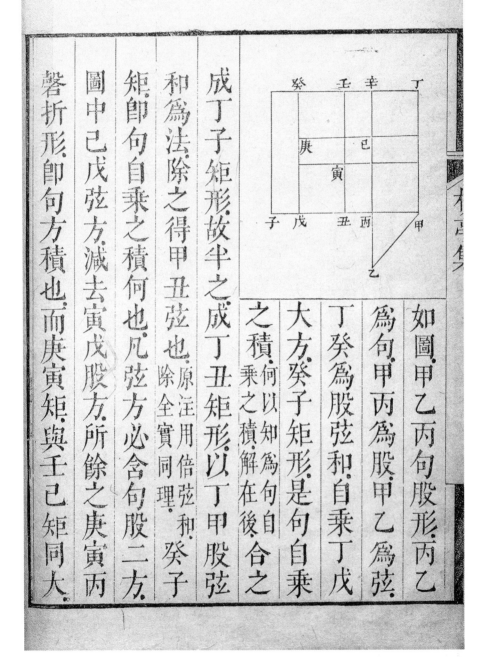

合之成辛丑長矩形。而癸子又與辛丑同大也。

已上第五條。名曰弦和。與句。求股弦。

又曰。按上圖。又可以弦和自乘。成丁戊方。與句自乘。成辛丑矩。對減而半之。存丁丙矩。以弦和丁甲除之。得股甲丙。以股甲丙減弦和甲戊。得弦丙戊。

注云。句實減并自乘。如法爲股。

臣鸞曰。以句實九減并自乘八十一。餘七十二。以法十八除之。得四爲股也。

烺曰。此即上條之又法。蓋以倍弦和而除全實。與弦和除半實同理也。鸞曰。法十八。乃倍弦和

也

注云股實之矩以句弦差爲廣句弦并爲袤

臣鸞曰股實之矩以句弦差二爲廣句弦并八爲袤

注云而句實方其裏減矩股之實于弦實開其餘即句

臣鸞曰句實有九方在右圖裏以減矩股之實十六于弦實二十五餘九開之得三句也

注云倍句在兩邊

臣鸞曰各三也

注云爲從法開矩股之角即句弦差加句爲弦。
臣鸞曰加差二于句三則弦五也。
注云以差除股實得句弦并。
臣鸞曰以差二除股實十六得八句三弦五并
爲八也。
注云以并除股實亦得句弦差。
臣鸞曰以并除股實十六得句弦差二。
注云令并自乘與股實爲實。
臣鸞曰令并八自乘得六十四與股實十六加
之得八十爲實。

注云，并倍爲法。

臣鸞曰，倍句弦并八，得十六爲法。

注云，所得亦弦

臣鸞曰，除之得弦五也。

注云，股實減并自乘，如法爲句。

臣鸞曰，以股實十六，減并自乘六十四，餘四十八，以法十六除之，得三爲句也。

煩曰，句與股名異而實同，上條有股弦和，與句求股弦，此條有句弦和，與股求句弦，互徵之，其理益顯，圖說悉同上文，故不贅也。

注云。兩差相乘。倍而開之。所得以股弦差增之爲句。

臣鸞曰。以股弦差一。乘句弦差二。得二。倍之爲四。開之得二。以股弦差一。增之得三。句也。

注云。以句弦差。增之爲股。

臣鸞曰。以弦差二。增之得四。股也。

注云。兩差增之爲弦。

臣鸞曰。以股弦差一。句弦差二。增之得五。弦也。

煨曰。此以兩弦較。而求諸數。非以圖明之。不能知其立法之根矣。然觀徐氏句股義。第十四題。

圖繁而說多，學者未能了了。今爲簡易之圖說，以顯著其理。

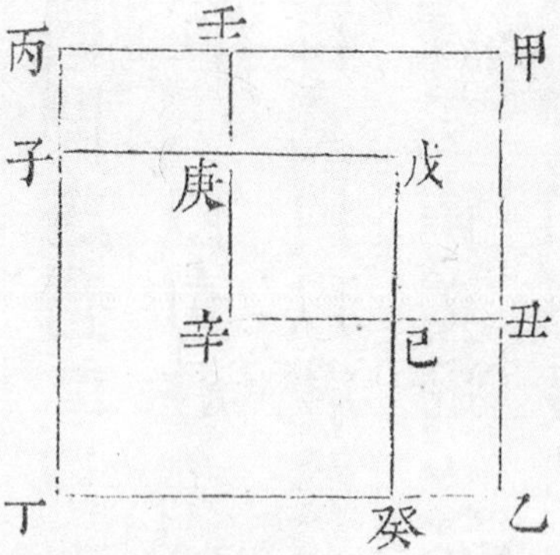

如圖，甲乙爲弦，甲丁弦方也。戊癸爲股，戊丁股方也。壬辛爲句，甲辛句方也。丑乙句弦較也。壬子同。丙丙子股弦較也。乙癸同。兩較相乘成丑癸矩，倍之則并八壬子矩。此兩矩同形同積。開之成戊辛方。何以知小方與兩矩同積？蓋弦方必含句股兩方，此以句股兩方加于弦方之上。

則重疊者必中間小方。虛空者必角旁兩矩也。
故以兩矩積開之得戊辛方。以其方面爲弦較。
以戊己。加己癸。卽股。以辛庚。加庚壬。卽句。兩加
之卽甲乙弦矣。戊己。旣加己癸。又加庚壬。
已上第六條。名曰句弦較。與股弦較。求句股弦。
注云。倍弦實列句股差實。見弦實者。以圖考之。
倍弦實滿外大方。而多黃實。黃實之多。卽句股
差實。
臣鸞曰。倍弦實二十五。得五十。滿外大方。七七
四十九。而多黃實。黃實之多。卽句股差實也。

注云以差實減之開其餘得外大方大方之面即句股并

臣鸞曰以差實一減五十餘四十九開之即大方之面七也亦是句股并也

注云令并自乘倍弦實乃減之開其餘得中黃方黃方之面即句股差

臣鸞曰并七自乘得四十九倍弦實二十五得五十以減之餘即中黃方差實一也故開之即句股差一也

注云以差減并而半之爲句

臣鸞曰以差一減并七餘六半之得三句也

注云加差于并而半之爲股

臣鸞曰以差一加并七得八而半之得四股也

烜曰此條謂句股和一省稱日和之積與倍弦積相

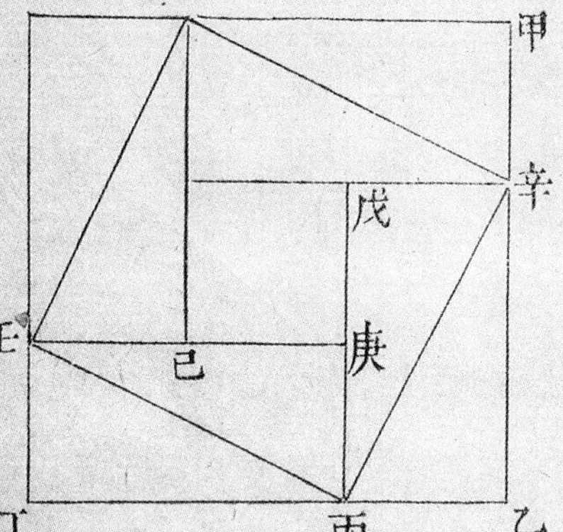

較適多一句股較一省日較之積也蓋句股相乘之積四之加較積即與和自乘之積同以較加和半之爲股以較減和半之爲句今欲著其理故反復詳言之

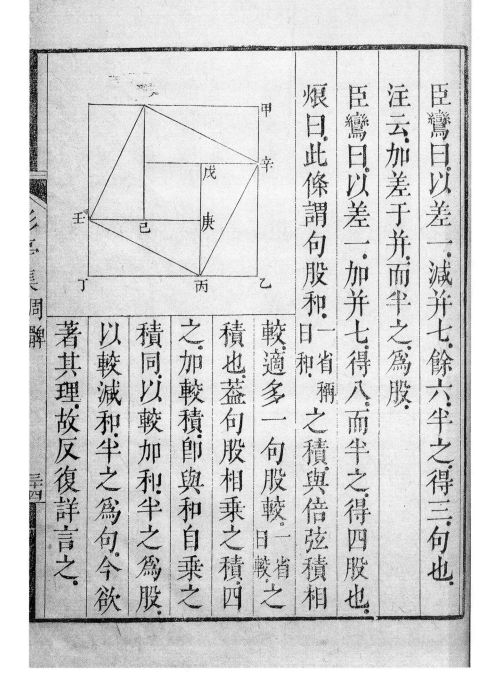

如圖甲乙爲和（即趙注之并）甲丁爲和方（即注之大外方）戊庚爲較（即注之差）戊己爲較方辛丙爲弦辛壬爲弦方倍弦方以較和方必多一較方之積故倍弦積而減較積（戊己）開之成和方（甲丁）也（已上第七條名曰句股和與弦求句股）

注云其倍弦爲廣袤合

臣鸞曰倍弦二十五爲五十爲廣袤合

臣淳風等謹按列廣袤術宜云倍弦五得十爲廣袤合今鸞云倍弦二十五者錯也

注云而令句股見者自乘爲其實四實以減之

開其餘所得爲差。
臣鸞曰。令自乘者。以七七自乘得四十九。四實。大方句股之中有四方。一方之中有方十二。四實有四十八。減上四十九。餘一也。開之得一。即句股差一。
臣淳風等謹按。注意令自乘者。十自乘得一百。四實者。大方廣袤之中。有四方。若據句實而言。一方之中。有實九。四實有三十六。減上一百。餘六十四。開之得八。即廣袤差。此是股弦差減股弦并。餘數。若據股實而言之。一方之中。有實十六四實有六十四減上一百餘三十六開之得六此是句股（當作弦）差減句弦并餘數也鸞云令自乘者以七七自乘得四十九四實者大方句股之中有四方一方之中有方十二四實者四十八減上四十九餘一也開之得一即句股差一者錯也

煩曰此條注晦釋誤而按不適于用蓋倍弦自乘是爲四弦積其中減四句積則所存者是四股積并四積而開之其方邊必爲倍股之數故凡三率相求以倍比倍若半與半其理同也是

條反復言之亦不過發明弦方能含句股二方之理然其文義則贅甚矣

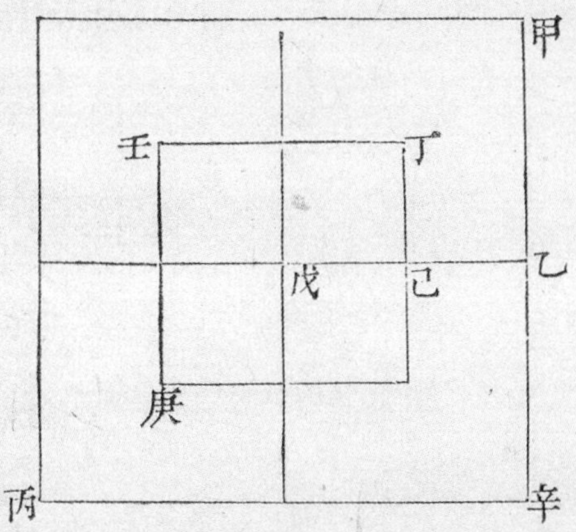

如圖甲乙弦也五甲辛倍弦也十丁己句也三甲丙大方一百丁戊句方九丁庚四句方三十六于甲丙方中減丁庚其所餘之口字形積開之其方邊必爲倍股之數也八是知于大方中減四股積口字形積其餘開之必倍句丁壬六

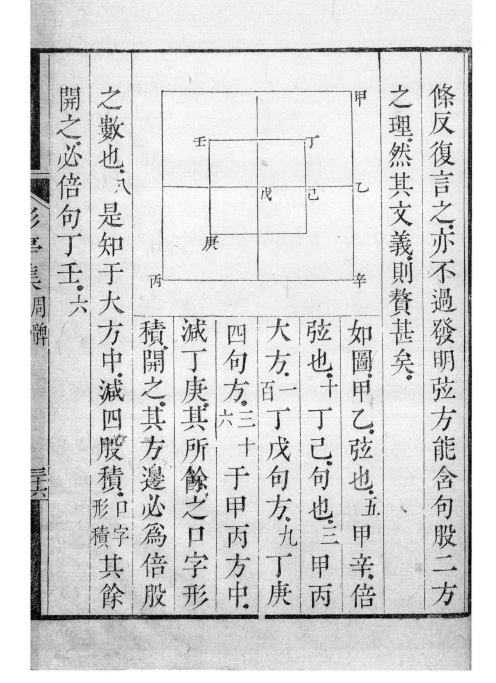

注云以差減合半其餘爲廣

臣鸞曰以差一減合七餘六半之得三廣也

臣淳風等謹按注意以差八六各減合十餘二四半之得一二一即股弦差二即句弦差以差減弦即各袤廣也鸞云以差一減合七餘六半之得三廣者錯也

注云減廣于弦即所求也

臣鸞曰以廣三減弦五即所求差二也

臣淳風等謹按注意以廣一二各減弦五即所求股四句三也鸞云以廣三減弦五即所求差

二者此錯也。

烺曰。此條本上條而言。謂以句弦差股弦差減弦而成句股。非獨趙甄之誤。淳風亦苟合其數。于率不通也。凡句股之術。以已知之二宗。求不知之各宗。今既有倍弦。知弦矣。有四句積。知句矣。有句弦。即知諸數。何必迂迴往復。以立此例乎。

已上甄鸞所述。終此句股之術。約有數十端。此葢未能盡之。然古之算學殘闕。餼羊之存。賴有是編。學者尋繹而推廣之。其藴有不窮矣。

周公曰大哉言數

趙君卿曰心達數術之意故發大哉之歎

請問用矩之道

趙君卿曰謂用表之宜測望之法

煨曰矩者測器也以測望知山岳樓臺之高并谷之深土田道里之遠近用堅木或銅版爲之其形正方其一邊附兩耳耳各有通光竅通光者或取日光相射或取目光透照也其一角之端繫以垂線線末有權線之所到角度生焉圖式具後

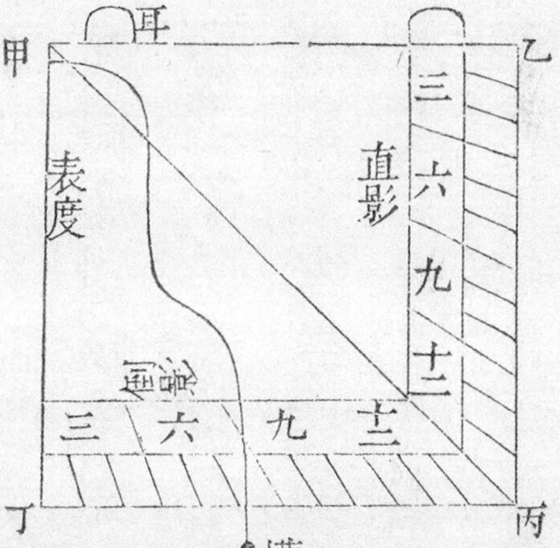

如圖或木或銅作正方矩約大四寸厚四分兩邊乙丙丁丙任分幾何度今分十二度以甲為極甲乙邊有兩通光耳從乙望甲兩耳中空凡測望之時從乙窺甲與所測之物參相直則權線必當一度而算法立焉

直景倒景者兩句股互用之理也如測山岳樓臺樹木諸景之在地平者謂之直景若于向日

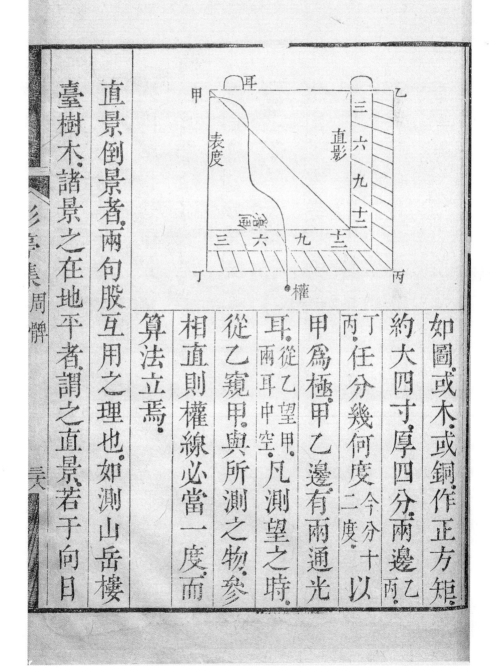

墻上橫立一表。表景在墻則爲倒景。約而言之。線在乙丙界內。乃句景是直景也。線在丁丙界內。卽股景是倒景也。

商高曰。平矩以正繩。

趙君卿曰。以求繩之正。定平懸之體。將欲慎毫釐之差。防千里之失。

烜曰。惟木從繩則直。物之不從繩者。非眞直也。此言表測準望之法。先欲平其在我者。在我者不平。則在彼者不可得而算也。繩也者。卽矩之垂線也。

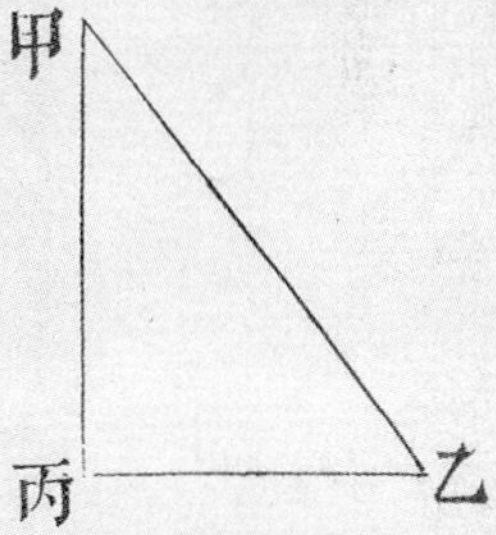

如圖假使甲丙為所測之高必先知乙丙其平中繩與甲丙相待成句股形而後可立算也否則失之毫釐差之千里矣

偃矩以望高覆矩以測深臥矩以知遠

趙君卿曰言施用無方曲從其事術在九章

煩曰古九章九曰句股以御高深廣遠此之謂也其測之也必有術今各舉數例作圖以發明之

測高

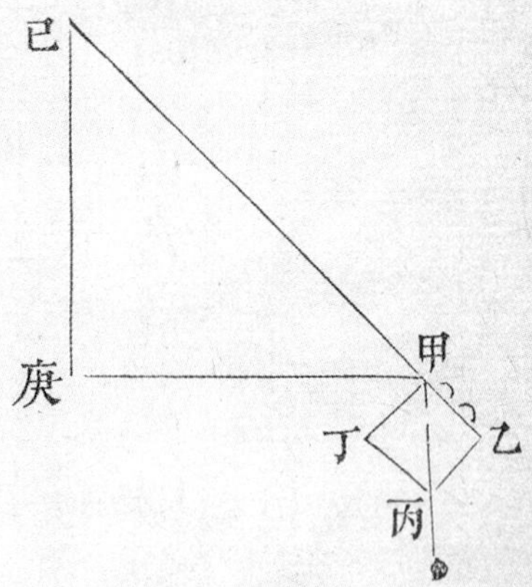

欲測己庚之高從庚量至甲得幾何尺用矩窺之使乙甲己戊一直線而垂線恰當丙則己庚之高與庚甲同是為齊同之句股。

若權線在直影邊則句小于股以直影上所值度分為比例。

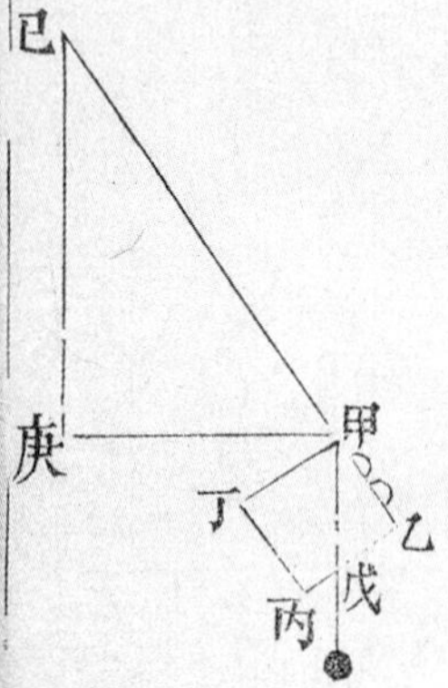

一率	乙戊	小句
二率	乙甲	小股
三率	庚甲	大句
四率	庚己	大股

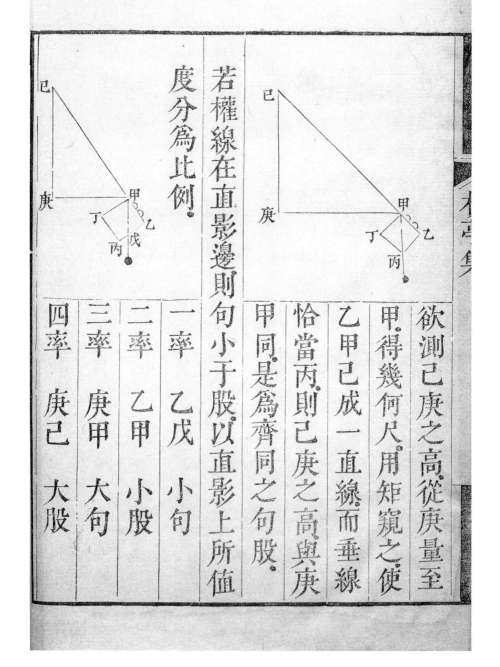

若權線在倒影邊則句大于股以倒影所值之度分爲第二率

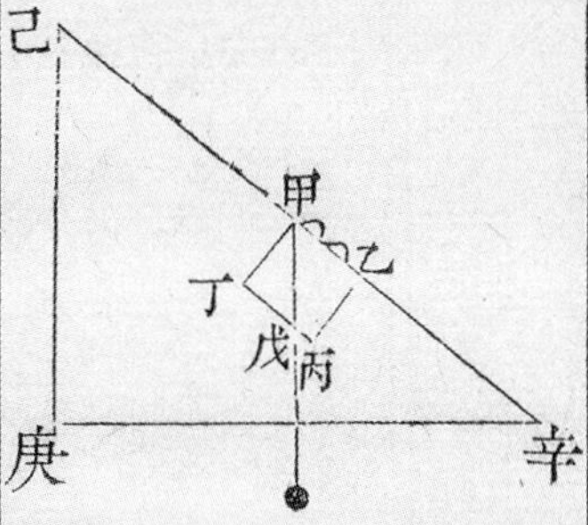

一	甲丁	小句股與大句
二	戊丁	股同形故其比
三	辛庚	例等
四	己庚	

小句股與大句股同形故其比例等

若欲測山岳樓臺樹木之高而爲他物所隔不能至其地無從而得其所距之遠則用重矩法重矩者兩矩一前一後得其大小之景差以爲用也

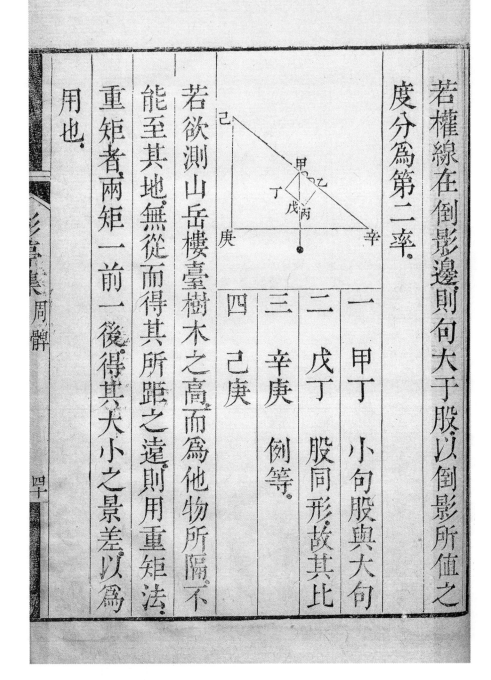

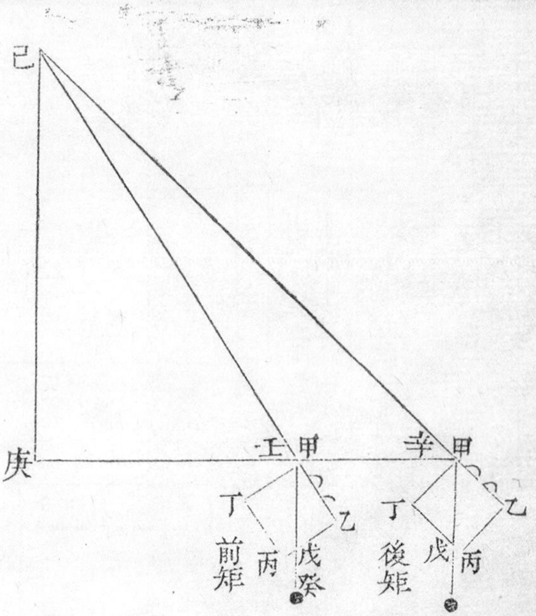

如圖欲測己庚之高人在壬而不能知壬庚之遠于是從壬用矩窺之得乙戊直影從壬退至辛量得壬辛幾何尺從辛用矩窺之得丁戊倒景此二景不同名須變作倒景一率戊乙二率乙甲三率甲丁四率丁癸以丁癸與後矩丁戊較兩倒景也得其較以爲首率

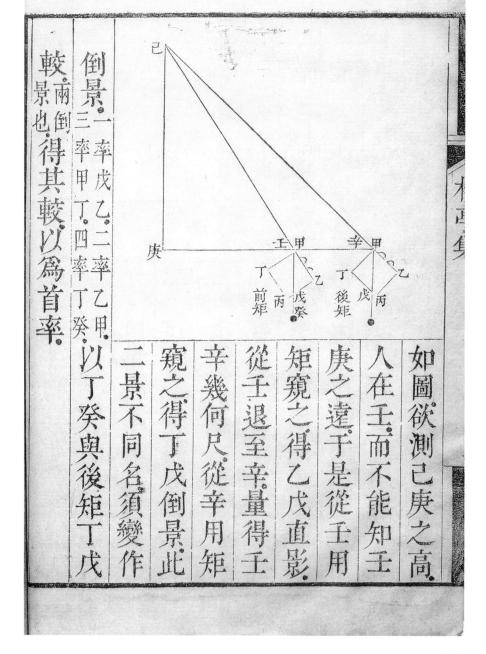

一率　兩倒景較。　以上諸術。所謂偃矩以望高也。

二率　表度

三率　壬辛距

四率　己庚高

測深

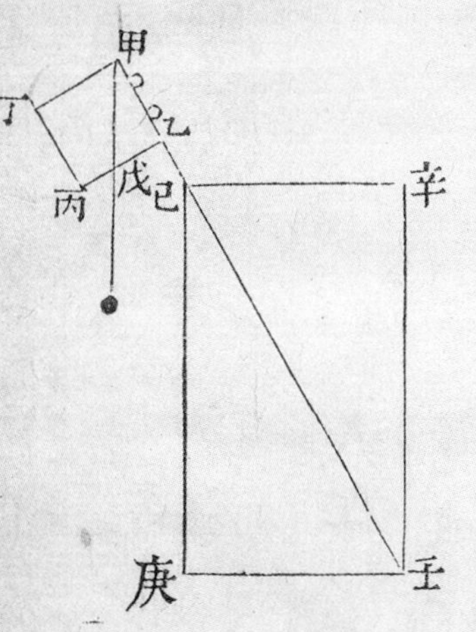

有井如辛壬。欲測其深。用矩從己窺壬。參相直。得乙戊直景。

一率乙戊。　二率甲乙。

三率己辛。　四率辛壬。

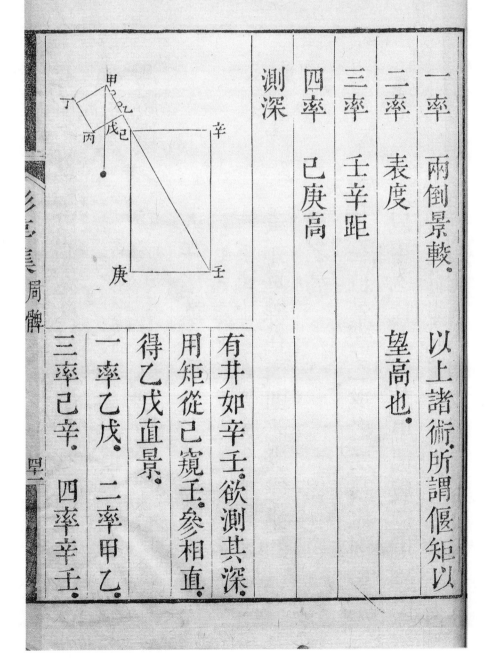

此所謂覆矩以測深也如于高山上測深谷皆

同此術

測廣遠

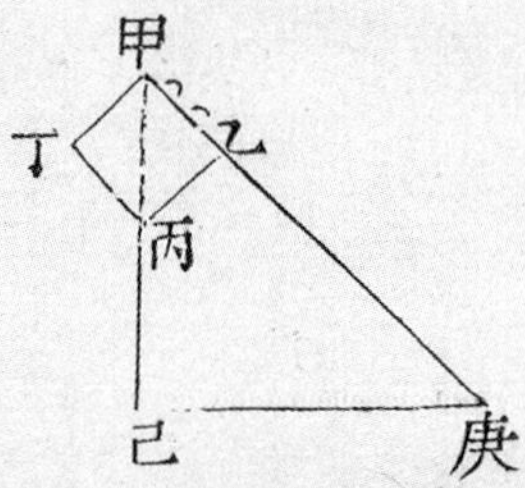

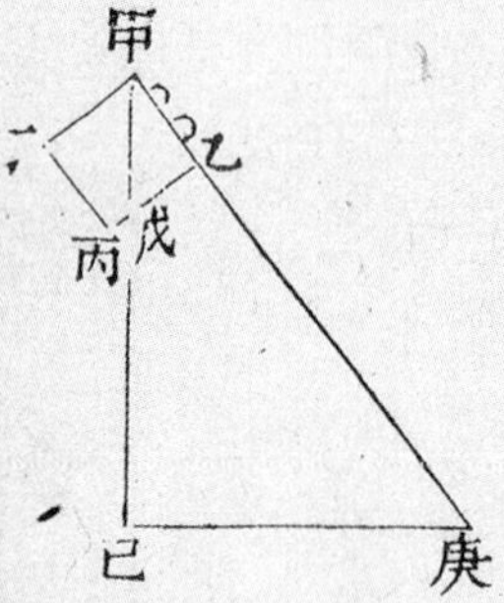

人在己欲測己庚之遠于甲用矩窺此甲處小之若己身大之若樓上山上之類要先知甲己之高庚如垂線在丙則己庚之遠卽甲己之高

若在直景當乙戊之度其比例為以甲乙比乙戊若甲己與己庚

此所謂臥矩以知遠也

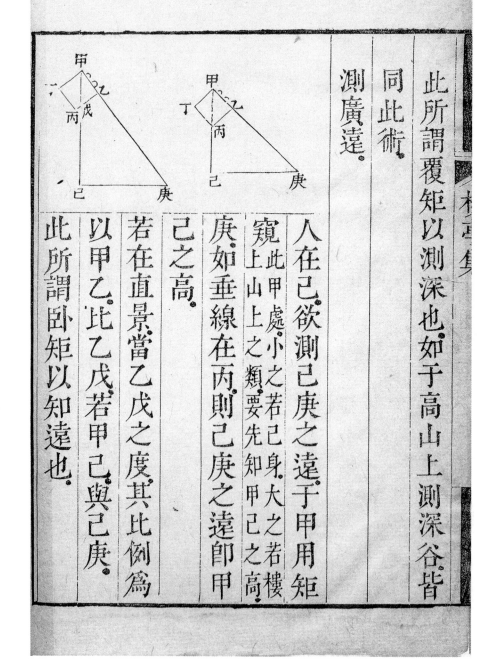

高深廣遠。其理同。用矩有偃之覆之卧之之異
耳。巧者述之。斯無難也。

環矩以爲圓。合矩以爲方。

趙君卿曰。旣以追尋情理。又可造製圓方。言矩
之于物。無所不至。

方屬地。圓屬天。天圓地方。

趙君卿曰。物有圓方。數有奇耦。天動爲圓。其數
奇。地靜爲方。其數耦。此配陰陽之義。非實天地
之體也。天不可窮而見。地不可盡而觀。豈能定
其圓方乎。又曰。北極之下。高人所居。六萬里滂

滂四隤而下天之中央亦高四旁六萬里是爲形狀同歸而不殊塗隆高齊軌而易以陳故曰天似蓋笠地法覆槃

烺曰按君卿注地圓之說此其權輿大戴禮單居離問于曾子曰天圓而地方誠有之乎曾子曰如誠天圓而地方則是四角之不揜也參嘗聞之夫子曰天道曰圓地道曰方內經黃帝曰地之爲下否乎岐伯曰地爲人之下太虛之中也曰憑乎曰大氣舉之也夫地苟非圓體則天象流行何以得成環形前賢之說備矣第可疑

者地旣渾圓則經緯相對之處必有抵足而倒懸者勿菴梅氏曰無可疑也今在京師視瓊海準以北極之高度其人皆成斜立之勢而不見其傾跌此可知戴天而履地天下之公理矣

方數爲典以方出圓

趙君卿曰夫體方則度影正形圓則審實難蓋方者有常而圓者多變故當制法而理之理之法者半周半徑相乘則得方矣又可周徑相乘四而一又可徑自乘三之四而一又可周自乘十二而一故圓出于方

煖曰，圓不可算，凡算圓者必割之使方，故割圓之法，六分大圜之周，作句股于圜內，以求得弦。如是累析，至九十六弧以上，定爲徑一尺，周三尺一寸四分有奇。九章算經載劉徽割圜術，大畧如此。元趙友欽革象新書，所撰乾象周髀法，所得周徑，與今西術畧同。要而言之，劉徽祖冲之以割六弧起數，趙友欽以四角起數，西術之八線，以六宗率，則兼用之，其理同也。

笠以寫天。

趙君卿曰，笠亦如蓋，其形正圓，戴之所以象天。

寫猶象也言笠之體象天之形詩云何蓑何笠此之義也

天靑黑地黃赤天數之爲笠也靑黑爲表丹黃爲裏以象天地之位

趙君卿曰既象其形又法其位言相方類不亦似乎

烜曰寫天者寫其星辰宿次也寫渾于平則距度之疎密改觀寫于渾球之上是觀天于天外非天之正面也經言笠以寫天蓋以圓形如笠而寫度數星象于其內其勢與仰觀不殊以視

平圖渾象益親切矣古謂周髀爲葢天之術未
之細考耳
是故知地者智知天者聖
趙君卿曰言天之高大地之廣遠自非聖智其
孰能與于此乎
智出于句
趙君卿曰句亦影也察句之損益知物之高遠
故曰智出于句
句出于矩
趙君卿曰矩謂之表表不移亦爲句爲句將正

故曰句出于矩焉。

夫矩之于數其裁制萬物唯所爲耳。

趙君卿曰言包含幾微轉通旋環也。

周公曰善哉。

趙君卿曰善哉言明曉之意所謂問一事而萬事達。

烺曰周髀算經雖未必周公時所作然數學之書莫古于是矣經文止此其下榮方陳子之問荅語多刺謬後人所傳會是以畧之而不注也。

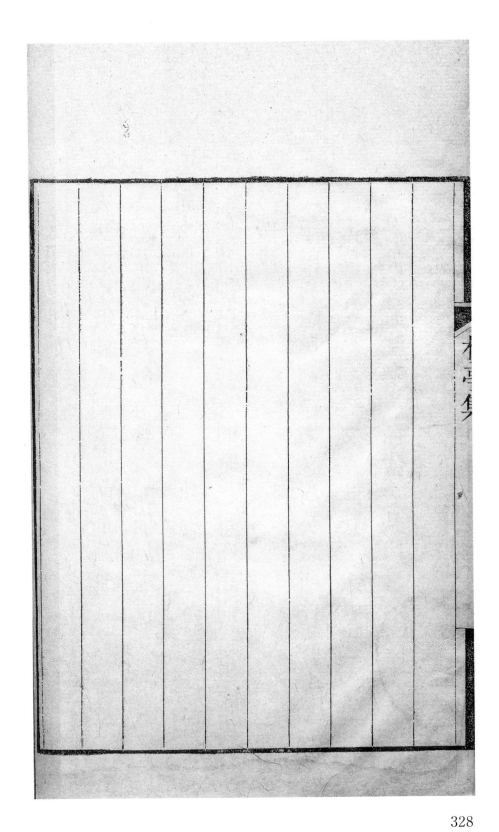

全椒古代典籍叢書

吴烺集 2

（清）吴烺 撰

政協全椒縣委員會 編
國家圖書館出版社

第二册目録

（清）吴烺 程夢元 輯注

試帖扶輪集八卷

清乾隆二十五年（1760）刻本

試帖其體則排比律切聲病對偶之是講也其辭則宏壯嚴整之是尚也夫人而言之雖括體合矣而氣格日以庸熟辭工矣而聲調日以拙滯在猥校畫神韻寧於犒且斤斤焉曰試帖之體固宜爾也其

之大雅遠矣
聖天子文思濬哲制作日新特命
春秋兩闈二場增五言八韻律詩一
首罷去表判不用自是鼓吹揚
扢之風遍於薄海亦既三年於茲
矣然學子者誦習罕有善本下里

諸生往之以不見臺閣佳什為憾
我友金掛吳舍人於亭有夏之暇
偕羅君藻江博采
御試館課應
制題諸家窻稿丁丑會墨總以
平首取小度大雅扶輪之選名之

鐫以問世是選也專取當代名公
唐宋以下一概不錄蓋我
國家當文運極盛之際作者標
新領異日出不窮唐宋舊式派
所宜也加圈點加注釋洗眉刷目
爲本者所遜舍也氣格取高妙

者較調取圓靈者神韻取超遠
者名為試帖而寔以樂府古詩之
意匠行乎其中夫然後可以得
大雅之指歸而為學者誦習之
善本矣昔少陵題吳道子畫
云冕旒俱秀發旌旆盡飛揚東

坡論書則云端莊雜流麗剛健
含婀娜是二說者為書画言之
也而於試帖爲尤宜兩君博雅善
著書之以待名世蓋輪扁斵輪
手也其於是選殆深得杜蘇論
書畫之秘吾願讀是編者奉

爲圭臬於排比律切韓病對偶
而以飛揚秀發叅之於宏壯嚴
整而以流麗婀娜出之譬若輪
輿規之以眡其圜也萬之以眡其
匡也於焉盤桓躑躅遂惟意所適
將見閉門造車而有出門合轍之

樂焉是則兩君輯是編之意也
夫乾隆二十四年己卯長夏西庄
居士王鳴盛題於桑邨青棠館

唐元次山撰篋中集錄沆于運輩凡七人詩止二十四首芮挺章之國秀集多至九十人令狐楚纂元和御覽亦不下三十人而其詩要皆不過三百首其采擇之嚴如此夫詩爲文中之一體而五排又詩中之一體唐以詩取士試帖之可傳者於今亦復寥寥豈非束縛於聲病對偶中終未如吟咏性情之什得以騁其才華也耶我

朝詩教昌明名作充棟
聖天子金聲玉振爲天下倡賡歌雅頌直追隆古
自
功令於鄉會兩闈罷去表判易以唐律八韻海
內之選本全集雖萃多舊作未能新天下之
耳目館閣諸公佳製非親往求索則不易得
予入直之暇詩筒頻版投贈日多撿篋中所
積五排擇其尤者約二百餘首偕程子蘅江

次第而註釋之顏曰扶輪集鐫以問世雖不能比於文山諸君而斤斤焉覩雅裁僞別具苦心且作者具在取則不遠願與有識者共欣賞焉爾乾隆己卯夏日銓椒吳煩書於京邸聞觚室

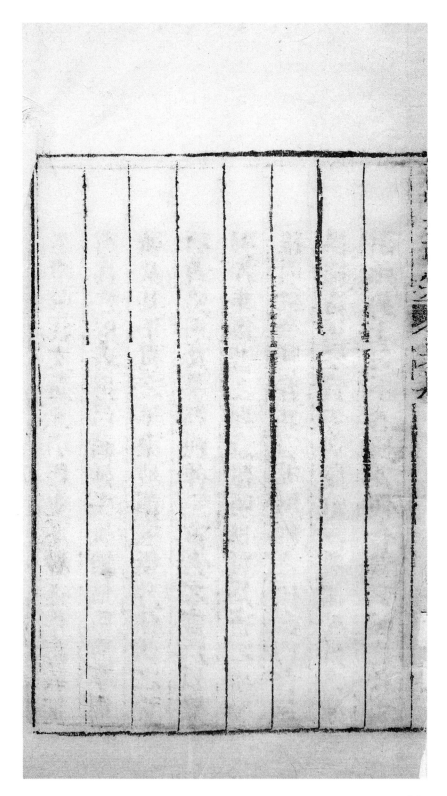

昔李善注文選止引經史不釋述作意義間有爲之解者則呂濟延張銑劉良呂周李周翰及其子邕之筆東坡謂五臣乃俚儒之荒陋者遠不及善鄭漁仲云古人之言所以難明者非爲書之理意難明也實爲書之事物難明也余甚韙其言兒風雅之什言約旨遠楊柳清風鑒賞各別嚴滄浪所謂味外之味詎死於于句下者所能領會哉試帖之作貴

乎嚴而不佻麗而有則聚材無事隱僻用意不尚堅深於以鼓吹休明潤色鴻業體宜然也吳杉亭舍人與予居切近聞聲相思者有年矣茲晤于京邸劇談風雅傾倒如平生歡適因暇日與杉亭采擇當代名公之作而箋釋之命曰扶輪集箋撮輯註之大凡爲數言以弁其首時乾隆己卯長夏合肥程夢元

發凡

一詩題自天文時令訖草木禽蟲略以類次

一本朝名作如林不勝其選是集只録當代諸公佳製先輩槩從割愛

一同題有數作同考以名次分先後不同考以科目分先後

一注中典故有再見者俱詳載一處

一注中四書五經習見者間或只注書名諸詩

人或書名或書字或書官李杜韓蘇間有不
書名而只書姓者皆因匆匆屬草未能畫一
然亦略仿世說新語體例幸閱者鑒之
一注必引書名此箋疏通例其不標出處任意
裁剪傳訛謬乃韻府羣玉類書覈要之陋
習也是集搜討不厭詳細或有一事見於兩
書則往往分引以資博洽

試帖扶輪集目錄

卷一

賦得夏雲多奇峰　錢大昕　王鳴盛

賦得餘霞散成綺　馮浩

賦得殘月如新月　王鳴盛

賦得入簾殘月影　陳桂洲

賦得秋雲似羅　吳鴻

賦得秋色正清華　金甡

賦得秋澄萬景清　沈德潛　程景伊

賦得月到天心處　介福

賦得山川出雲 朱佩蓮

賦得德星聚 錢陳羣

賦得香滿一輪中 諸錦

賦得白雲無心 金甡 楊方立

賦得月彩靜高深 蔡新

賦得寒雲輕重色 汪又曾

賦得日華承露掌 梁國治

賦得月銜樓間峯 金甡

賦得華月照方池　金甡

賦得落日山照曜　國柱

賦得虹藏不見　秦大士

賦得寸月滌場　謝墉

卷三

賦得王道正則百川理　董邦達

恭和

御製賦得山氣日夕佳元韻　梁詩正

恭和

御製靈谷寺元韻 錢陳羣

賦得總中列遠岫 莊培因

賦得林表山石碎 楊方立

賦得春水綠波艳 范棫士

賦得海日照三神山 秦大士

○賦得積雪爲小山 謝墉

賦得醴泉無源 金甡 溫如玉

賦得昆明池織女石　張模
賦得大衍虛其一　朱筠
賦得詩書至道該　張聯辰
賦得講易見天心　鄒一桂
賦得至人心鏡　楊方立
賦得千潭一月印　雷鋐
賦得仁者樂山　史貽謨
賦得山梁儆孔性　紀昀

○賦得多文爲富　謝墉

賦得六事廉爲本　秦大士

賦得循名責實　蔡以臺　蔣士銓　曹錫寶

卷四

賦得樵夫笑士　梁國治　盧文弨　謝墉

賦得折檻旌直臣　王會汾　周長發

賦得木從繩　李中簡　馮浩

賦得直如朱絲繩　李宗文

御製太液冰嬉元韻　梁詩正

賦得晨光動翠華　盧文弨

梁同書

卷五

賦得玉韞山含輝　積善

賦得因風想玉珂　彭啟豐

賦得玉壺冰　麗明安

賦得追琢其章　王文會

賦得金在鎔　褚寅亮

卷六

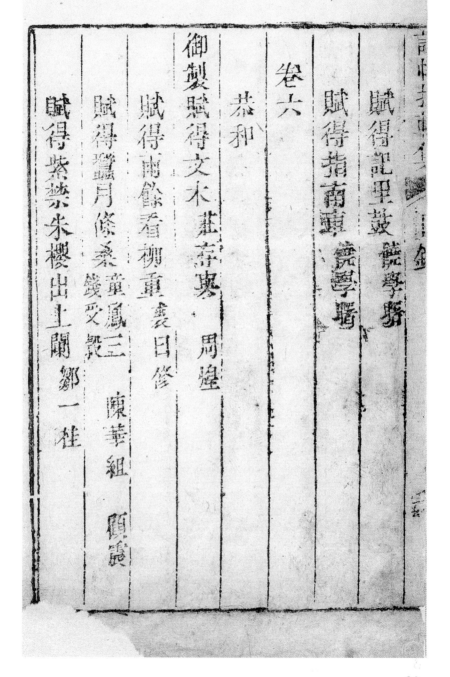

賦得梅雨灑芳田　錢載

賦得風約半池萍　金甡

賦得桐始華　汪存寬

賦得細麥落輕花　錢載

賦得郊原浮麥氣　蔣和寧

恭和

御製賦得紅藥當階翻元韻　于敏中

賦得紅藥當階翻　錢載　諸重光　王又曾　鄒奕熊　趙翼

鄭步雲　張三寶

賦得密葉成翠幄　褚廷璋

賦得繞屋樹扶疏　戈濤

賦得修竹不受暑　王士棻

賦得修竹引薰風　金甡

恭和

御製賦得涉江采芙蓉　劉綸

賦得出水芙蓉　金甡

賦得冬嶺秀孤松　張蘐

卷七

賦得風勁膺年枝　竇光鼐

賦得日暖萬年枝　鞠禮

賦得桐葉知閏　孫夢逵　王文曾　秦大士、蔣和寧

賦得蓂草合朔　朱若東

賦得葵心傾向日　金甡

賦得嘉禾合穎　蔣櫄

賦得指佞草 蕭雍湄 韋謙恒

賦得書帶草 雙慶 秦泰鈞 金甡 又 湯尚鉉

賦得拔茅連茹 金甡

賦得青出于藍 金甡

賦得花與思俱新 馮浩

卷八

賦得鶯聲細雨中 朱珪 蔡以臺

賦得聽樹流鶯滿 韋謙恒

賦得新鶯隱葉囀　戈濤

賦得柳陌聽春鶯　彭紹觀

賦得上苑鶯聲隨柳囀　王鳴盛

賦得好鳥鳴高枝　路談

賦得頻來語燕定新巢　馮浩

賦得鵲始巢　王又曾

賦得鶴立雞羣　紀昀

賦得鴻漸于陸　王昶　曹仁虎　韋謙恒　吳省欽　徐日璉

賦得天賜呈材 金甡

恭和

御製清漣寺觀魚臺舊作韻 沈德潛

賦得河鯉登龍門 錢受穀

賦得纖鱗如不隔 諸重光

賦得春蠶作繭 錢陳羣 沈德潛

賦得莊周夢蝴蝶 蔣宗海

賦得誤筆成蠅 邊繼祖

賦得夏蟲不可語冰　謝墉

賦得五月鳴蜩　錢維城

賦得痀瘻丈人承蜩　陳鴻寶

賦得蟬始鳴　謝墉

賦得腐草爲螢　朱若東　王鳴盛

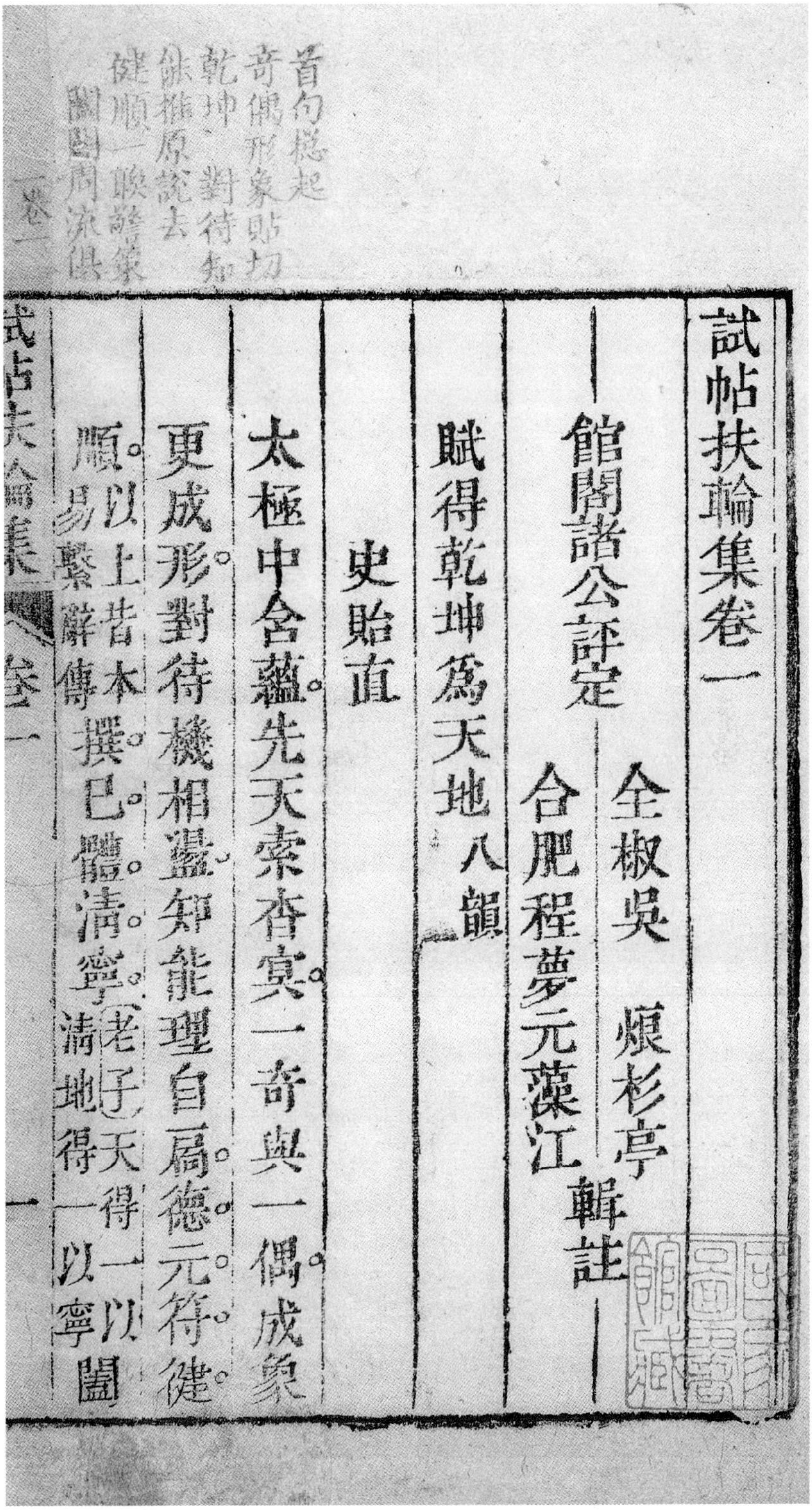

首句總起奇偶形象貼切乾坤對待知能推原說去健順一聯藻闢闔周流俱

卷一

試帖扶輪集卷一

館閣諸公評定

全椒吳　烺杉亭
合肥程夢元藻江　輯註

賦得乾坤爲天地　八韻

史貽直

太極中含蘊。先天窅杳冥。一奇與一偶。成象更成形。對待機相盪。郛能理自扃。德元符健順。（以上皆本易繫辭傳）撰。已體。清寧。（老子天得一以清地得一以寧）闓

試帖扶輪集　卷一　一

不放過題旨潛龍一聯異樣渲染以頌爲結

首四句破題

欲拂是未浴時

闢從茲始周流未始停潛龍占地位牝馬合
天經陰動離爲火陽生震是霆同流欽
上聖至道協千齡

賦得日浴咸池 八韻

淮南子日出於暘谷浴於咸池拂於扶桑是謂晨明

蔣溥

未旦藏何所將晨故上遲當心看出日濯魄
在咸池欲拂扶桑樹先臨若木枝淮南子若木在建木

波揺是正浴時
兩聯斟酌能游
四句餘意襯托
歸童頌聖
卷二

西末有十日其華照地波。揺。紅。瑪。瑙。〔顧薦負暄錄〕瑪瑙品類甚多有名錦紅者色如錦周公謹云越人董六千蓄紅瑪瑙一塊徑三寸許揺撼之其中有聲汩汩然蓋中虛有水在內故也天。湛。碧。玻。黎。〔酉陽雜俎〕千歲積冰結爲頗黎梁四公〔記〕扶南人來賣碧玻黎鏡廣一尺半內外瑩潔向明視之不見其質鮫室光初滿。〔木玄虛海賦〕則有天琛水怪鮫人之室蜃樓影正巇。〔漢書〕海旁有蜃氣爲樓臺乍同明月沐。〔焉玉牒辭〕沐日浴月百寶生漸覺海山阜。烏已騰三足。〔淮南子〕日中有踆烏輪還駕六螭。〔淮南子〕爰息六螭曨曨從此照。淑景麗

兩句破題領脉引起五色彩絢是五色正面扶桑細柳切定日碧黃素頷聯切五色

丹墀。

賦得日五色八韻

（禮斗威儀）政太平則日五色

謝濬生

帝世徵天瑞。祥符耀日華。煸爛光不定。（曾子固詩）青蒼露徧

爛璀璨影交加。（孫綽游天台賦）琪樹璀璨而垂珠彩絢扶桑。

直輝懸細柳斜。（淮南子）日入崦嵫經細柳碧虛瀰照遠黃

道映輪賒。（張衡渾天儀）赤道橫帶天之腹去極九十一度十九分之五黃道邪

飛暈簇錦又加倍點綴千里二句收足題面以頌聖結之

（帶其腹出赤道表裏各二十四度張肖元云日行黃道月行赤道）素擬澄秋月頻疑茜曉霞飛翚麗宮榜簇錦上窻紗千里還相共重光詎足誇（翟豹古今注漢明帝為太子樂人作謌詩四章一曰重光言天子之太平德光明如日太子比德焉）今兩作（易明兩作離）重與紀庥嘉

賦得日升月恒 八韻（詩小雅如月之恒如日之升）

羅源漢

起句總破
次聯渾領
中兩聯分寫日
月升恒之義以
出盈二字點之

雙珥一鈎題後
之意

皇穹垂象遠。二曜仰貞明。【纂要】日月謂之兩曜。遙指祥輝麗。還如景福并。【詩】介爾景福。輪從桑野出。【淮南子】曰日出於暘谷入於咸池拂於扶桑是謂晨明登於扶桑之上爰始將行是謂朏明至於曲阿是謂朝明臨于曾泉是謂早食次於桑野是謂宴食。魄自桂宮盈。【書】哉生魄。【虞喜安天論】俗傳月中有仙人桂樹今視其初生見仙人之足漸已成形桂樹後生【酉陽雜俎】月桂高丈五下有西河人吳剛所之樹痔隨合【宋之問詩】桂子月中落天香雲外飄。漸與天中近。【淮南子】都廣眾帝所自上下日中無景蓋天地之中常看。海上生。【張九齡詩】海上生明月。春時雙珥抱。【淮南子】日經广泉闊

兩聯用擬筆即帶定頌聖順勢而結

是謂高春頓于連石是謂下春〔雜古書〕日冠者如半暈也法當在日上有冠又有兩珥者尤吉

缺處一鉤横。〔古詩十九首〕三五明月滿四五蟾兔缺〔校乘月賦〕隱圓巖而似鉤〔鮑照詩〕始見西南樓纖纖如玉鉤

萬國清光仰三霄瑞氣呈無私同覆載所照盡聲名〔禮〕天無私覆地無私載日月無私照王者奉三無私以治天下

長此升恒祝。

光華被八紘。〔淮南子〕地有九州八柱九州之外有八埏八埏之外有八紘

賦得月傍九霄多 得霄字八韻

杜工部春宿左省句

寒光渾破綺寮，是左右。碧瓦四句極力形容。

寶鏡冰綃皆言其皎潔。

宮烏二聯恰好題後之意。一結爽朗，有目共賞。

盧文弨

地迥逼層霄。寒光透綺寮。〔魏都賦〕皦日籠光于綺寮　金波輝滉瀁。〔杜詩〕舊挹金波爽　玉宇闢迢遙。碧瓦霜初滿。〔杜詩〕碧瓦初寒外　彤墀雪未消。素娥開寶鏡。海客獻冰綃。〔博物志〕鮫人從水出寓人家積日賣綃將去從主人索一器泣而成珠以與主人　皎潔千門澈。〔岑參西掖省即事詩〕千門據色連青瑣　澄明萬象昭。宮烏驚噪曙。珮馬誤趨朝。冷似游蟾窟。高疑接斗杓。臣心一為鑒。如水滌凡囂。

浚源頭起領聯賦清

實發題義

賦得東壁正昏中 八韻

〔張華詩〕東壁正昏中涸陰寒節升〔禮記〕仲冬之月日在斗昏東辟中旦軫中

謝墉

觀象當陽月。南端一曜尊。〔洞冥記〕武帝昇望月臺時瞻望南端有三青雀羣飛俄而止於臺

雙星懸午位。合璧耀天門。〔史記天官書〕蒼帝行德天門爲開

度近離宮朗。〔甘石星經〕營室上六星名離宮

光連武庫焞。〔陳暘禮書〕天文東壁爲文府西奎爲武庫

圖書充紫極。〔天皇會通〕壁天下圖書之秘府

芒角燭黃昏。〔風俗通〕角者觸也物觸地

槐挹珠編二聯題後餘意

結句頌聖不支不說

而出芒角也戴。臺畔。昭。雲。物。樓。心。印。月。痕。珠編分夜
景。〔尚書考靈耀〕日月若懸璧五星若編珠斗。轉。讓。朝。暾。五采看
初射。三餘志欲捫。〔魏略〕董遇字季直善治老子左氏傳人有從學者云
苦渴無日遇言當以三餘或問三餘之義遇言冬者歲之餘夜者日之餘陰雨者時之餘
也文章輝
盛世。正色滿乾坤。〔劉禹錫文〕初貞元中上方嚮文學圓照之光下飾萬物天下文士爭執所長與時而奮粲然如繁星麗天下而芒寒色正

賦得日夜分　得分字八韻

首四句明點

虛〻引入

無愁一聯渾寫

大意

〔禮〕月令。仲秋是月也日夜分雷始收聲蟄蟲坏戶殺氣浸盛陽氣日衰水始涸日夜分則同度量平權衡正鈞石角斗甬

周玉章

仲秋調晷度。〔前漢天文志〕去極遠近難知要以晷景晷景者所以知日之南北也涼序換南薰。日永時初改。宵中刻已分。密林停卓午。〔李詩〕頭戴笠子日卓午遠岫送斜曛。正值餞寅候。〔書〕寅餞納日還堪待旦勤。無愁駒隙促。〔史記〕魏豹傳人生一世間如白駒之過隙徐覺漏籤聞。〔禮〕雜人司漏傳更籤南邑

知潛叶。（禮月令仲秋律中南呂）西成定可欣。燕歸餘舊壘。鷹至叫晴雲。（禮月令仲秋鴻鴈來李義山詩江上晴雲雜雨雲）

聖治平均日，鈞衡仰

大文。

賦得平秩東作　得平字八韻

（書堯典分命羲仲宅嵎夷曰暘谷寅賓出日平秩東作日中星鳥以殷仲春厥民析鳥獸孳尾）

王際華

起語即帶頌䫋文是一格

領出題面

以爲景切題用

寫景活

暘谷諸春律。乘時木德亨。〔禮月令〕先立春三日太史謁之天子
日某日立春盛德在木農書
三殿進。〔唐書〕李泌進農書〔詩〕三殿花香入紫微〔參參緯度六階平。〔星經〕
三台六星〔又〕三台爲天階太乙躡以上下一曰泰階〔索隱〕漢東方朔欲陳泰階六符孟康
曰泰階三台也台星凡六星太皡方司命。勾芒幾處迎。〔禮月
令〕其帝太皡其神勾芒肩犁人欲出。布穀鳥先鳴。〔爾雅〕鳲鳩
即布穀〔杜詩〕布穀催春種紅杏花含蕊。青蒲葉始萌。占星
屬柱史。〔國語〕虢文公曰古者太史順時覛土陽癉憤盈土氣震發農祥晨正土乃

還是題面

結句善

脈發先時九日太史告稷曰自今至於初吉
陽氣俱蒸土膏其動〔注〕農祥房星立春之日
晨中于午農事
之候故曰農祥
操鎛戒編氓。分命堯廷切疇
咨羲仲行。
彤廷無逸念。帝籍自
親耕。

賦得平秩南訛得宮字八韻

〔尚書注〕掌夏之官平
秩南方化育之事

李因培　乙丑散館一等一名

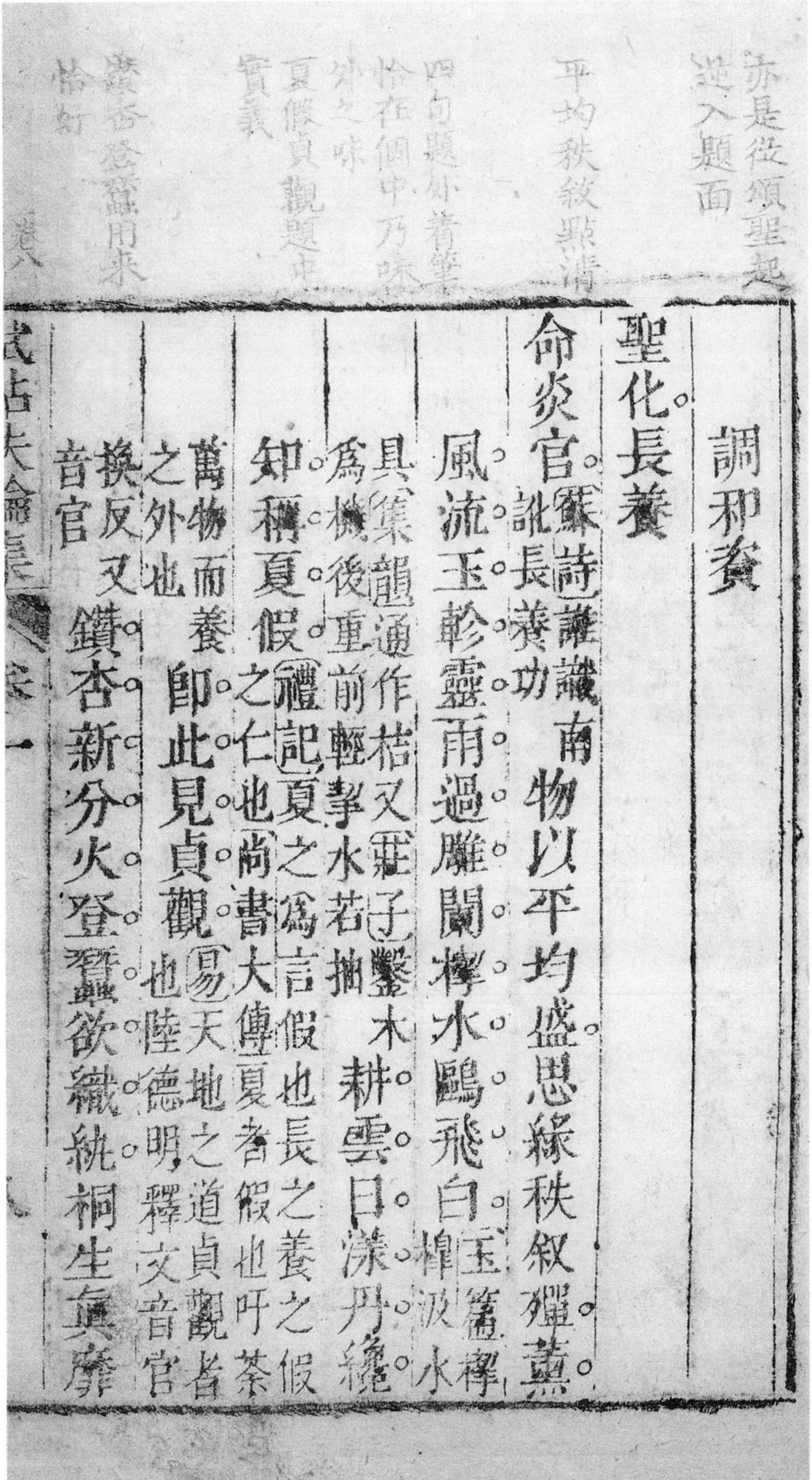

亦是從頌聖起逆入題面

平均秩敘點清

四句題外着筆恰在個中乃咏外之味

夏假貞觀題中實義

鑽杏登蠶用來恰好

卷八

調和資

聖化。長養

命炎官。〔蘇詩〕謹識訛長養功南物以平均盛恩緣秩敘彌蕭。

風。流。玉。軫。靈。雨。過。雕。闌。樽。水。鷗。飛。白。〔玉篇〕櫸棹波水具〔集韻〕通作桔又〔莊子〕鑿木爲機後重前輕挈水若抽耕。雲。日。漾。丹。纏。

知。稱。夏。假。〔禮記〕夏之爲言假也長之養之假之仁也〔尚書大傳〕夏者假也吁荼萬物而養之外也即。此。見。貞。觀。〔易〕天地之道貞觀者也陸德明釋文音官換反又音官

鑽。杏。新。分。火。登。蠶。欲。織。絖桐生眞靡

試帖大[illegible] 卷一 八

措意不窮

應是何補點南詔一絲不漏

皓皎

詘。（禮斗威儀）君乘火而王其政平梧桐常生蕤繼諒無難。（月令）仲夏之月律中蕤賓（高誘注）是月陰氣萎蕤在下又（釋名）曰蕤者下也賓者敬也言陽氣下陰氣上極陰氣始賓敬之也欲識南訛力。堯階宇宙寬。

恭和

御製霧八韻

錢陳羣

已看迷水曲。又見隱山椒。（漢書）釋輿馬於山椒風雨無

題前輕逗
中聯寔發處說
無故寔而妙處
不傳

是後情融

次聯承和[illegible]

連夜陰晴定幾朝。彌爆烟欲起。淡淹難描。曉路遮殘月。春林失遠條。估帆疑轉岸。僧杖碍過橋。蘇軨微沾罽。詩蘇軨有𩒺大帶也疏文罽毳布也爾雅注毛氂所以為罽疏所謂毛罽也織毛為之若今之氍毹方言襜褕江淮南楚謂之襜褣自關而西謂之襜褕其短者謂之裋褕溫庭筠詩罽袍公子尊前覺襜褕稍濕貂。仰天行自見。晉書樂廣傳若披雲霧而覩青天也到地便能消。

睿藻題詩罷。輕程路不遙

恭和

明破

中幅真能描畫出

御製霧

韋謙恒

層雲冪九霄。宿霧滿山椒。楚詞菊流芳千山椒直覺晴兼雨。還將暮比朝。柳眉猶未展。李義山柳詩眉細從他斂山翠更難描。古樹墨千點。前溪練一條。謝元暉詩澄江淨如練鐘聲疑隔岸。邨路失長橋。細滴時沾袂。微寒未去貂。漸看輕絮起。早見太陽消。好景眞堪畫。齊知道里遙。

破明東風
領聯點定風字
天上一聯遞下
扇微和一聯是題

賦得春風扇微和 八韻

吉夢熊

韶景東郊麗。條風起帝畿。易緯立春條風至初綠蘋末轉。宋玉風賦起于青蘋之末漸纏蕙叢飛。楚詞光風轉蕙汎崇蘭些天上吹噓力。寰中橐籥機。老子天地之間其猶橐籥乎昭蘇迎日煦。飄拂解霜威。卷幔落煙細。披襟覺影微。似游鄒黍谷。注詳律移黍谷題挑。撫。舜。琴。徽。鼓盈元無象。陽和自可依。便

結聯[illegible]

破題意

貼切膏字

柳暗一聯情景

無斜詩云豈無

人寧體處（宋玉風賦 發明耳目寧體便人）鼓氣颺着旂。

賦得春雨如膏得春字八韻

盧明楷

姑洗方從律（禮 律中姑洗）為霖恰應旬。（書 用汝作霖雨）上膏千畝動。甘澤一犁春。着葉如酥滑。（韓詩 天街小雨潤如酥）滋苗似露勻。（拾遺記 甘雨濛濛似露委草則滴瀝雨也連綿）將破塊。（西京雜記 雨不破塊）潤足欲隨輪。（後漢書 鄭弘為臨淮太守天旱隨車致雨）柳暗疑經沐。嵐深望未真。濕蒸雲益

坐實上林曲應制體也

溢肥漲水鱗鱗。戲蝶添衣潤。調鶯弄舌頻。豐年占

聖瑞。擊壤遍吾民。

賦得春日遲遲六韻

葉觀國

上林淸晝永。淡沱正三春。杜詩春光淡沱秦亭東。暖氣微烘

樹。元好問詩薄雲晴日爛烘春和風解倦人。晴絲空際裊。

徐伯陽詩圓籠裊裊挂晴絲浮黛遠中皴。蔡襄句邐迤離闌

卷一 十

虛邊三字靜細

破明好雨

影悠揚綺陌塵。屢聽啼鳥換。不覺檢書頻。（杜詩）檢書燒燭短

試驗蓮花漏。銅籤激幾巡。（雜記）宮中玉壺爲漏刻漏皆雕蓮花其上故更籌皆稱蓮漏（高啓詩）卯更宮女報銅籤

賦得潤物細無聲入韻

杜甫喜雨句

吳寬

好雨連朝至。（本詩）好雨知時節當春乃發生條風增與俱。（易緯）立春條風生

廉纖寧破塊。（西京雜記）太平之時雨不破塊淅瀝不

領四句渾寫細雨字
捲簾句貼雨勝
幔句貼細
桃鬢兩句正描
潤物
扶柳麥隴起後
餘意
結帶頌意

成珠。似霧籠芳樹。〔唐太宗詠雨詩〕空濛如薄霧和烟入畫圖。捲。簾。看。未。厭。〔王勃詩〕珠簾暮捲西山雨隔。幔。聽。疑。無。漸。覺。桃。鬢。重。旋。催。草。夢。蘇。嬌花應莫怯。眠柳那須扶。〔三輔故事〕宮中有人柳一日三眠三起綠愛蕉窗靜。〔清異錄〕趙純節性喜芭蕉凡軒窗館宇咸種之青瞻麥隴腴。〔蘇詩〕隴麥連雲有萬家無言數美利。抃舞遍康衢。〔列子〕帝治天下五十年不知天下治與不治億兆願戴已與乃微服游于康衢聞童謠云立我蒸民莫非爾極不識不知順帝之則

明破

頸聯在中幅又是一格帖句一聯賦切時字

賦得野含時雨潤 八韻

彭啟豐

歲序清和候。〔謝靈運詩〕首夏猶清和芳草亦未歇 芳郊宿雨含。遥岑峰滴翠。遠浦水拖藍。茂對

皇心愜。滋培

帝澤甘。輕匀能養麥。濕潤最宜蠶。綠樹枝交映。紅

欄藥正酣。

湛恩敷自滿。〔史記司馬相如傳〕湛恩汪濊顏師古注湛恩深切音同沉 生意淡相

明破兩字
極熙潤字
寫兩字神味

涵短笠趁長陌青犂映碧灘田歌歇既渥（詩）

聖德與天參（易）

賦得野含時雨潤八韻

楊方立

地戸和風轉（晉書林會國傳其谷背地戸以向日）天街端雨酣

一年春好處四野潤新含乍濕燒畬火（陸游詩田高正好燒畬火）遙蒸出岫嵐莓痕低映綠水色遠浮

藍潤潤村村長烟光處處採遷鶯林上下舉

點出時字　頌聖結　渲破　烘染潤字

鍾啟東南慶自農祥治。（天官書農祥辰正天駟星也立春見于南候以興農按農祥也）榮敷澍澤覃。萬方謌浩蕩齊飾

聖恩涵。

賦得野含時雨潤得和字六韻

王鳴盛　御試一等一名

甘澤野初遍。如膏氣自和。天浮素練影。（楊萬里詩素練縈青屏）川漲麴塵波。（白居易詩晴沙金屑色春水麴塵波）積靄烘垂柳。餘痕透嫩莎。烟開林尚濕。山洗翠偏

明破
正寫全題一氣融貫
鍛意而妙

多農喜滋新稼漁歸挂短蓑

熙朝恩洽處既渥徧輿謳〔詩〕既優既渥生我百穀

賦得野含時雨潤 得和字六韻

秦大士 御試一等二名

好雨應時降〔杜甫詩〕好雨知時節當春乃發生 郊坰生意多

纖塍春漲活翠嶺濕雲過薄靄籠桑柘輕陰

養麥禾新泥掩燕剪深柳隱漁蓑漲澤千村

足洽風萬甽和

宸衷欣茂對。〔易〕无妄先王以茂對時育萬物擊壤聽衢歌。〔羅泌路史註〕王

充云堯時天下太和有壤夫五十餘人擊于

康衢〔世紀〕及列士傳云八九十老人擊壤歌

于康衢〔藝經云〕壤以木爲之前廣後狹風俗

通云形如履長三四寸俱要是敲擊土壤

爾

賦得野含時雨潤　得和字六韻

錢汝誠　御試一等三名

甘雨知時好。郊坰入望多。細能滋土脈。〔杜詩〕潤物細無聲

輕。解。灑。烟。蘿。水。外。添。微。綠。峰。頭。淨。遠。螺。

村村鳩喚急。〔王維詩屋上春鳩鳴〕樹樹鳥聲和。預卜占
農意。頻賡
志喜歌。
聖情同沛澤。幾前沐
恩波。

賦得野含時雨潤得和字六韻

錢大昕　御試二等一名

甘澤依句降。〔陶淵明歸去來詞登東皋以舒嘯〕東皋生意多

中幅寫雨中之景

結出題意

渾起

如酥籠翠柳。積潤長青莎。薄霧濛濛澹。油雲浛浛過。濃添螺髻綠。〔華嚴經〕佛髻肉如青螺 劉禹錫詩〕白銀盤裏一青螺 肥。漲麴塵波。注見同題王作 濕壓煙千縷斜披雨一蓑。

太平天澤早。節候近清和。

賦得野含時雨潤 八韻

蔣士銓

最愛知時節。爲霖不過三。〔左傳〕凡雨自三日以往爲霖 嚐

頷聯泂字神理

刻意描画虚字

光輕若霧。野色靜於籠。恰恰黃鸝借。娟娟翠

篠含。（杜詩）翠篠娟娟靜 濕粘飛絮重。淨洗落花酣。耕

作忻逢閏。豐穰已兆甘。水添疑皺縠。雲薄覺

拖藍。（韓駒詩）水色天光共蔚藍 齊景郊原獻。

宸衷物象探。萬方思解阜。惠澤引薰南。

賦得既雨晴亦佳 八韻

杜工部句

錢 載

四句淵破題意

岫木四句繪題之神

爽氣陽光正寫晴字

光澤是既兩離明是晴

頌聖結

遠岫朝初沐。深林晚更澄。尚留餘點灑。未凝
薄暗蒸。砌水清多響。簷雲綠幾層。天隨芳節
轉。人可祫衣勝。（李商隱詩）悵卧新春白祫衣。爽氣融蘭墅。
陽光瀁麥塍。農催桑下耒。漁歌柳陰罾。兌澤
深恩布。離明至治登。（易）纏綿綴萬彙。
醲化接時承。（陸機辨亡論）醲化懿綱

賦得日向壺中特地長 八韻

錢 載

首四句渾破題目
巒雨四句向定
露着筆全題之
神俱到

晷刻添銅漏。居游占畫圖。昌辰當化日。〔論衡〕化國之日舒以長
樂境卽蓬壺。〔杜詩〕下蓬壺
冉冉巒雨涼纔午。溪煙淡未晡。〔淮南子〕日至於悲谷是謂晡時
簾香遲碧藕。〔拾遺記〕周穆王集方士春霄宮王母乘鳳輦來進萬歲冰桃千年碧藕
亭蔭卓丹梧。〔詩義疏〕有青桐赤桐白桐〔宋陳翥桐譜〕頳桐花色如火
靜許楸枰換。〔杜陽雜編〕日本國王子來朝出綠玉局冷暖玉棊子云本國之東三萬里有集真島島上有凝霞臺臺上有手談池池中生玉棊子不由制度自然黑白分焉冬溫夏冷故謂之冷煖玉又產如楸玉狀類楸木琢之為棊局光潔可以鑑〔段成式詩〕閒對弈楸傾一壺〔沉彬〕

好句如仙應接
不暇

先破風字次破

[詩]井里交連側局楸唐李
遠[詩]長日惟消一局棋
慵休笋簟俱。[書]西
夾南
鄉向數重笋席[傳]
謂笋席竹席也。
絜量年小大。[莊子]小知不知
大知小年不及
大
年
暮。繪。世。唐。虞。歲。月。諸。天。有。神。仙。一。事。無。
紫皇勤訪道。[列仙傳]黃帝登崆
峒訪道于廣成子
輒影直文儒。[御覽]
唐翰
林院地上花磚每日影三磚則學士皆
至惟李程過至八磚人號八磚學士

賦得風軟游絲重 八韻

錢　　載

上苑芳堪玩。韶風年正吹。非關春少力。偏有物如

絲字　映彩四句寔寫全題轉憑一聯是收重二字之魂魄

絲。映。彩。颺。颺。起。縈。空。裊。裊。垂。方。連。柔。漫。壓。欲。斷。弱。難。披。半罥櫻桃樹。全飄芍藥墀。轉。憑。噓。送。穩。噓〔杜詩〕惟待吹噓送上天寧。覺。扇。和。遲。〔陶潛詩〕春風扇微和黏絮還增勢。捎鶯總繫思。〔杜詩〕花妥鶯捎蝶顧承

天藻錫。宛轉傍罘罳。〔漢書文帝紀注〕師古曰罘罳謂連闕曲閣也以覆重刻垣墉之處其形罘罳然或曰屏也〔釋名〕罘罳在門外罘復也還思也臣將入請事于此重思之也

賦得風軟游絲重得絲字八韻

亦是對起法

刻劃兩虛字

靜細之筆耐人尋味

秦大士

繡陌風光軟。悠揚見一絲。依依來碧漢。裊裊過清池。無力飛難定。（秦少游詩）無力薔薇臥晚枝 含情去故遲。（杜詩）春日最含情 行蹤聯柳伴。（三輔故事）漢苑中有柳狀如人形號曰人柳一日三眠三起 心事落花知。遊騎停鞭處。深林縱目時。斜牽明夕照。微動媚輕飔。不逐長空盡。相看細影移。

帝城春樹滿。（王摩詰詩）雲裏帝城雙鳳闕雨中春樹萬人家 徐上萬年枝。

從薰風渾說起
西山北牖古觀
南字

試帖扶輪集卷二

館閣諸公評定　全椒吳烜杉亭
合肥程蔘元藻江　輯註

賦得薰風自南來　八韻

鄒一桂

瑞氣迎三伏。曆忌釋立秋以金代火金忌火故至庚日必伏祥光動九垓。黃雲翻隴麥。翠幄卷官槐。爽氣西山近。世說那知許事且食蛤蜊西山朝來大有爽氣涼穿北牖迴。陶潛集五六月

薰風實義

結句恰好

中北牖下臥涼風暫至自謂羲皇上人披襟開羽扇。晉稽含羽扇賦序吳楚之士多執翟翼以爲扇蟬曰出自南鄙而可以遏陽隔暑迎面拂金罍。詩巽命敷南極。易宋天文志南極一星離光耀上台。易晉天文志三台六星近文昌爲上台司命八方同鼓吹。論語疏八風服虔以爲八卦之風萬籟感滋培。莊子子游曰敢問天籟子綦曰夫吹萬不同曰聖惟思範。書稱雄擬之才宋玉風賦此大王之雄風也

賡謌揚

帝治常頌阜民財。尚書大傳舜歌南風之詩曰南風之時兮可以阜吾民之財兮

首句破夏雲次句破奇峰

流水句

總在峰字上着筆

賦得夏雲多奇峰得峰字八韻

顧凱之句

錢大昕 甲戌散館一等一名

朱夏濃陰合。爾雅釋天夏曰朱明梁元帝纂要夏曰朱夏炎夏青冥遠嶂重。楚詞據青冥而攄虹兮遂儵忽而捫天垂天纔一縷。莊子怒而飛其翼若垂天之雲拔地忽千峰。吳融詩拔地孤峰秀乍作淩虛勢。成公綏雲賦綿邈夌虛輕翔浮漂仍含出岫容。歸去來辭雲無心以出岫卷舒排玉筍桂海崖洞志桂之千峯崛然特立玉筍瑤簪森列無

開面盪胸貼切
翠字
貼切峰字
結句自然

際翠兀簇芙蓉。〔李白詩〕廬山東南五老峯青天削出金芙蓉卓立全
開面。光明欲盪胸。〔張衡賦〕清水盪其胸懸。崖。疑。似。鷲。〔翻譯
名義〕西域耆闍掘此名靈鷲山〔西域記〕既棲鷲鳥又類高臺故名靈鷲峯巖。石。宛。
如。龍。〔公羊傳曰〕觸石而出膚寸而合不崇朝而雨乎天下者惟泰山之雲爾萬
壑空中落。三山海上逢。〔拾遺記〕三壺則海中三山也一曰方壺則
方丈也二曰蓬壺則蓬萊也三曰瀛壺則瀛洲也
御。園。晴。眺。處。歷。歷。翠。微。濃。〔爾雅〕山未及上曰翠微〔疏〕謂未及頂上在旁陂
陀之處名翠微一說山氣青縹色故曰翠微也

忽是首句明破
雲　次句暗破
峰　領題點明
巖勢岳形俱明
明點峰字

賦得夏雲多奇峰得峰字八韻

王鳴盛　甲戌散館一等三名

朱夏晴雲合。青螺遠嶂濃。氤氳纔吐岫。橫側盡成峰。五朵排仙掌。五朵雲注詳紅蘂當階翻于作三宵簇玉蓉。浮空巖勢疊。觸石嶽形重。春秋說題辭雲之爲言運也觸石以起謂之雲含陽而起以精運也飄處層層聚。看來面面逢。連岡皆幻鷲。西域記者闍崛山有兩峰雙立鷲鳥常居其嶺山遠望如鷲形故名靈鷲山潤[illegible]自從龍。陽雨映嶙峋。影風吹

結句頌聖

明破

領聯承出綺字

鬖鬆容為霖聽
聖世霑被遍
堯封。

賦得餘霞散成綺 八韻

馮浩

霞彩晴空滿。乘風縹緲升。吳波明萬頃。溫庭筠詩吳波不動楚天碧 蜀錦映千層。魏文帝詔前後每得蜀錦殊不善鮮卑尚復不受也拾遺記孺支國人時來獻貢有列環錦文似雲霞覆以日月如城雉樓堞也

霞綺合寫
剪綵四句點綺
総一筆結

雉尾華燈轉。[杜詩]雲移雉尾開宮扇韋應物詩華燈發新焰魚鱗繡
幄增。[王筠詩]雲上若魚鱗七襄河漢織。[詩]五色慶雲凝。
[靈笈七籤]五色飛霞混合交并又太空之上有自然五霞其色蒼黃號曰黃天剪綵
知難比。[李詩]吳刀剪綵縫舞衣支機得未會。[集林]有人尋河源見
婦人浣紗問之曰此天河也乃與一石而歸問嚴君平君平曰此織女支機石也雲
光榮素練。山影襯青綾。舒卷天懷暢。澄吟藻
思澄仙曹容乞佩。[江總謝賜山莊納袍賦]解女蘿之山帶佩流霞之羽
服[劉長卿訪道士詩]道書堆玉案仙佩疊青霞冲舉六銖勝。[博異志]貞觀中

岑文本於山亭避暑有叩門云上清童子文本問曰衣服皆輕細何土所出對曰此上清五銖服又問曰比聞六銖者天人衣何五銖之異對曰尤細者則五銖也出門忽不見惟於院墻下得古錢一枚李商隱詩不寒長著五銖衣權德輿詩瑤簪六銖衣

賦得殘月如新月 得如字八韻

王鳴盛

半魄掐金鏡。古詩破鏡飛上天 纖痕剩玉蜍。後漢書天文志注羿請無死之藥于西王母姮娥竊之以奔月是爲蟾蜍 穿簾斜似玦。皮日休詩月魄方似玦 挂樹曲成梳。黃庭堅詩月高雲插水晶梳 欲落、

刻劃盡致如字
神理透露　難
分一聯警絕

頌聖自然

史穀

晨光裏疑生碧海初戀枝猶宿鳥映水定驚
魚祗訝蟾纔吐寧知桂漸虛難分弦上下堪
悟理乘除澹澹輝將掩微微影尚餘欣逢
久照日惟頌月恒如

賦得入簾殘月影　六韻

杜甫句

陳桂洲

溶溶清夜色殘月半棲簾光浸瑤階靜寒篩

通首都從空處摹寫

從雲字賠起

碧篠纖（鮑照翫月詩：始見西南樓，纖纖如玉鈎）玉鈎斜影動。（唐無名氏詩：戶將金鎖鎖，簾卷玉鈎鈎）銀蒜一痕添。（庾信詩：簾垂銀蒜條）幽賞堪相對。高吟正不嫌。依稀鋪雪案。恍惚浸冰奩。清省時無寐。披衣問漏籤。

賦得秋雲似羅　得秋字八韻

吳　鴻

一碧長空迥。晴嵐點素秋。無心當岫出。膚寸極天浮。（膚寸已見）不是魚鱗蹙。（呂氏春秋：水雲魚鱗）非關車

飛綿一聯緊切似羅最為扼要
千絲匹練俱不放過羅字海客一聯雋絕
結句好衣被妙

蓋周〔選詩西北有浮雲團團如車蓋〕飛綿差擬薄疊雪寧司
柔。冉冉任垂幕。油油慢卷紬。千絲時齊布匹
練忽輕收。海客綃應遜。〔述異記鮫人水居如魚不廢機織眼淚則成珠左思吳都賦泉室潛織而卷綃注鮫人從水中出曾寄食人家積日賣綃綃者竹孚也〕
俞。天孫織可儔。
雲欣此日。衣被遍神州。

賦得秋色正清華　得華字八韻

金甡

明破秋色。此題只宜空寫，當看其着筆皆在空際。

本國延清賞晴秋古物華樓臺金碧迴村墅畫圖誇空翠浮層嶂疏紅綴晚花蓮塘餘粉膩柳岸斷雲遮錦石垂蘿帶文鱗隱玉沙橋通青雀舫（梁元帝船名詩池邃白鷗舞林深青雀歸）入到白鷗家蕭瑟寧多感（楚詞悲哉秋之為氣也蕭瑟兮草木搖落而變衰）登臨不厭眺蘋洲詩句好逸興滿烟霞

賦得秋澄萬景清 八韻

沈德潛

明破秋字即點清秋月爲眼目

虛寫萬景都是月中

着筆清朗

秋序平分後〔月令仲秋日夜分〕相看秋月明九霄帷皓皓一氣欲盈盈浪息瞻銀漢。〔雜俎集天河謂之銀漢〕樓開想玉京〔李詩天上白玉京十二樓五城〕流雲寒失影零露朵無聲環宇冰壺澈滿空寶鏡泓當筵鐙自淡遶樹鵲頻驚〔魏武帝短歌行月明星稀烏鵲南飛繞樹三匝無枝可依〕輪滿光難晦更深境倍清遙知西掖客〔漢官儀左右曹受尚書事前世文士以中書在右因謂中書爲右曹又稱西掖〕漢殿浥金莖。〔漢武故事帝作銅承露盤盤上有仙人掌擎玉盤以承雲表之露于其旁生芝〕

兩句破完

情景明劃

草九莖如金葉朱實夜中有光（杜詩）承露金莖霄漢間

賦得秋澄萬景清八韻

程景伊

三五秋光滿（古詩三五明月滿）澄泓萬景清。天高炎暑淨。雲淡泬寥晴（正韻泬寥空貌楚詞九辯泬寥兮天高而氣清）玉露千珠滴（李商隱詠露詩繁荷疑碎玉綴柳訝垂金）銀河一線橫。螺青山翠聳（劉禹錫君山詩白銀盤裏一青螺）鴨綠水波瑩（陸游詩錦江鴨綠抱山來）宮闕疑瑤宇。樓臺儼玉京。池塘

此是理境題故從理境說起

此結最有遠韻

梧影靜庭幕桂香盈。已快乘風便還。忻得月明。高。寒。良。可。念。[復雅詞]東坡居士以丙辰中秋歡飲達旦大醉作水調歌頭都下傳唱此詞神宗問內侍外面新行小詞內侍錄此進呈讀至我欲乘風歸去又恐瓊樓玉宇高處不勝寒上曰蘇軾終是愛君乃命量移汝州長。願。接。蓬瀛。

賦得月到天心處。[入韻]

邵子句一

介祠

三才開橐籥。[道德經天地之間其猶橐籥乎]方寸湛虛圓。[蘇詩]

眼睛心地兩處圓。

帝德辰居所

宸衷月在天。晶瑩川共暎。皎潔鏡高懸。不許浮雲綴。〔晉書〕會稽王道子庭中夜坐月色無玷歎以爲佳謝重率爾曰意謂不如浮雲點綴道子笑曰卿居心不淨乃欲滓穢太淸耶還疑着露鮮。平林寒散霧。遠浦淨籠煙。冷彩差同練。〔沈約望秋月詩〕秋月明如練如規詎擬弦。〔王褒詠月贈人詩〕上弦如半璧〔謝朓詩〕榮光可照合璧如規化機流不息。

結出喻意

起句破題即頌
聖以不枚華寓
去此又一格

皇極建無偏。妙藴言詮外。澄懷本自然。

賦得山川出雲 八韻

朱佩蓮

封濬承

恩渥匱祥雲布太和。無心徐吐岫。陶潛歸去來辭雲無心而出岫有態淺籠波。蒸氣變秋蘋。浮嵐入夏多。黃庭堅詩有人夜半持山去頓覺浮嵐暖翠空孤飛穿白練。徐凝廬山瀑布詩千古長如白練飛軒翠聳青螺。隱見屏端合。悠揚鏡裏過。

摘寫雲字甚細
賦

川。陰。輕。度。嶺。山。帶。遠。環。河。（張野廬山記）天將雨有白雲或冠帶岑巖或亘中嶺俗謂之山帶
非霧魚鱗疊。（宋孝武帝慶雲贊）非烟非霧电紫流光（呂氏春秋）山雲草莽水雲魚鱗
如烟樹杪拖
應占王佐兆。澍雨遍嘉禾（京房易飛候）青雲潤澤蔽在西北為舉賢良

賦得德星聚 八韻

（檀道鸞續晉陽秋）陳仲弓從諸子姪造荀季和父子於時德星聚太史奏五百里內賢人聚

錢陳羣

明破

用本事恰好

惟天攸好德。如月自從星〔書洪範〕分野聯泰豫。

〔漢書〕陳寔荀淑俱潁川人

荀陳接尹邢。

〔史記〕尹夫人邢夫人同時並幸武帝有詔不得相見尹夫人自請武帝願見邢夫人帝令他夫人飾從者數十人來前尹夫人見之曰非邢夫人帝曰何以言之對曰睹其體形狀不足以當人主有詔邢夫人衣故衣獨身來尹夫人望見之曰眞是矣于是乃低頭俯而泣自痛其不如也李詩所以尹婕妤羞見邢夫人

巖生賁可悔。

〔莊子〕傳說相武丁奄有天下乘東維騎箕尾而比于列星

南降嶽分靈。〔詩〕

慚長非空說

〔魏志〕太邱長陳寔子鴻臚紀紀子司空羣羣三世并有名而德漸減時人以爲公慚卿卿慚長

爲龍。

明破

正色四句題意完足

寧久停。後漢書荀淑子八人儉緄靖燾汪爽肅專時人謂之八龍象垂五百里。道協一千齡。正色似珠貫。同文比玉亭。光華雖在野。發越必于廷。簽易占升萃。誰能託溟冥。

賦得香滿一輪中 六韻

張喬句

諸錦

皓魄澄虛鏡。天香透一輪。駱賓王詩佳子月中落天香雲外飄

煙熅無處所。〔王簡棲碑〕煙熅氣也〔班固東都賦〕降煙熅調元氣高迴若

爲鄰。詎作婆娑態。〔王維詩〕婆娑數株樹還看湛露頻暈。

生。寒。愈。廣。〔淮南子〕畫灰而月暈缺風。動。彩。常。新。飄渺雲

中。結。光輝宇內均。不知弦幾彀。〔劉熙釋名〕弦月半之名也其形一旁曲一旁直如張弓弦也芬馥離去聲纖塵。

賦得白雲無心 得心字八韻

金　蛙

層霄雲影澹。出岫本無心。散漫如相逐。徘徊

無心二字寫得活綽有致

乍作陰。青山寧久戀。明月任空篇。風引隨舒卷。〔成公綏雲賦〕舒則彌綸覆四海卷則消液入無形 人嗟變古今。不期。高隱。贈。〔陶弘景詩〕山中何所有嶺上多白雲只可自怡悅不堪持贈君 何假。帝鄉。尋。〔莊子〕乘彼白雲至于帝鄉 夢雨情徒幻〔李義山詩〕一春夢雨常飄瓦 為霖望偶深。飄來常漠漠。飛去更沈沈。歌響誰能遏。閒停客自吟。〔陶淵明集〕有停雲詩

賦得白雲無心 八韻

楊方立

閶闔承佳氣。空山吐白雲。無心浮地軸〔博物志〕地有四柱廣十萬里有三千六百軸有采耀天文。影散金柯麗。光重玉葉紛。〔崔豹古今注〕黃帝與蚩尤戰于涿鹿之野有五色雲氣金枝玉葉止于帝之上卷。舒。憑。大。化。寥。廓。寄。蒼。根勢自從龍合。〔易〕輝常觸石分。觸石見前通林數瑞澤。〔杜詩〕每夜必通林捧日煥新雯。〔集韻〕雲成章曰雯古三絕迹賁日雲赤暈月雲素雯行難定。孤飛邈不羣。還須占五色。〔呂氏春秋〕太平之時雲則五色而爲慶三色而成爲早應

兩句破完

聖明君。

賦得月彩靜高深 八韻

杜甫句

蔡　新

皓月中宵滿。金波入夜深。[漢樂府]月穆穆以金波　團圓

生海上。[選詩]海上生明月　皎皎到天心。[邵子詩]月朗到天心處

耀通霄漢。虛明動遠岑。蟾精騰五彩。[春秋]孔演圖蟾

蜍月精也　桂影從耳千尋。[安天論]俗傳月中有仙人桂樹　暎。水。光。還。

潤依岩景，有陰聲隨銀漏寂。（李蘭漏刻法以器鑄水以銅爲渴烏狀如鈎以引器中水於銀龍口中吐入權器漏水一升秤重一斤時經一刻）色向玉階侵。（西都賦玉階金戺）懸象聳瞻仰（易）容光盡照臨（孟子）開庭欣膺賞，樂意洽宸襟。

賦得寒雲輕重色 八韻

杜甫

句

明破

點明輕重深塗

貼運淡抹貼輕

以下合寫

王又曾

栗烈寒方甚〔詩〕遙天片段雲。低空渾瑟縮蓋

野肯氤氳。〔羣排中白雲無心賦〕氤氳氤氳凝或聚或分其散也。氣其興也。雲

重風難掃堆。輕霧與羣深。塗凝潑疊。〔畫鑑〕陳容公儲

畫龍得變化之意潑墨成雲噀水成霧淡抹類遊氛。〔瀟湘秋興賦〕遊氛劍

興高葉夕隕鷹背時明晦。松楷忽合分。同將成雪

意。〔西京雜記〕雲曰同雲雪凍已折冰紋。〔長編〕景祐中滄州城壍中冰有

紋如畫大樹花葉茶敷暖湧齊儕絮。〔韓詩〕晴雲如劈絮光騰許

渾破

點出露字

比雲沉沉春漸遍。三素動朝曛。〔雲笈七籤〕立春清明日北望有紫綠白雲爲三元君三素雲也李商隱詩三素雲中侍玉樓

賦得日華承露掌 八韻

〔謝朓入直中書省句〕

梁國治

曙色開晴旭。金莖暈鬱華。〔李商隱詩〕不賜金莖露一杯亭亭標若木。〔山海經〕若木之華其光燭天杲杲翕神鵠。〔詩〕杲杲出日矗漢擎仙掌。凌空度日車。〔古詩〕安得壯士翻日車流

露字生動

四句旁襯

借本詩上句以頌為結

凝含湛露〔詩〕湛湛露斯煥彩雜頳霞表瑞溥何已

〔瑞應圖〕王者施德惠則甘露降其草木為祥望正賒漸籠

省殿瓦徐照

禁園花璐[illegible]鋪光滿瑤盤墜影斜同他萬年樹

〔本詩上句〕鳳長春動萬年枝

帝王家

賦得月銜樓間峰 得間字八韻

金甡

首句暗破樓次句暗破峰三四點明月銜妥帖四句寫月字青嶂逗峰字丹梯句流水對法當窗是樓度嶺是樓間峰兎顧珠還極不放過月字

水映二句加倍鍛貼

飛閣緣雲上。浮嵐繞座間。看分人倚檻。秋淨月銜山。妥帖安明鏡。收取月賦後修槃而如鏡徘徊近翠鬟。行天超列宿。出海陟層巔。青嶂誰邀駐。丹梯似可攀。李商隱詩紅樓三十級穩穩上丹梯當窗冏兎顧。楚詞夜光何德死則又育厥利維何而顧兎在腹。度嶺訝珠還。宋書王者不盡介鱗之物則明月珠出謝承後漢書合浦民舊採珠以易米先時二千石貪穢積珠自後珠忽徙去合浦無珠死者盈路子孟嘗化行一年去珠復還水映光初側。霞催意轉開。清吟資吐納。手謫仙班。

兩句明破

領聯寫月

點清方池

賦得華月照方池得華字八韻

金甡

方塘涵素練。（唐小史）開元中中秋元宗同羅公遠升月宮見仙女數百皆素練寬衣舞于廣庭元宗問曰此何曲也曰霓裳羽衣曲也秋月湛清華彩合重輪影。（古今注）漢明帝作太子樂人歌四章其二曰月重輪光分四照花。（山海經）招搖之山有木焉其花四照其名迷穀佩之不迷金波看不定。（漢書郊祀歌）月穆穆以金波（李商隱月照冰池詩）金波雙激射玉水記無差。（顏延之詩）玉水記方流（尸子）水員折者有珠方折者有玉鏡展秦宮曉

實寫方字妙以截肪界道爲比冰井晶簾皆題之餘意

結語帶頌意

西京雜記秦始皇時有方鏡照見心膽
珠沉漢斗斜。爾雅箕斗之間漢津注箕龍尾斗南斗天漢之津
截肪開寶璞。魏文帝與鍾繇書玉之白者如截肪
界道積銀沙。
冰井迎涼溢。後漢書鄴有冰井原丈餘地理志冰井在藍田縣玉案山
晶簾繞岸遮。高駢詩水晶簾動微風起簾
偶徵介立皎潔絕纖瑕。勿負蓬壺景長乘上漢槎。

賦得日落山照曜八韻

謝靈運七里瀨詩石淺水潺湲日落山照曜

渾破日落

頷聯承明
寓日將用比體

刻劃既確

拂劍一聯精警

國柱

極目崦嵫望。〔楚詞〕吾令羲和弭節兮望崦嵫而勿迫〔注〕崦嵫日所入之山也

霏微落照間。〔盧綸詩〕宮闕差差落照間

夕陰鋪大地。〔謝靈運詩〕秋岸澄夕陰

返景見重山。〔淮南子〕落光返照于東謂之返景〔詞品〕色江月晃重山

似火揚千阜。如虹繫一灣。仙峰燁露掌。〔地理志〕華山有巨靈仙掌峰

女几燦雲鬟。〔地理志〕女几山在宜陽〔蘇軾詩〕出山四望翠雲鬟

界嶺分明滅。移林迴往還。竹岡金瑣屑。花幀錦斕斑。拂劍緣崖指。〔淮南子〕虞公與夏公戰日

點帶須處　明破　不見處步　實寫不見

欲落公以劍日日遂不落指揮戈倚岫攀（類聚）魯陽人與韓搆戰酣日暮援戈而揮之日返三舍倘蒙廻日御傾葉佇榆關

賦得虹藏不見 八韻

秦大士

候過秋蟲蟄天邊乍隱虹潛光虛碧澗匿彩淨蒼穹杳杳瞻山帶（張野廬山記）有白雲微冠帶峯岩謂之山帶微想月弓（唐太宗詩）纖羅月弓關仙橋收乙杖（仙神感）遇傳羅公遠取拄杖向空擲之化爲大橋請明皇同登帝帳卷離宮（杜牧詩）斷虹天

雖是虹雖是虹
總不見都不貼
帶題中一字

結用圓活語

明破
秀澈以前之景

帔垂影斷斜陽外形消暮雨中無由懸旦晛誰
復辨雌雄春秋元命苞虹蜺者陰陽之精雄曰虹雌曰蜺佩玉猶疑
白垂旌尚駭紅李顒文晨虹垂旌竚將騰劍上何處
倚遙空。

賦得十月滌場十六韻

謝　墉壬申制考一名

穡事欣多暇。初冬好滌場。掃除羣荷畚。周禮挈畚
以令糧列子假糧荷畚秉穗尚盈筐。陌上輕颸捲籬邊

濟字點睛
四面寫來以覓題之地步
都是濟揚時景色

旭景揚灑塵人佇六〔論衡〕灑塵堂不灑塵奉帚婦柏將〔吳均樂府〕奉帚供養長信臺糠粃還堪簸〔世說〕簸之揚之糠粃在前薪

努詎易暑咨寒勤不輟云暮戒無荒擊壤聲

遙和塗門討並良低檐延野色小圃帶晴光

細數京坻窖紛攜耒耜藏平疇閒鳥雀落日

卧牛羊欲雪村墟淨含烟草樹蒼鄉鄰看皡

皡衡字望堂堂共慶田功畢爰謀蜡飲狂杖

鳩行亻亍〔後漢書〕民年七十者授之以玉杖端以瑞鳩爲飾竹馬戲

廻翔。〔後漢書〕郭伋傳有童兒數百各騎竹馬道次迎拜。清靜風猶古。

寬閒樂未央。

君恩宏覆載。大地兆農祥。〔國語〕農祥晨正〔注〕房星也農事之候故曰農祥

首句暗破百川
次句開合王道
正
領題顯清
溫溜四句寫足
正大實為題面

試帖扶輪集卷三

館閣諸公評定　全椒吳　烺杉亭　輯註
合肥程夢元藻江

賦得王道正則百川理八韻

董邦達

本是靈長德。〔郭璞江賦〕吞五材之并用嘉水德之靈長從看瑞應多。有川皆滀瀁。由道不偏頗。〔書〕溫溜方蒸洛。〔易乾鑿度〕盛德之應洛水先溫九日乃寒五日變為五色元黃紫光正塞河

加倍寫百川理三字虛含王道在内

以頌爲結

【尚書中候】堯修壇河洛，榮光出河，休氣四塞。涇清渭自濁。【辛氏三秦記】涇渭合流三百里，清濁不合。江淨海無波。【禮斗威儀】君乘土而王，則海夷。【注】海夷不揚波也。【韓詩外傳】成王時越裳氏重三譯而朝曰：天之不迅風疾雨，海之不揚波三年矣，中國必有聖人乎。滙澤長空靜，交流遠岸迴。朝宗欣有象，【書】江漢朝宗于海。脈絡本同科。【博物志】地以山爲之輔佐，石爲之骨，川爲之脉，草木爲其毛，土爲其肉。草樹挂千條，碧天連一鏡。磨。

濤時能劾順。瓠子不興歌。【史記】元光中，天子臨瓠子決河，沉白馬玉璧，令

破明

領聯虛寫

羣臣從官自將軍以下皆負薪填決河取淇園之竹以爲楗天子悼功之不成乃作瓠子之歌

恭和

御製賦得山氣日夕佳元韻六韻

陶淵明句

梁詩正

山氣鬱將夕。清嫩望轉佳。蒼茫傳畫本（陸游詩）村村皆畫本處處有詩材（劉因詩）亦丹翠入詩

翠門外若雲面畫本相看憶白賞

合題淳融字字托出
竹月與齋都皓切日夕
結有不盡之意

牌。夢華錄正月十六日相國寺之大殿前設
樂棚諸軍作樂兩廊有詩牌燈云天碧銀
河欲下來月華如水照樓臺併火樹銀花合
星橋鐵鎖開之詩蘇道孤山寺詩白公睡閣
幽如畫張祜霞彩峯峯別歷光樹樹皆淡添
詩牌妙入神。
雲跡迥靜與古心諧竹月來蕭寺彈琴坐暎
齋。王摩詰竹里館詩獨坐
幽篁裏彈琴復長嘯悠然無盡意俯仰
愜秋懷。

恭和

御製靈谷寺元韻六韻

明破領聯點清、結搆一聯寓憑弔之意千花一聯是實景佛見一聯是頌意以頌為結

寺在上元縣鍾山下

錢陳羣

覽古循鍾阜。青鴛落照中。天藏經須彌山下有青鴛伽藍嘉名靈谷舊。往事大江東。結搆非初地。天定經不捨初地入于二地蕭條向晚風。千花餘寶珞。累劫自珠宮。佛見毫光白。沈佺期詩紅樓疑見白毫光雲開日彩紅。皇心參妙諦。萬象證虛空。

賦得窻中列遠岫 八韻

破完 領聯處景

寫窗中

四句寫窗中之岫中有遠意在

謝朓句

莊培因 甲戌朝考

勝景開遙岫晴光透綺櫳〔張協七命 雕堂綺櫳〕吟看塵
不到坐攬意何窮爽氣緣虛度淸暉照室融
卷簾初過雨〔王勃滕王閣詩 珠簾暮卷西山雨〕排闥不因風
〔王半山詩 排闥送青來〕兩山似笑參差見如烟窈窕通幾
重青未了〔杜工部詩 岱宗夫如何齊魯青未了〕萬疊翠仍空乍
覺披圖玩還疑入鏡同雲霞紆

以領結并繳題
逕破大意
題貼山石佛髻
仙鬟都極典雅

睿賞謝句詎云工。

賦得林表山石碎 八韻

杜句

楊方立

綠水芳園遂薰風曲院開千章排夏木。（杜詩千章夏木清）一髮隱青山。（虞集詩青山一髮是江南）碧淨桐新長。陰多竹未刪。蓯蘢迷佛髻。（魏憒香詩佛髻窈黯黯森濕翠）窕隔仙鬟。（宋濂詩自台爲我梳仙鬟）黛色煙中遠嵐光雨發。斑。神。峰。誇。楚。岫。仙。掌。飲。秦。關。唐書地理志華陰垂拱元年更名仙掌鳥度依稀外。雲歸縹緲間。林泉清賞在。遙眺極

天顏。

賦得春水綠波得春字八韻

江淹別賦春草碧色春水綠波送君南浦傷如之何

范棫士

南浦層波綠。風光入暮春。潭空涵淡淡石漱

寫綠波

礬頭以下皆虛描全題神味

改頌法

響鄰鄰。〔晉書〕孫子荊謂王武子曰當枕流漱石王曰石非可漱流非可枕孫曰枕流欲洗其耳漱石欲礪其齒 峭蒨含疎柳。參差寫黛鉤。礬頭倒影入〔輟耕錄〕董源小山石謂之礬頭山中有雲氣此皆金陵山景 鏡面甓紋勻。不信浮光暎。偏宜着色真。方塘囬乳鴨。細沐聚游鱗。夾岸輕煙合。沿流拾翠蘋。〔杜甫詩〕佳人拾翠春相問

皇都生意滿。新雨漲龍津。

賦得海日照三神山 八韻

兩句破明
頷兩聯實寫氣象適與題稱
曾說四句稍〻括開
五色兩聯更緊
緊拍題
結帶頌意

秦大士

朝暾騰大海（楚詞九歌）暾將出兮東方旭景照神山鼇背開金鏡龍宮列翠鬟蓬壺離地起波浪接天環曾說遙難即茲看近可攀（漢書）方士涉海求三神山將近輒有風引之而去樹依丹嶂見鶴自碧霄還五色榮光繞三峰瑞靄開（博物志）滄海之中有蓬萊方丈瀛洲三神山金銀為宮闕仙人所集仙居深縹緲瑤草茂媥斕（山海經）姑搖之山生瑤草其葉鬱茂其花黃其實如兔絲服者媚于人早識趨朝處曨曨

寫練波
鬆頭以下皆虛
描全題神味
俱完

起頓雲峰

蕭禁班

賦得積雪爲小山　八韻

謝墉

瑞雪當堦積銀山轉眼爲數峯高峨巘六出
凜歷巖（顧藻歷巖山峯巉巖也）亂捲毋勞簣橫堆或壓
鑪白鹽低映日（蘇詩不知庭院已堆鹽）寒氣薄掩眉鬟
砌凝冰骨晶簾晃冷姿淡粧非士女雄據豈
神獅（張耒雪獅詩六尺猶成百獸王）浮玉參差湧同雲吐納

起句破題明領兩聯實寫氣象適與題稱曾說四句稍稍拓開五六兩聯更緊緊抱題定甘霖膏露以比醴泉實發全題意

奇。何必叢桂賞〔庾子山文小山承蓋大雅扶輪劉安招隱士篇桂樹叢生兮山之幽〕豐歲助兒嬉。〔孫覿詩鏤冰琢雪等兒嬉〕

賦得醴泉無源得源字八韻

金蛙

水脈常分派。川塗必溯源。獨傳泉出醴。正似草無根。滋液甘霖足。霑濡膏露繁。祇供修綆汲。〔韓詩汲古得修綆〕莫測溢觴存。〔水經江出岷山其源若甕口可以濫觴〕天。酒。誰。傾。釀。〔神異經西北海外有人長二千里兩脚中間相去一千里〕

字字貼切

點有餘意

明破

仙日飲天酒五斗。張華云：天酒，甘露也。

雲漿自滿尊。〔漢武故事〕西王母次藥有五雲之漿。

隱隨和氣溢，高謝衆流渾。作井尊當竭，先河勿槩論。〔禮記〕三王之祭川也，皆先河而後海。

近看靈沼湧，不假導崑崙。〔山海經〕崑崙山，河水出焉。

賦得醴泉無源 八韻

溫如玉。

作瑞符王者，柔祗湧醴泉。〔白帖〕堯之世，德茂清平，則醴泉出；夏后之時，後乂在官，則醴泉出。

何來源渾渾，空聽水涓涓。

點染泉字

是醴泉

切無源矜貴之意

頌聖正結

是山中伏猶疑樹杪懸王維詩山中一夜半雨樹杪百重泉

泓寧渟蓄一句自淵沿味疑三危美呂氏春秋伊尹

說湯曰水之美者有三危之露功看百痾蠲東觀漢記光武中元元年上幸

長安祠長陵還洛陽是時醴泉出于京師凡郡國飲醴泉者痼疾皆愈濫觴詩

不到濫觴見同題金作注趵突幾經穿輿地紀勝趵突泉在山東濟南

府城西趵讀作豹有本元非雨其根不在淵欲知流

衍處

聖澤本如天

此等題難用一兩句破明今以四句渾染全題之脉絡已清

賦得昆明池織女石 八韻

張模

地接瀛洲近。[瀛洲見前注]支分霄漢源。錫名仍六詔。[南詔傳]唐開元末合六詔爲一。刻象見天孫。[西京雜記]昆明池有二石人如牽牛織女。魚獻珠爲佩。[見清露滴荷珠孫作]支機石共根。[支機石見前注]橫波渺愁目。照影澹無言。江上疑臨浣。帷中望返魂。[拾遺記]武帝思李夫人不可得見婦穿昆明之池泛翔禽之舟帝自造謌曲使女伶謌之時日已西傾凉風激水女伶謌聲甚遒因賦落葉哀蟬曲

此聯推切救不
到第二象

妙。將。金。佛。並。〔後漢書〕漢明帝夜夢金人長丈餘身有日光飛空而至以問羣臣有通事傅毅對白臣聞西域有神其名曰佛其形長丈六尺而黃金色輕舉能飛陛下之夢得無是乎帝于是遣蔡愔秦景王遵等十二人往天竺寫取佛經四十二章及沙門摩騰竺法蘭以來帝令藏經蘭臺石室起白馬寺于雍門外以處摩騰由是化流中國

潤。與。玉。人。昆。〔拾遺記〕蜀先主甘后年十八玉質柔肌態媚容冶先主置后于白綃帳中于戶外望見者如月下聚雪河南獻玉人高三尺致之后側后與玉人潔白齊潤觀者殆相惑亂

不。勝。華。鯨。尖。〔西京雜記〕昆明池有豫章臺及石鯨每至雷雨魚常鳴吼鬣尾皆動〔杜詩〕石鯨鱗甲動秋風

時。看。烏。鵲。翻。〔淮南〕

溯源而起

說理之作須如此瀏亮

〔子〕七夕烏鵲塡河成橋渡織女神靈有何護。歷劫名常存。〔西京雜記〕漢明帝憶東方朔之言以問胡僧胡僧曰此劫灰餘燼也

賦得大衍虛其一　入韻

〔易繫詞傳〕大衍之數五十其用四十有九

朱筠

欲究靈蓍德。圓神信有諸。〔易繫辭傳〕是故蓍之德圓而神陰陽非外判。奇耦自中徵。穆若天元始。淵然太極初。四營隨變化。二策互乘除。以上皆本繫辭傳靜。

此聯緊切實中題之肯綮以頌結

裏還成動處時乃得餘胚胎何渾渾［爾雅釋詁胚胎始也［註］胚胎未成亦物之始也郭璞江賦類胚渾之未凝］揲勃且徐徐［易故再扐而後掛］是萬還根一無盈不用虛

聖心應合契至理在圖書

賦得詩書至道該 八韻

程行諶句

張映辰

聖籍淵源蘊［世說補管公明與倪子春談文采葩流枝葉橫生少引聖籍多

即從頌聖起亦是一法

分寫詩書極斟酌

六藝擬一聯有法則

歸到頌美為結

發天然

經筵至教開。〔宋史哲宗紀〕論侍臣曰凡學之道戒在中止故視事畢不俟進食即御經筵一中傳秘奧。〔晉〕四始肇胚胎〔詩序〕是謂四始詩之至也〔疏〕關雎為風之始鹿鳴為小雅之始文王為大雅之始清廟為頌之始胚胎注見前採。道源流合。徵文鉅細該。性情陶以詠。政事化而裁。〔易〕妙體經綸出。深從醞釀來。謨猷須為國。葩藻詎稱才。六藝宏無外。〔周禮地官〕三曰六藝禮樂射御書數子編富可推。賡詞遂

渾成

理解清晰

盛世。拜手頌明哉。

賦得講易見天心 十韻

鄒一桂

大易垂穹壤。文明萬古傳。〔易〕天下文明。乾坤闔闢戶。〔易繫辭上傳〕道德後先天。〔朱子〕周易圖統伏羲四圖其說皆出於邵氏所謂先天之學也文王八卦乃入用之位後天之學也一畫初涵蘊。〔易緯〕伏羲以畫開天一三才森貫穿。〔易繫辭傳〕六爻奇耦布。〔同上〕十翼錯綜宣〔文獻通考〕孔子為彖象繫文言序卦說卦雜卦謂之十翼班固

兩聯寫得出

題後之意

曰孔子韋編之絕，卽十翼也。

主敬通人極〔周子太極圖說〕聖人定之以中正仁義而主靜，以立人極焉

知幾達化權。〔易繫辭傳〕

靜中機潑潑。〔宋儒語錄〕活潑潑喫緊爲人

寂處理淵淵。〔中庸〕

姤。復。皆。生。意。〔宋子卦變圖說〕一陰一陽之卦各六皆自姤復而來

盈。虛。得。妙。詮。

鳶。魚。察。上。下。

龍。馬。契。圖。前。〔孔安國疏河圖〕者伏羲氏王天下龍馬負圖出河遂則其文以畫八卦

房費雖殊學。〔文獻通考〕東郡京房自云受易于梁國焦延壽別爲京氏學又有東萊費直傳易其本皆古字號曰古文易故有費氏之學

程朱自合編。〔同上〕程伊川易傳十卷朱子曰自秦漢以來考象辭

以頌結

四句破

先領鏡

者惟程氏之書而已折中欽善述。文教煥

經筵。史記中國之言六藝者皆折中於夫子聖祖仁皇帝有御纂周易折中

賦得至人心鏡八韻

見莊子

楊方立

至道符軒位。元風協舜禖。圓明金作鏡。大戴禮天道曰圓地道曰方方曰出而圓曰明精一道為心。色湛銀華滿。皇甫湜山鏡舞賦洞銀華而色新光開玉匣深。庾信詠鏡詩玉匣聊開鏡

次寫心鏡

餘意不竭

以頌結

題本比體詩逐正面起

素輝方寸著（傳燈錄神秀曰心如明鏡）靜照萬邦臨。肝膽澄能燭（西京雜記秦始皇有方鏡照見心膽）塵埃遠不侵（傳燈錄慧能曰本來無一物何處染塵埃）霜華晨奕奕。冰質夏森森。四照花常煥（四照花已見前）千秋寶自琛。欽明齊致頌。天鑑澈幽沉。

賦得千潭一月印（八韻）

雷鋐

太極無邊際。凝思覺浩然。一輪澄皓月。千鏡

寶鑑題面寬全
以闡發理蘊為
生諸題之樞紐

印寒泉。皎皎蟾光滿。易乾鑿度月三日成魄八日成光蟾蜍體就穴
鼻始明。深深桂影圓。唐太宗詩魄滿桂枝圓輪虧鏡影缺靜時停
止。水。舊唐書魏徵傳鑑形之美惡必就於止水動處貫流川。是萬
還。為。一。性理全書萬川印月本一川也于。淵。即。在。天。何人情
獨契。至理妙難宣。體用元來合。室明象已傳
願言參審諦。說文諦審也書洪範孔傳必微諦疏聽當別彼是非必微妙而
審諦也庶得會精詮。

賦得仁者樂山八韻

兩句明破

帶定山字

寓樂字

史貽謨

士有懷仁者。〔後漢書嚴光傳〕懷仁輔義天下悅 悠然志在山。〔韓詩外傳〕伯牙鼓琴鍾子期聽之方鼓琴志在山 體元全士德。〔令狐楚文〕體坤元之德 敦艮卓入寰。〔易艮卦〕上九敦艮吉 敻與崔嵬並。〔詩〕陟彼崔嵬 欣從岫穴閒。〔曹植七啟〕出山岫之潛穴 安安先道岸。〔尚書〕欽明文思安安〔詩〕誕先登於岸〔註〕道之極至處 落落契賢關。〔老子〕落落如石〔漢書董仲舒傳〕大學者賢士之所關也 靈境。無。遷。徙。〔梁簡文帝神山寺碑〕獨有鷲岳靈境淨土不燒〔史記匈奴傳〕逐水草遷徙毋城郭常處耕田之業

關合仁者又不脫樂山如此始為妙筆

歸到頌美止結

遙情獨往還陶潛遊斜川詩中觴縱遙情忘彼千載憂文心雕龍木沓水匝
樹雜雲合目既往還心亦吐納胸中丘壑美黃庭堅詩胸中元自有丘壑
象外洞天開天台山賦散以象外之說說苑下洞天下漏泉素抱舒
登眺韋應物詩沈沈積素抱張九齡詩暇日時登眺高風絶陛攀王鉤
巡行望山海詩層樓亦攀陛卷阿歌愷弟詩有卷者阿飄風自南豈弟君
子來遊來歌以矢其音峻極樂
宸顏

賦得山梁悅孔性 八韻

四句渾破大意最靈活

全首俱渾寫適與題相稱

范蔚宗句

紀昀

會心元不遠樂意總相關（石曼卿詩樂意相關禽對語）達者能觀化仁人本愛山天機同浩浩物態共閒閒偶爾逢心賞悠然息轍環坐看雲自在（王維詩坐看雲起時）忽見鳥知還（陶淵明歸去來辭雲無心而出岫鳥倦飛而知還）童冠如偕點行藏欲語顏鳳翔千仞上龍德六爻間鄉黨終篇意長吟雉子班（樂府解題

句明破

從文中做出富字因難見巧

有雉子斑

賦得多文爲富得文字八韻

（禮記不祈多積多文以爲富）

謝　墉

儒有含章者。居奇自不羣。（史記呂不韋傳此奇貨可居漢書夫惟大雅卓爾不羣）貪多類良賈。（左傳利過則爲賤吾不敢貪多老子良賈深藏若虛）爲富在遺文。心鎔無煩織。（唐書王勃所至請託爲文金帛豐積人謂心研舌織）書田。足可芸。（賣櫚擬騷賦虛漢而言旋令耕書田）

以振　北史李謐傳大丈夫擁書
驪百。城。胄。次。列。萬卷。何暇南面百城。莊子
喜怒哀樂不七。寶。筆。間。紛衣被永無極。歐陽
入於胄次　修文
衣被羣生流傳皆有分。左傳四標新蒐萬選。
贍足萬類　國有分
唐書張薦傳祖鷟八以制舉皆甲科門參選
判策為銓府最員半千稱鷟文辭猶青錢萬
選萬中時號　晉書
鷟青錢學士蓄古博三墳洛。紙。鈔。逾。貴。左思
傳左思三都賦成時人未之知皇甫謐為其
賦序張載為註魏都劉逵註吳蜀于是豪貴
之家競相傳寫　史記吕不韋傳
洛陽為之紙貴秦。金。易。不。間。使其客人人著
所聞號曰吕氏春秋布咸陽門懸千金其上
延諸侯游士賓客有能增損一字者予千金

明破　承清

聖朝方郁郁。待賈意彌勤。

賦得六事廉爲本 八韻

[周禮]小宰以六計弊羣吏曰廉善廉能廉敬廉正廉法廉辨[註]既斷以六事又以廉爲本

秦大士

周官傳獎吏。六事盡推廉。勤。慎。從。清。始。猷。爲。賴。守。兼。[魏志]司馬昭論居官之道曰清曰愼曰勤 草芽先砥礪。[禮]儒行砥礪廉隅 廊廟更針砭。[匡說]此俗耳針砭 冰鑑應方潔。

嚴字寫得透

結句鄭重

三卷六

瓜田敢涉嫌。古詩瓜田不納履四。知。深。夜。凜。一。介。古。人。嚴。漢書楊震傳門生饋金于震震不受其人曰暮夜無知者震曰天知地知子知我知何謂無知補。過。心。精。白。孝經退思補過焚。香。意。靜。恬。宋史趙抃每夜以己所爲焚香告天長懷酬

帝簡。書簡在帝心顧畏繫民嵒。書用顧畏于民嵒

聖代欣澄叙。貞風遍里閭。

賦得循名責實得用字八韻

見淮南子

名實對破循責二字巧甚

渾寫名實處太雅

蔡以臺　丁丑會元

尚學從名定。聲華待實傳。循環無自始。（孫子）奇正相生若循環之無端責。備有由先。侍媿爐車意。（周子通書）輪轅飾而人弗庸徒飾也況虛車乎文詞藝也道德實也常懷尚絅篇。採珠窮赤滸。（莊子）黃帝游乎赤水之北登乎崑崙之邱遺其元珠使知索之而弗得使離朱索之而弗得使喫詬索之而不得也乃使象罔象罔得之黃帝曰異哉象罔乃可以得之乎采玉認藍田。但使神沖爾。何妨道闇然。眞機參表裏。妙緒徹中邊。白賁宜終吉。（易）賁

比擬處極貼切

渾破

離匪外緣(易)

聖朝崇樸學。明鑑仰高懸。

賦得循名責實 得田字八韻

蔣士銓 丁丑會試

儒服宜相稱。(莊子莊子曰魯少儒哀公曰舉魯國而儒服何爲少儒)虛聲未許專。懷珍羞鼎贋。(韓子齊伐魯索讒鼎魯以其贋往)藏器戒觚圓。(史記酷吏傳漢興破觚爲圓)實至羣流式。名高百行全。(世說士有百行君備其幾)人材方棫樸。玉德見山

意思都到

川。〔禮記〕君子比德于玉焉氣如白守。業。同。居。
虹天也精神見于山川地也〔尸子〕有明珠而
肆。橫。經。等。力。田。魚珠原不貴。卽有魚目爛故
一眞起而燕石豈能堅。〔韓子〕宋之愚人得燕
萬僞生石于梧臺之側藏之
以爲大寶周客聞而覲焉穀稗期成熟。脂韋
笑曰此燕石也與瓦甓同
賤餘緣。

誠求何以副。毋愧四民先。

賦得循名責實得田字八韻

曹錫寶 丁丑會試

明破

陪筆好

圓活句

名實寧虛假。常思責望專。持衡知有準。卓鑒貴無偏。〔漢書郭林宗傳〕有卓識善賞鑒人物〔書〕無偏無黨表裏詳終始。源流別後先。勉脩勤爾業。無曰舍其田。玉韞山多彩〔大戴禮〕玉在山而木潤陸士衡〔文賦〕石韞玉而含輝珠潛水自圓。〔尸子〕凡水折者有珠圓誠形原不爽。體用妙相宜。觀物咸如此。程材豈偶然。敦崇欽聖治。雅意仰精研。

試帖扶輪集卷四

全椒吳烜杉亭輯註

館閣諸公評定　合肥程夢元藻江

賦得樵夫笑士得流字八韻

揚雄長楊賦士有不談王道者則樵夫笑之

梁國治

聖皇崇道化多士學而優詩濟濟多士論語學而優則仕豈有儒林盛羅爲樵子羞誰令談匪美詩匪女之爲美莫怪

點笑字、薪樵一聯樵夫上着筆　鄭公四句雅飭

結笑字

笑卿疇。〔詩〕卿疇矣相。薪樵元相比。〔詩〕薪之槱之芻蕘足
與謀〔詩〕詢於芻蕘鄭公風便渡。隱逸傳鄭宏子射的山遇仙承樵常
得便風名樵風渡翁子路行。誦。漢書朱買臣傳買臣字翁子家貧賣薪自
給行謳誦書束背讀書賦買臣行吟而負薪大有人。非俗于中士。
可求。敢云嗤俊彥。直是鄙愚柔。聞磬曾識孔。
殊他荷蕢流。

賦得樵夫笑士　得流字八韻

盧文弨　甲戌散館一等一名

四句完題

點逗樵字

用正意結

聖代盛諮諏昌言賛大猷翻令緘默輩取笑採樵

流枝葉元無用菁華獨未收藝林空掇拾學

圃漫鋤耰詎識栽培意寧堪磊砢求（匪說磊砢 砢多節）

目章縫雖見列山澤若爲羞

帝道齊堯舜儒風徧魯鄒蕘猶欲獻兕乃士入

儔

賦得樵夫笑士 得流字八韻

謝　墉甲戌散館一等四名

渾破以敵蓋代
笑字 粲然四
句從樵夫中做
出笑字一片神
行

明道需多士無言轉敵羞。粲。然。來。荷。擔。【穀梁】
人粲然皆笑列子北山愚公者年且九十面
山而居懲山北之塞出入之迂也聚室而謀
曰吾與汝畢力平險指通豫南達於漢陰可
乎遂率子孫荷擔者三夫叩石墾壤箕畚運
於渤海 默。爾。對。披。裘。【鄭谷】詩從來甘默爾【高
之尾 士傳】延陵季子出游見
道中有遺金顧披裘公曰取彼金公投鎌瞋
目拂手而言曰何子處之高而視人之卑五
月披裘而負薪。【溫庭筠】詩冉冉
豈取遺金者哉樵。斧。盧。胡。笑。山雞紅尾長一
聲樵斧驚飛起【闞子】宋人得燕石以為大寶
周客聞而觀之掩口盧胡而笑曰此燕石也
儒。書。被。冀。留。【丘傳】惟其儒書以為一國憂 傳薪遲古澤【王莊】

餘意不竭

反結

指窮于爲薪火傳　搦管漫風流。梁簡文帝講
也不知其盡也　頌序搦管摛
章後漢書王暢傳士女　翻謝芻蕘者還鬭械
沾教化黔首仰風流
樸。否志徒矜野處。國語野處而不暱其秀民
之能爲士者必足賴也

業已愧前修。

帝治追隆古。經生詠

大猷。應嗤山澤叟。只解學巢由。

賦得折檻旌直臣　得交字八韻

後漢書朱雲請尚方斬馬劍斬張禹帝怒
命御史將去雲攀檻大呼檻折右將軍辛

慶忌叩頭流血爲請得免他日有司請更作檻帝曰勿易因而輯之以旌直臣

王會汾　御試一等一名

炎靈方御宇應劭史記注漢初稱德後光武受定火德土。紫履儼

垂旃。蜀漢揚雄傳遵光耀之長旃汪旃之旃也一曰燕尾旃鹿。角。猶。摧。

折。詩所樂府逸少府五鹿充宗爲梁丘易元帝好之欲考其異同令與諸易家論充宗辨口諸儒莫能抗有薦朱雲者召入攝齊登堂抗首而請音動左右旣論諸儒爲之語曰五鹿嶽嶽朱雲折其角

龍。鱗。孰。敢。指。史記荊軻傳奈何以見陵之怨欲批其逆鱗哉冠變百關以西凡取物之上者爲撟揹

劇憐孤賤士。乃叶地

結清題面

四卷四

天交。〔易泰彖傳〕則是天地交而萬物通也上下交而其志同也勁節森千載。危言動四鄰。酬恩徒請劍。見題下注占象類焚巢。〔易旅〕焚其巢道在神明助。誠通黼座交。〔爾雅釋器〕斧謂之黼〔疏〕乾陽位也剛健能斷故畫斧以黑白爲文一時容骨鯁。〔廣韻〕骨鯁蹇諤之臣〔後漢書來歙傳〕大中大夫段襄骨鯁可任終古謝詼嘲。丹檻無勞葺。澄源類寸膠。〔抱朴子〕寸膠不能理黃河之濁〔庾信哀江南賦〕阿膠不能止黃河之濁

賦得折檻旌直臣得交字八韻

首四句渾縈全題是折檻正面

獨艷一聯還清旌字、

結仍歸到旌字止

周長發　御試二等

漢廷槐里令。槐里地名前漢書地理志屬右扶風直節總難淆。

肝胆傾堂陛。莊子德充符披腹心墮肝胆風虎蘊草茅攄。

鱗。原。不。懼。立。仗恐生嘲。唐書李林甫曰獨不見立仗之馬乎鳴則斥矣攀檻真能撼。遷閑未忍拋。霜嚴鵰鶚氣。

杜詩鵰鶚在秋天桐老鳳凰巢。獨抱丹心哲。能邀大

度包。談經曾折角。注詳王作旌善復懸檐。

聖世求賢意。明良善泰交。

渾破大意

刻劃工甚

賦得木從繩得深字八韻

尚書惟木從繩則正后從諫則聖

李中簡 戊辰 散館一等一名

良弼承休命書夢帝賚良弼旁徵矢好音書俾以旁求于天下試將梁棟義從獻準繩箴攻玉防同曲從長引丈尋輪囷雖具體裁度始堪任天植栽培篤中庸人工斧藻深始知舟待楫書若濟巨川用汝作舟楫亦似礪礪金書若金用汝作礪啟沃元非偶書啟

以頌結

兩句破木字兩句破從繩

四聯寫發題意字字雅切

乃心沃盤盂尚可欽。（朕心）

聖朝宏翕受。應有對揚心。〔書〕敢對揚天子之休命

賦得木從繩　得深字八韻

馮　浩　戊辰散館一等四名

直木形盤屈。蒐材出鄧林。〔列子〕夸父棄其杖生鄧林鄧林彌廣數千里

從繩歸妙用。就正見中心。象若朱絲畫。〔鮑照〕詩直如朱絲繩

痕供玉尺量。〔李詩〕仙人持玉尺橫斜裁使直。

肌理界來深。緒任千條仿。文由一線臨。神斤

入夢一聯題之
正意詩之餘意

以頌結

期瀨運斜脈斷難侵入夢方求相抒忠遂獻

箴。

聖皇今御宇。虛受懷

宸襟。

賦得直如朱絲繩 八韻

鮑明遠句

李宗文

銜品今誰比。懷方古所稱。試看琴在御。詩曰琴瑟在

流水出題

結出正意

御苑似木從繩。書惟木從繩則正惟願官無曠。都志

俗有僭動皆由砥矢。詩周道如砥其直如矢毫不混淄

澠。淮南子淄澠之水合易牙嘗而知之正色知難奪。和音定匪

掗。淮南子大弦掗則小弦絕掗引之急也以茲明節概。庶足擬

賢能夙夜貢成鰋風期更引冰。不詩清如玉壺冰

聖朝宏采納。端合備疑丞。漢百官志漢三公左輔右弼前疑後丞

耕耤禮成恭紀十二韻

周長發

渾破
題前布置
實發正面

聖主勤民事元辰大禮行。國語民之大事在農五經要義天子藉田千畝
所以先百姓而致孝敬也禮月令乃擇元辰天子親載耒耜措之于參保介之御間音
官初覘土。史覘覘也左傳太史順時覛土芳樹已鳴鵯。玉輅。
蒼螭。駕華芝。中道行。晉書大駕鹵簿有大輅華蓋中道青壇。
儀肅穆。國語司空除壇于藉播岳藉田賦青壇蔚其岳立黃目氣。清。
明。禮封壇環星庶珪璋挹月卿。晉書洪範庶民惟星又卿士
惟三。推親。耒耜。一。壤。偁。秉。粃。國語王耕一墢班三之[illegible]
田賦紺轅綴于黛耜萬姓欣終畝。國語庶人終于千畝千官恪佐

題徭襯扎

以頌美為繼

翊被

耕耤芟農正職。觀穫甸師呈。國語農正陳耤禮周禮甸師掌帥其屬而耕耨王耤碧秀雙岐慶。金莖九穗生。後漢書建平中嘉禾一莖九穗神倉登穎粟。御廩出粢盛。樂聽吹豳籥。周禮籥章掌土鼓豳籥凡迎寒暑祈年祭蜡皆用之歌傳擊壤聲。賞歷書大有。禾賀泰階平。

擬龍池春禊應制　八韻

錢汝誠

喜禊徵浮棗。杜篤祓禊賦浮棗絳水芳池會躍龍。自天

屬對纖麗

歸列應制上結

春盎盎。〔杜牧李賀文集序〕春之盎盎不足為其和也與物樂雍雍。凡。百。冠。裳。列。惟三月日重流盃懷洛典。〔荆楚歲時記〕三月三日四民並出臨清渚為流盃曲水之飲〔續齊諧記〕三日曲水始於周公城洛邑因曲水以泛酒故逸詩云羽觴隨波捧劍踏金客。〔續齊諧記〕秦昭王置酒於河金人捧劍堤繞生香樹。波涵倒影臺。蘭蹊猶暖薄。柳嶼未陰濃。

錫宴笙簧洽。〔詩〕慶壽大小從。〔詩〕年年明聖澤。盥潔定相逢。〔周禮〕女巫掌歲時以祓除疾病祓者潔也故於水上盥潔之也

賦得敎俗勸農桑 八韻

張若澄

皇猷開樂利。(學)大本計重農桑。耕耤勞端冕。(禮)天子三公九卿諸侯大夫躬耕帝耤蠶繅築蘇廧。(禮)天子諸侯必有公桑蠶室近川而為之築宮仞有三尺棘牆而外閉之東郊來傑介傑介見前注遲日賦微行。(詩)春日遲遲(又)遵彼微行(箋)微行小徑也望杏瞻蒲切(徐陵文)望杏敎耕瞻蒲勸織漚麻擧絮忙。(詩)可以漚麻(越絕書)女子擘絮于瀨水之中新苗含嫩綠。早繭吐輕黃。共載曾孫稼

渾破爲飲酎句法韶秀

〔詩〕曾孫肇謙公子紫千〔詩〕爲公報謂成雅頌染
之孫　千數
彩耀文章勤儉示風俗年年樂歲康。

賦得飲酎用禮樂八韻

〔禮〕月令孟夏是月也天子飲酎用禮樂

沈栻

運值恢台候。〔宋玉九辯〕收恢台之孟夏兮明堂慶典行。酒
醪重釀熟。春過百花明。升降分三揖。〔禮鄉飲酒義〕入三揖而後至階
鏗鏘奏九成。〔書〕簫韶九成鳳凰來儀升謌來左

點染孟夏

句工巧

領結

个。［禮］月令孟夏天子居明堂左个洗爵在東榮。［詩］洗爵奠斝［禮］鄉飲酒義洗當東榮主人之所以自絜而以事賓也漉露枝頭滴。薰風苑外

清。彤墀鳴玉珮。紫殿泛瑤華。麴蘖臣能作。［書］若作酒醴爾惟麴蘖明。良。帝載賡。［書］乃賡載謌曰元首明哉股肱良哉庶事康哉

聖朝多樂事。歡洽地天情。

賦得季春大合樂 八韻

［禮］月令季春是月之末擇吉日大合樂天子乃帥三公九卿諸侯大夫親往視之

明破季春
承清合樂
排先合樂

秦蕙田

陽化漗宣導。〔史記〕樂所以上事宗廟下以變化黎民〔五經析疑〕修樂以導化

韶華正暮春，因時鳴悅豫。〔易〕雷出地奮豫先王以作樂崇德殷薦之上帝以配祖考

合樂召伶倫。〔漢書律歷志〕黃帝使伶倫自大夏之西崑崙之陰取竹之嶰谷生其竅厚均者斷兩節而吹之以爲黃鐘之管制十二筩以聽鳳凰之鳴其雄鳴爲六雌鳴亦六

鐘磬千行列。〔禮樂記〕然後鐘磬竽瑟以和之

咸英六代陳。樂計圖徵黃帝樂曰咸池帝嚳曰五英〔禮樂記〕大章章之也咸池備矣韶繼也夏大也殷周之樂盡矣〔按〕六代即指此

笙鏞偕祝敔。〔書〕合

從合樂長挽到
學春法細語工

止柷敔笙鳥隼維星辰。周官司常掌九旗之
鏞以間物名各有屬以待國
事日月為常交龍為旂通帛為旃雜帛為物
熊虎為旗鳥隼為旟龜蛇為旐全羽為旞析
羽為鸞輅臨雲幄。大戴禮王升車則聞和鸞
旌之聲沈約宋書漢所乘輿
金根安車立車輪皆朱班黑轂兩轄飛軨以
金薄繆龍輿倚較虡文畫藩文獸也軾龍首
銜軛鸞雀立衡虡文畫輈翠羽蓋黃裏所謂
黃屋也三禮圖上下四旁帟周曰帷周禮天
官幕人掌帷幕鵷行捧日輪錢起詩繞仗偏
幄帟綬之事隨鵷鷺行晉子
盛魄重輪六合俱。瀏吹花氣暖。晴拂柳光勻。
照非日月能乎
和敬油然起聲容儼爾新

四句破題

題前來路甚清

俱是未到南苑光景

聖朝垂制作。雅頌久含淳。

賦得天涼秋合圍八韻

蔡以臺

紫塞霜風早。乘秋大合圍。三驅昭聖武。（易）七萃肅軍威。（穆天子傳）七萃之士（周禮春官）車僕掌戎路之萃（注）萃猶副也爽。氣雲垂幕。涼陰柳拂旗。雕盤邊月冷。馬度磧沙肥。熊館吹笳集。（三輔黃圖）長楊宮有射熊館鷹臺引鞚飛。（三國志）劉表好鷹常登臺歌野鷹來之曲號其臺曰呼鷹臺疊雙箭不

着鞭開合之句力透紙背

正寫南苑大閱輝皇璀爛

苟。注班固西都賦矢不單殺中必疊雙司馬相如上林賦箭不苟害解脰陷腦察貳

騎無違。張平子西京賦膳夫馳騎察貳廉空注言宰人騎馬行觀者有兼重及減無者挏酒千官會。前漢書禮樂志給大官挏馬注以馬乳爲酒撞挏乃成酒也百官公卿表太僕屬官有家馬令武帝太初元年更名爲挏馬銷鋒五夜

稀。時平不忘武。獮狩示神機。

南苑大閱恭紀二十韻

燮慶

地接神皋亘。張平子西京賦實惟地之奧區神皋注接神之聲善曰漢書曰

結句老

題後烘托

自古以雍州積高神明之奧故立畤郊上帝諸神祠皆聚之時逢歲務閒。有年豐已兆。春秋桓公三年有年詩綏萬邦屢豐年冬狩合初頒。左傳春蒐夏苗秋獮冬狩舊制遵文囿。前驅肅禁關。月令注關所由也霓旌飄折羽。司馬相如上林賦拖蜺旌靡雲旗注張揖曰析羽毛染以五采綴以縷爲旌有似虹蜺之氣也鸞輅振游環。禮月令乘鸞路詩游環脅驅。雲集森嚴簿。漢書注車馬法從六第爲鹵簿星聯扈從班。晴郊開禹甸。別苑渺瀛寰。注西都賦濫瀛洲與方壺蓬萊起乎中央經轉臨丹

三

起句渾破
頷聯承出源委
凍合以下實賦冰嬉

阜橋橫跨碧灣出林臺萃帆遶郭水洄漩
帝則崇無逸
宸遊念克艱晉陳師管梐枑周禮天官掌舍設梐枑再重注梐枑謂行
馬再重者以周衛有內外列講武闌梯豐虎拜來都闕詩
龍驤列上閑漢書百官公卿表龍馬閑駒注閑閑養馬之所也故曰閑駒周
禮夏官校人天子十有二閑戈鋋明若雪壁壘峻如山
鼓鼙轟激琱弓月抱彎合圍皆擐甲左傳躬擐甲冑
吳語夜乃令服兵擐甲○擐音慣角技悉翹關唐書不翹關負米科選舉

題後拱托

結句老

思唐典軍謀將略邈關 拔霜潔雕劍影塵清
山絕藝奇技無不兼取
豹尾斑、古今注豹尾車周制也古軍正建之今唯乘輿建焉干盧巡衛
營。七校止齊嫺、漢書刑法志內增七校釋名校號也將帥號令之所在也
翁赫昭軍實從容悅
聖顏。詰戎威震疊。書克詰戎兵詩莫不震疊耀德孰追攀。國語先王
耀德不觀兵、
命賞嵩呼會承
恩歌吹間太平。惟載筆恭紀頌聲還

起句渾破
領聯承出源委，凍合以下實寫冰嬉

恭和

御製太液冰嬉元韻十二韻

梁詩正

習武雖羣旅。禮季冬之月天子乃教田獵以習五戎法。班固東都賦簡車徒以講武臨冬得大觀。制因沿國俗職不隸虞官周禮山虞掌山林之政令澤虞掌國澤之政令凍合銀成界流凝玉澌。灘。晉楨七發素冰象玉難可摩蕩張衡思元賦行積水之磑磑清泉沍而不流後梁宣帝明冰篇北陸蒼茫河海凝唐太宗冬狩詩冰厚結清流招擕迴瞥

怵先四句得題之中堅

陪襯

電。漢郊祀歌體招搖若永望坌涌駭飛湍後漢禰衡傳飛詞騁辯溢氣坌

涌作可嚴裝結爭誇妙技殫。怵先還恐後履。

險。邦。趨。安。目。眩。驚。飈。疾。心。懷。奪。錦。難。古今詩話盧肇

黃頗皆宜春人同舉郡守獨薦頗明年肇狀

元及第歸郡守會肇觀競渡肇即席作詩云

報道是龍君不信果然奪得錦標歸長絙橫浦潤、楚詞注絙急張弦也按此

謂大索圓彈蹴霜寒。李尤彈銘以彈為矢合竹爲儺古樂府圓彈落金丸

旋。折。同。環轉。殷轔掩佩珊。陸。行。噎。驟馬。雲。馭。

陋。翔。鸞。星巧。

結歸正意，井井有條

睛破

太微垣。星經太微垣十星在翼軫北張衡云天子之宮庭五帝之座十二諸侯之府也

酬庸上將壇肆戎

家法舊。

天笑幾回看。

賦得晨光動翠華八韻

盧文弨

虬漏聞清禁。張衡靈憲範銅爲漏壺以玉虬吐水其中

鑾輿下紫宸。明星低羽騎。蘇頲詩羽騎駸駸西向秦濃露浥鉤

寫晨光

宿鳥句點題

即從晨光上結帶頌意

陳。揚雄甘泉賦注服虔曰鉤陳神名紫微宮分營是也隱約龍樓曉霏微鳳輦春霓旌裁同纔辨色。司馬相如上林賦拖霓旌靡雲旂日馭正凌晨。山海經羲和東方國也每日將出則二國人爲馭以升諸太虛宿鳥迎仙仗晴雲護綺疏曾子固詩浮煙銷易上綺疏開廣陌氣霽靜遊塵五夜心何切。漢舊儀黃門持五夜分陰意倍珍。晉書陶侃曰大禹惜寸陰吾輩當惜分陰光華誦復旦。古樂府卿雲詞卿雲爛兮糺縵縵兮日月光華旦復旦兮望幸慰臣民。

两句渾破完承出全題

實寫四句

總筆寫之

賦得晨光動翠華 八韻

梁同書

旭射朱霞嫩。旒標孔翠新。迴瞻金線晃。庾肩吾詩萬條金線帶春烟微覺畫竿振。鮑溶詩雲表神龍起畫竿柳露翻偏近。花風拂更頻。青燿颺鳳羽。碧采展龍鱗。雲笈七籤戢此靈鳳羽藏我華龍鱗復旦開黃幄。江淹若水交南賦陳黃幄兮月殿時六龍兮臨下為章麗紫宸。葳蕤千仗煖。司馬相如子虛賦錯翡翠之葳蕤爛漫九旂春。

飛到晨光

頌結

周禮秋官大行人上公之禮建常九斿。木德元臨震東方儼接賓。書寅賓出日太平旗物建。

鸞路候清晨。禮

試帖扶輪集卷五

館閣諸公評定　全椒吳　烺杉亭

合肥程夢元燦江　輯註

賦得玉韞山含輝十二韻

積善

太璞殊難識（國策）夫玉生於山制則破焉會非弗寶貴矣然而太璞不完

城信可稀（淮南子）崑崙山曾城九重有珠樹玉樹焉韞奇山象縣

表異玉輝含。鍾秀矜崑產。藏珍藉石函。（通典）封禪

寶切輝字
谷草一聯才是山含輝
以下皆形容玉在山中之意

玉檢編以金繩　騰。光。原。共。見。〔拾遺記〕炎帝時
以石醆封之　有璘之玉號曰
夜光以暗投水浮而不滅〔韓詩外傳〕良　望。氣。
玉度尺雖有十仞之上不能掩其光
更。須。諳。〔逸論語〕璠璵魯之寶玉孔子曰美哉
璠璵遠而望之煥若也近而視之瑟
若也一則理　谷。草。沾。膏。潤。〔大戴禮〕玉在　巖。花。
勝一則予勝　山而木潤
映。日。酣。瓊霙低列岫。彩霧隱重巖幽澗方流
〔抱朴子〕水方　懸崖滴乳也。〔山海經〕峚山丹
折。折者有玉　水出焉其中多
白玉是有玉膏其源沸　木劳珙作樹。〔山海經〕
沸湯湯黃帝是食是饗　開明北
有玕琪樹　峯翠碧爲篸。〔韓詩〕山如蒼赤交猶
〔註〕赤玉也　碧若玉篸

以歸美作結

闕○（類苑）禮天以蒼璧　青葱影自涵○（甘泉賦）翠
禮南方以赤璋。　玉樹之青
葱。虹垂知吐白○（禮記）氣如田暖勝栽藍○（李義
白虹天也　山詩）
藍田日暖　瑞集庭中玉○（晝）暉連海上三○
玉生烟
聖朝惟貴德○所寶在無貪○（左遵）宋人得玉獻之子
罕子罕不受曰我以不
貪為
寶

賦得因風想玉珂　八韻
杜甫
句
彭啟豐

提清禁中明破
風字
承出珂字
響疑一聯雅切
疑似二字是想
字之神
以下皆寫禁中
之景

畫省依
清禁。漢官典職尚書省以粉壁畫古賢列士日畫省亦曰粉省深霄動遠風。
鳴珂應早集。南楚新聞李泌少為詩日天覆吾地載吾天地生吾有意無不
然絕粒升天衢不然鳴珂游帝都待漏此時同。國史補元和初置待漏院
披拂龍旗外。飄揚鳳闕中。響疑搖蹀躞。遼史西皇
紀設官分文武其冠用金縷貼間起雲銀綵佔𦀌衣金塗銀帶佩蹀躞解錐短刀弓矢穿
靴禿髮耳垂鬟紫旋襴亦襲聲似戛玲瓏。霓裳應物詩環珮響玲瓏
溯銀河白。熒熒燭燎紅。垂紳人語謐。歐陽修晝錦堂

側聽凝思想之餘意

對破

記垂紳搢笏不動聲色擎益瞻光融。(周)周必大詩眼看君屢擎益緘心㣪白

鵠立槐黃側聽渾無寐。凝思凜在公。(詩)總由趣直近。款曲寫微衷。

賦得玉壺冰 八韻

福明安

壺白方刓玉。冰淸直擬瑤。晶明原作合。皎潔

自相招。寶器虛能受。(王)維詩含淨外疑虛寒容結未消。

圓融含璧彩。澄靜息氛囂。朗若珠輝乘。(國)策魏王

都是渾寫用比擬

帶頌結

日寡人國小尚有珠前後各照十二乘者十枚熒如燭照青韓愈送石處士序若燭照數計而龜卜也琉璃同映徹格古論石琉璃出高麗刀刮不動色白厚半寸許可點燈明于牛角者雲母共光搖藝林滿奮惡風侍坐晉武帝屢顧雲母幌云此窗琉璃屏風實密似疎頓覺塵心淨都忘雪色驕

聖明冰鑑裏提挈正堪遙

賦得追琢其章八韻

王又曾

渾破

先機一聯警

結句帶頌

金玉攻爲器。英華煥莫緘。端須人力遂。乃使
德輝銜。渾璞珍齊顯。（世說王戎目山巨源如璞玉渾金）情見
類並芟。先機歸意匠。大巧出神鑱。（老子大巧若拙）趣
自融眞宰。功力積至誠。昭昭呈外朗。密密想
中嚴。上聖懷元象。鴻文耀寶函。猗歟式
王度。（左傳思我王度式如玉式如金）光格頌登咸。（史記司馬相如傳上咸五下登三）

賦得金在鎔　八韻

破題即標出題旨

領聯緊切

餘意

〔漢書董仲舒傳〕猶金之在鎔惟冶者之所爲

褚寅亮

至治敷元化良金宛在鎔作因陶洗得自覺

範圍容調劑柔能克鈞陶革自從〔書洪範〕堅光

千鍜合赤談一爐封意象方員造神明鼓鑄

供〔管子〕堯治天下也猶金之在爐惟冶者之所鑄雙南精閃閃百鍊

液溶溶〔選詩〕誰知百鍊鋼化爲繞指柔早已銷戈戟〔賈誼過秦論〕收

天下之兵聚之咸陽銷鋒鑄鐻以爲金人十二行看勒鼎鍾〔相如賦〕銘功鼎

結意雙關

破金字

望氣二句一實一主法

鍾荊揚貢三品。披揀倘相逢。註詳披沙揀金

賦得披沙揀金 八韻

〔世說〕陸士衡文如披沙揀金往往得寶

王會汾

夙昔雙南重。〔古詩〕何以報之雙南金名高三品金。〔書〕厥貢惟金三品幾年沉石寶。此日麗璣琛。望氣應難掩。〔杜詩〕不貪夜識金銀氣披沙自可尋。斒斕星彩現。〔正韻〕斒斕色不純也照灼日非臨。欲向洪爐鑄。先防細礫侵。

金字點染

結句有餘韵

明破

滿○籯○知○有○待○漢書韋賢傳遺子黃金滿籯不如一經躍○冶○本○無○心○莊子大冶鑄金金踴躍曰我且必為鏌鋣大冶必以為不祥之金淘汰功方就○晉書孫綽傳淘之汰之瓦礫在後精良世共欽○世說人皆欽其寶莫能名其器莫教同翠羽○觿○旋○飾○華○簪○司馬相如傳觿旋從風注觿旋婀娜也鮑照詩簪金藉綺升曲筵

賦得披沙揀金 得真字八韻

謝墉 召試一等一名

沙際精金在○披尋始出塵○恒河寧可數○楞嚴經注

領聯點沙字
著筆在披揀二字
恰是沙中金
結句完密

亘河名阿蓮耨池其沙極細故以喻微塵世界麗水不教淪韓非子荆南麗水之中生金敢謂光難掩緣知少更珍推求心以慎弃取術斯神價合雙南重雙南見前注榮逾九牧陳注詳本題王作陸離辭土壤灼爍耀星辰莫訝泥塗賤能邀天鑒眞從茲欣地寶三品荷陶甄（圈）

賦得披沙揀金得眞字八韻

暗破金明破沙
領聯一虛一實
切金字大方餘
意不竭
寫披揀用筆悄

陳鴻寶　召試一等二名

光華瞻麗水沙際詎長淪湜耀非無意披尋幸有人貢珍三品貴色配五行新（書初一曰五行四曰金曰從革從革作辛）不向山中老宜爲席上珍（禮儒有席上之珍）似珠探象罔（莊子黃帝遊于赤水之北遺其元珠使象罔索之）擬玉出風塵應得人間重選思天府陳眼明空所棄心賞獲其真聲價從茲起咸欽

暗破沙金
明承披揀
襯貼披揀
烘托金字

睿鑒神。

賦得披沙揀金 得真字八韻

王文曾 召試一等三名

莫數恒河大。都含百鍊真。披時先去礫。揀處已離塵。瀛海無淹美。扶輿不愛珍。禮地不擇愛其寶羅闕出處淘洗見精神。月岸光仍碎。蘭坡利自鈞。嗣音寒比玉。識氣夜同銀。敢許文章價。偏邀鼓鑄新。晉漢書董仲舒傳上之化下下之從上猶金之在鎔惟冶者之

繇帝望幸之意

對破

題前一層

所鑄雙南本

帝澤。願就在鎔範。

賦得披沙揀金八韻

王昶　考差一等一名

美質雙南重。〔詩〕大賂南金。〔傳〕南謂荊陽也。范仲淹金在鎔賦。英華旣發。雙南之價彌高。搜尋始見知。泥塗原莫混。祕寶豈終遺。〔吳志孫堅傳注〕金玉之精神氣祕寶。采自恒河岸。〔金剛經〕須菩提。如恒河所有沙數。如是沙等恒河。于意云何。珍同麗水湄。〔韓非子〕是以麗水之金不

貫發披揀

兩頌結

明破

守積澤之甄陶還妙手。去取在研思。瓦礫從火不救。先棄精鏐得早披。〔孔武仲詩〕半夜光滿屋潛知是精鏐九州爭列貢。〔左傳〕貢金九牧〔杜註〕使九州之牧貢金三品具呈姿。〔禹貢〕厥貢惟金三品〔孔傳〕金銀銅也未許潛丹鑿。從教映玉墀。聖明金鏡朗。〔劉峻廣絕交論〕聖人握金鏡闡風烈鑒別仰無私。

賦得披沙揀金 八韻

王鳴盛 考差一等三名

沙際雙南好。披時自得金。潛珍原有耀。望氣

寫金字帶定挨

喻意俱到

以頌結

急相尋。欲別朱提品。（漢書曰，朱提銀重八兩為一流。注，朱提縣名，屬犍為。）窮搜碧潛濤。恆河應遍擇。麗水莫教沉。棄取惟歸慎。研探豈厭深。離塵光不掩。出礦寶堪欽。（華陽國志曰，廣漢潛水有金銀之礦。）淘洗分三品。蒐羅矢一心。在鎔承睿鑑。欣睹集球琳。

賦得五色比象得牖字八韻

秦大士

明破
中有五色在
極爲五色

五卷九

五色符乾化。（易乾道變化）居中馭四郊。參差形名
肖。效法義兼包。（易效法之謂坤）章采昭宸極。鮮華被
草芥。成文通舜樂。（樂志舜樂曰簫韶）辨位出羲爻。自
有儀堪象。何處間可滑。車旂紛作繪。（虞廷黃帝作五
采牙幢青牙旗引往東赤牙旗引往南白牙
旗引往西黑牙旗引往北黃牙旗引往中沈
約宋書漢有五色堂陛儼垂旒。前漢揚雄傳
立車五色安車建光燿之長
旓（注）旓旂爛漫章風教。清明想泰交。（易泰卦
之旒也彖傳曰則
是天地交而
萬物通也）

頌結

明破

是錦

流水句

餘意

聖皇巍煥治遠邁古軒巢

賦得臨風舒錦 八韻

杭世駿

錦匠合經緯裁風艷照林吹紅花燄發動碧葉交陰細漾茱萸纈（陸翽鄴中記大茱萸小茱萸）錦有交飛孔翠禽織成勞素手濯罷出江潯（益州志成都織錦既成濯于江水其文分明勝于初成他水濯之不如故命錦江在成都）星借支機石人傳作賦心（西京雜記司馬相如曰合綦組以成文列錦繡而爲質）

羽波羅字

須爲繡

爛漫雲彩布光映日華臨。卷去休裁障（[illegible]石崇與王愷奢靡相尚愷作紫絲布障四十里崇以錦步障五十里以敵之）持來莫製衾（詩錦衾爛兮）

彤廷須藹藹好並貢球琳。（書）

賦得香羅疊雪輕 八韻

杜甫

句

秦大士

朱夏炎蒸後丹墀捧白羅封題欣忽啟。（杜詩）自天

玉杵銀河俱賦雪字
霧縠冰綃恰好襯貼
興聯加倍烘托

題處長短雖宜抱〔本詩〕意內濕稱長短冉冉餘香罨娑娑似雪低〔鏡文〕衣揚貌娑乍疑搗玉杵。還憶浣銀河。霧縠應難並。冰綃未足多。〔賈氏說林〕沈休文雨夜獨坐風開竹扉有一女携絡絲具入門便坐風飄細雨如絲女隨風引絡絲繹不斷斷時亦就口續之若眞絲焉積數兩起贈沈曰此謂冰絲贈君造以爲冰紈沈後織成紈鮮潔不异于冰製以爲扇不搖自涼玉〔賦〕引鴛鴦衿兮割冰清動摩抄。逾鶴氅。〔玉篇〕摩抄手摸抄也〔韓詩〕誰復著手更摩抄〔晉書〕王恭乘高輿披寉氅裘時天微雪恭涉雪而行孟昶於籬間窺之嘆曰此眞神仙中人也光潤出龍梭。〔劉敬叔異苑〕陶侃常捕魚

雷澤得一織梭還挂著壁有疎影方塘上清
頃雷雨梭變成龍從屋而下
芳曲澗過披襟荷竹靜暑月倍清和

賦得壁中聞絲竹聲八韻

孔安國尚書序魯恭王好治宮室壞孔子
舊宅以廣其居於壁中得先人所藏古文
虞夏商周之書及傳論語孝經皆科斗文
字王又升孔子堂聞金石絲竹之音乃不
壞宅悉以
書還孔氏

周升桓

萬古元音秘鏗琤啓戸聞管弦空處起清濁

暗。中。分。屹。立。偏。盈。耳。低。徊。欲。入。雲。九。成。餘。鳳。噦。〔書〕數。仍。郜。奏。焚。木。舌。驚。聾。聵。〔書〕亂征〔傳〕木鐸金鈴木舌所以振文教〔周禮天官小宰注〕古者將有新令必奮木鐸以警衆木鐸木舌也文事奮木鐸武事奮金鐸金。函。振。典。墳。珠。璣。同。切。切。〔白居易詩〕嘈嘈切切錯雜彈大珠小珠落玉盤蝌蚪復紛紛。見題下注度曲湘靈杳。心知荷蕢云。

賦得律移黍谷 八韻

〔劉向別錄〕燕有谷地美而寒不生五穀鄒衍吹律而溫氣至今名黍谷

吳肇元

何處驟風吹凝寒暗裏移作疑天煦嫗〔禮〕陰陽相得煦嫗覆育萬物却是律參差縹緲和聲轉悠揚淑景遲〔李顒悲四時歌〕舒朗景之淑鮮〔詩〕春日遲遲土囊無怒起〔宋玉風賦〕起於青蘋之末怒于土囊之口湘管正橫披北陸窮寒候〔司馬彪續漢書〕日在北陸謂之冬東風解凍時〔禮〕東風解凍有田皆秬秠〔詩〕天降嘉種維秬維秠〔孫氏瑞應圖〕舜時后稷播植天降秬秠無地不菑畬〔易〕不耕穫不菑畬氣以山川異春來草木知

我
皇陽德盛。萬物樂
昌期。

賦得鼓琴得其人八韻

家語夫子學琴於師襄子曰丘殆得其人矣黯然黑頎然長曠然如望羊奄有四方非文王其孰能爲此

吉夢熊

道接開知統。心通太古音。古琴錄祝牧入山樵采得異木因斲

爲琴名望羊舒遠眺鳴鳳入高吟〔詩〕鳳凰鳴
曰太古矣于彼高
岡蔡邕琴操周成王時天下大化鳳凰來庭
成王乃援琴而鼓曰鳳凰翔兮于紫庭余何
德兮以象貌空中得精神指下沈淡句徵妙
感靈
契雅奏晤幽襟西土榛苓杳東山歲月侵〔詩〕
後先元合軌詞系有同音智軼鍾期聽〔呂氏〕春秋
伯牙善鼓琴鍾子期善聽伯牙方鼓琴志在
高山子期曰善哉巍巍乎若泰山俄而志在
流水子期曰善哉清宜賀若尋續湘山野錄
湯湯乎若江河太宗作九絃
琴七絃阮酷愛官詞中
十小調乃隨賀若弼製

珠宮調玉軫。素抱洽緗林。（莊子）孔子坐于緇幃之林

賦得太阿如秋水　八韻

裘　麟

誰。把。銀。塘。瀉。寒。芒。一。線。過。（莊詩）如何有奇森。
惟每夜發光芒
森。瑩。止。水。禮猶坊止水
所自來也
森。森。盪。遙。波。練。影。吹。
難。起。裴旻直觀裨龍泉劍詩）練星。光。逈。不。磨。
影才三尺吹毛過萬重
繆葛）唐太宗有古劍七星隱額隨於北斗恒
在鐙下試之使人覗雲氣過斗劍上逐星漸
隱頂劍舞時飛瀑布。（李詩）日照香爐生紫烟
不差
遙看瀑布掛晴川飛流

直下三千尺疑掣處挽天河。博物志晉說三
是銀河落九天　天河與海通
尺空潭冷千條雪浪多。張協七命光如掣電
質如耀雪霜鍔水凝
冰刃露潔郭元振古劍　池中射牛斗。梁吳筠
謌龍泉顏色如霜雪　咏寶劍
詩我有一寶劍出自昆吾溪　泉庄研蛟鼉。呂
霍融咏寶劍詩匣氣冲牛斗　氏
春秋荆有佽飛者得寶劍于江干遂還返涉
江至于中流而兩蛟夾繞其船佽飛擴臂袪
衣拔寶劍赴　自古稱神物。由來重太阿。豫章
江刺蛟殺之　記吳
未亡恒有紫氣見牛斗間張華以問雷煥具
言所在乃以煥爲豐城令至縣掘獄深二丈
得石函二劍名龍泉太阿孔章留其一風胡
匣一以進之曰靈異之物終當化去

如見遇。越絕書楚王欲作劍令風胡子之吳見歐冶子干將二人鑿茨山洩其溪取鐵英作劍三枚一曰龍淵二曰太阿三曰工市着手爲摩挲。

賦得刳木爲舟 八韻

易繫辭刳木爲舟剡木爲楫舟楫之利以濟不通致遠以利天下蓋取諸渙

秦贊

取渙因成象。長波信泳游。詩就其深矣方之舟之就其淺矣泳之游之盈盈飛畫鷁。淮南子龍舟鷁首高誘注鷁大鳥也畫其象着船首點點泛輕鷗。與水爲高下。隨風作去留。虛心

流水一氣字

是舟

舟之餘文

歸到濟川結

而實腹得坎或乘流何必將杯置（莊子）覆杯水于坳堂之上則芥爲之舟居然似葦浮裴誇青雀麗（晉書）陶侃擊蜀賊王貢貢鈎得侃青雀船瑞紀白魚麻（周書）武王伐紂濟河有白魚躍入王舟王取而燎之以薪橋不塡烏鵲（淮南子）七夕烏鵲塡河成橋槎還至斗牛（博物志）張騫乘槎犯斗牛何嘗禆

聖治佇想濟川舟

賦得濟川用舟楫　八韻

陳惠華

積水浩連天。〔莊子〕水之積也不厚。則其載大舟也無力。負舟事必然。〔史記〕水則資舟。旱則資車。搖持懸檣在。安穩見帆懸。〔世說〕顧長康作殷荊州佐。請假還京。爾時例不給布帆。顧苦求之。發至破冢。遭風大敗。作牋與殷云。行人安穩。布帆無恙。利用由古渙。中孚好涉川。〔易〕江湖那復阻。程路信如便。但覺行如馬。〔古今注〕孫權名小船為驪馬。眞成望若仙。〔郭林宗別傳〕林宗遊洛陽。始見河南尹李膺。膺大奇之。遂相友善。於是名震京師。後歸鄉里。衣冠諸儒送至河上。車數千輛。林宗惟與李膺同舟而濟。衆賓望之。以為神仙焉。披濤噴莫定。篙櫓理惟堅。

取象同調鼎。(書說命若作和羹爾惟鹽梅衝波傳孔子使子貢久而不來孔子謂弟子占之遇鼎皆言無足不來顔回掩口而笑子曰回也哂謂賜來也曰無足者乘舟而來至矣清旦朝子貢果至驗如回言)成功比濟川。(書說命若濟巨川用汝作舟楫若歲大旱用汝作霖雨)

神猷欣既濟。猶自急求賢。

賦得春帆細雨來 八韻

吳寬

一葉浮春水。濃雲壓布帆。(世說布帆無恙)移時旋作

雨。小立已沾衫。榆莢飄前落。荆楚歲時記春日榆莢雨桃

花放遠巖。遁齋閒覽河朔謂清明桃花雨船頭新綠漲。窻目

落紅斂。轉舵輕如燕。隨波疾若鷗。鴉歸驚五

兩。王維詩惡說南風五兩輕鶯語惟三緘。家語孔子觀周廟見金人三緘

其口淺瀨魚張網。寒叢農荷鑱。杜詩長鑱長鑱白木柄星

槎從此遠。博物志天河與海通漢武帝使張騫于大夏尋河源乘槎經月而至

一處有城郭屋舍遙望室內見一女織又見一丈夫牽牛渚次飲之騫曰何由至此騫具

說來意拜問此是何處答曰君還訪嚴君平則知之織女取支機石與騫騫還至蜀問君

結有遠意

四句破

緊切

平君平日某年月日有客星犯牛斗。詰其年月正蕩到天河時也　抗手謝塵凡。

賦得蒲輪車　八韻

漢書遣蒲輪車以徵賢　安

鍾聞枝

漢世重儒術。隆儀邁等倫。徵賢方草詔。優老致蒲輪。空谷行無迹。詩遯在空谷　柴門徑絕塵。轉蓬貞俶織。鋪地軟如茵。推轂勞賢相。將車辱

使臣。何夔。石齒齒。瞻聽。響轔轔。匪轔轔詩。直鳩鸛

堪維繫。壽域皎白駒 食彼場藿 銜茅久隱淪。力行貞要

道。

聖治尚遵循。

賦得屠刀為鏡八韻 見神仙傳

周長發

搏得刀成鏡。仙人妙術為。彩虹潛匿影。與論 魏太

子造劍名虹。素月較舒姿。開匣非三尺。懸臺彩色似采玉。

恰一規。元同出金液。總合比秋滿。昔用酬心

片。虞詩分手脫相贈平生一片心今將照鬢絲。剛柔如互化。

劉琨詩如何百煉鋼化爲繞指柔明健本相資。適以媸妍辨。

都兼割斷施。

聖朝神武德。萬里耀荒陲。

賦得側理紙 八韻

拾遺記張華博物志成晉武賜以麟角筆管遼西所獻也青鐵硯用于闐所貢鐵爲

之也側理紙萬番南越所貢也

梅立本

巽製由南國蒼苔被海涯。裁將飛玉葉。剪處

鏤銀花。夜。月。聞。春。網。博物志漢桓帝時桂陽人蔡倫始擣故魚網造

紙荆州記棗陽縣百許步蔡倫宅其中具存其傍有池即名蔡子池倫漢順帝時人始以

魚網春。溪。其。漚。麻。輿服志蔡侯紙用故麻名造紙麻紙國史補紙之妙者則

蜀之麻面詩一。規。蟾。影。滿。五經通義月中雙。可以漚麻有兔有蟾蜍

珥。日。輪。華。雜占書日冠者如半暈也法當在日上有冠文有兩珥者九吉雪。

雪色而明寫造
成之紙

補足正意
頷結

頷破

色行行散後梁宣帝詠紙詩皎白猶霜雪松紋縷縷斜賚賜松花
牋共來舊矣世以密緣抽古錦仄景透窗紗
爲薛濤牋誤也
名以拾遺著思由博物嘉從今
宸翰灑五色麗雲霞

賦得箸　六韻

韋謙恒

玉筯當寒漏杜甫詩圓齊玉筯頭曹唐詩午
夜濤調敲玉筯皮日休詩寒骨
平分玉筯光蘇詩
醉後空驚玉筯工雙雙聯蠟缸和羹欣有具

都從箸字入想

以下用比體

書說命若作和羹爾惟鹽梅食肉詎無功。左
詩商頌亦有和羹既戒既平傳
肉食者鄙未能遠謀陳留耆舊傳李充在郡
將軍坐鄣設炙肉東拔箸以啖炙冷復命溫
之及溫而後食歐陽文忠公詩肉食何如知失。豈。
預國謀陸放翁詩食肉自知無骨相
聞。雷。後。蜀志先主傳曹公從容謂先主曰今
天下英雄惟使君與操耳先主方食
失匕箸華陽國志劉備與曹公語雷震失匕。
主方食失匕箸曰一震之威乃至於此
。。。。李白詩撥兩岐符瑞麥。法詳細麥
疑。撥。劍。中。著解驊騮落輕花
盈尺比春葱。清異錄盤饕葱道魏間有之幾
如拄杖粗但盈尺耳內則膾春
用
葱寄耦呈全體。方員總直躬。妄思前席借。漢
書

結歸正意

四句破明

張良傳良謁漢王漢王方食曰客有為我計撓楚權者良曰臣請借前箸以籌之史記賈誼傳不自知其席之前也李義山詩可憐夜半虛前席

一得獻愚衷

賦得燈緣起草挑 八韻

岑參句

達麟圖

綸扉清切地待詔直良宵草向黃麻起會要唐北院制誥俱用黃麻惟拜相用白麻燈從紫禁挑紗籠光爛漫彩筆影飄搖未滅然藜夜見書

煉字生動有景

餘意遥甚

領黏

帶草金作注常連。染翰。朝。〔賈至詩〕朝朝染翰侍君王院鈴。風裏動。〔韓偓詩〕坐久忽聞鈴索動玉堂西畔響丁東宮漏。月中遲。鳳諾頻相檢〔類苑〕唐時詔署諾字形如鳳尾故曰鳳尾諾蘭膏幾度銷。〔楚詞〕蘭膏明燭〔注〕以蘭火鍊膏也即今裁五色。〔王維詩〕朝罷須裁五色詔憶昔限三條。〔會要〕唐舉人入試每人給燭三條孝沐君恩重。瑤函捧碧霄。

賦得記里鼓　八韻

〔晉書輿服志〕司南記里諸車過江亡失制度謝安率意造焉及獲京師舊章形制無

四句破完

敘事清晰

警句貼切

差（白帖）記里鼓車東晉安帝所制如指南車駕駟中有木人執槌向鼓行一里則打槌一

饒學曙

六飛初警節（袁盎傳）陛下騁六飛馬首聽先聲度地將逾里因時始一鳴鉦人傳法鼓（詩）鉦人伐鼓候吏記王程。震疊聞時邁。車攻報吉行。（詩）征途方捩轡。隴畔似催耕。響異回帆應。（世說）王敦坐釣臺聞行船打鼓嗟稱其能俄而一槌小異王以扇柄撞几曰可恨時王應侍側

結歸正意

曰此同帆擲使硯。音。緣。警。步。濤。禮記文王世
之云船人入夾口　子亡大。昕鼓。所
以警眾漢叔孫通傳天。運。機。詐。使。分紛數自
了筆出自官執戟傳警
分。明

翠葆經臨處。花村擊壤迎。

賦得指南車 八韻

崔豹古今注指南車者周公所作周公致
治太平越裳氏重譯來朝使者迷其歸路
以駢車五乘皆爲司南之
制載之而朞年得返其國

饒學曙

四句神破
渾寫大意

信乎四句繪出
指南車形象而
字字典雅悲壯
鸞停鵠峙

越裳懷

聖德重譯歎關餘。歸路迷南北。精思創古初。不須
觀斗宿。已辨指衡盧。衡盧二山名 左右憑揮手。東
西識定居。向離明照。乘出震引行車。〔以〕使節
迎紅旆。仙槎導彩旗。信乎朱鳥道。中興天文志石氏云
南宮赤帝其精 字以赤文書。尚書中候元龜負書出赤文成
朱鳥爲七宿
字刻木通神。化方言達象胥。禮記王制東方曰寄南方曰象
西方曰狄鞮北方曰譯註四者皆通遠人言
語之官周官總謂之象胥或通謂之譯俗謂

之通事

虛步在題前心

四句渾破

試帖扶輪集卷六

館閣諸公評定　全椒吳　烜杉亭　輯註

合肥程蔘元藻江

恭和

御製賦得文木八韻

莊存與

古木留奇質。槎枒玩不窮。兩頭存勁節。多竅訝虛中。幾受冰霜齧。疑經刀錯攻。心虛紋互

虛寫題中實義

此擬都好

結句莊重

映。理。斷。脈。仍。通。拳曲看蟠繻。莊子仰而視其細枝則拳曲而不可以爲棟梁輪囷宛挂虹。鄒陽上梁王書蟠木根柢輪囷離奇庾園枯亦爾。庾信集有小園賦又有枯樹賦離象槁應同。說卦傳離爲火其於木也爲科上槁李氏易傳曰以離火應巽故科上槁幸得依溫室。孔光傳或問溫室省中樹皆何木光默不應長教謝爨桐。大文方有耀。朽枿亦神工。

恭和

御製賦得文木　八韻

明破

細寫

定餘一翻醫案

磊砢一聯刻入

周　煌

太古留奇木。(漢書)終軍從上幸雍得奇木其枝旁出輒復合上異之。終軍對曰衆枝內附示無外也後匈奴名王果率衆來降虛中理自通霜皮經剝落。(杜詩)霜皮溜雨四十圍鐵色轉嵌瓏。透縐同拳石。彎環類鞠躬。元精還耿耿。(李賀詩)元精耿耿貫當中條穎豈蔥蔥。定餘千年雪。疑分半朽桐。堅多心暗結。科上槁寧窮。(易)磊砢文相疊。槎枒質本空。幸邀

結帶頌

明破

寫意都在空際著筆

天鑒賞不復雜蒿蓬

賦得雨餘看柳重　入韻

婁曰修

匝地春回煖。條條嫩綠齊。風前連翠島。雨後看煙迷。絮濕枝拖雪。絲垂梢拂泥。眉低猶帶淚。腰細不勝綈。〔急就篇註〕綈厚繒之滑澤者濃壓淺深水。陰遮長短隄。〔隋書〕自板渚引河築街道植以柳名曰隋隄一千三百里漢宮凝宿霧。隋苑縮寒漪。菴藹藏游騎。左思蜀都賦茂

有景有情　明破

八區而菴藹。〔正韻菴藹翳薈也〕輕柔聽囀鸝。新晴蒸絢爛。桃李接成蹊。〔史記李廣傳桃李不言下自成蹊〕

賦得蠶月條桑　得留字八韻

童鳳三　召試一等一名

日正遲遲麗。桑看冉冉柔。和風初暖箔。細葉乍牽鉤。〔古詞陌上桑桂枝爲籠鉤〕有待微行取。爰憑簜籠求。梯斜入影錯。林密鳥鳴幽。濃露搖還滴。繁陰摘更柔。三眠知漸熟。八繭慶齊收。〔三眠八繭見春

結句頌美

處處寫景

蠶作繭法事以元黄始。文因蘭薇留。國詩謌樂利。

聖世集嘉休。

賦得蠶月條桑得留字八韻

陳華組　　召試一等二名

浴種來芳序。桑畦密蔭稠。一行微徑去。幾處

滿籃收。作可迎風細。還宜帶雨柔。籠烟青似

染。照水綠如油。野外鳴禽囀。墻陰芳草留。已

知完曲植。禮月令具曲植籧筐寧敢後筐鈎。頻職豳風

明破桑字

誌蠶功月令修。

聖仁寰海遍衣被慶

宸遊。

賦得蠶月條桑　得梢字八韻

顧　震　佔試一等三名

鳴鳩纔拂羽彌望喜桑稠上箔新蠶滿盈筐

嫩葉收挽條遵曲徑採緣過平疇遠蔭童童

合蜀志先主舍東南角籬上有桑高五丈餘遙望童童如小車蓋元好問詩童童翠蓋

合桑初輕攀冉冉柔。三眠期不爽。十畝越爰求。

早作寒衣計。羣蠶娟職修。日遲功正裕。風戾術還周。禮桑于公桑風戾以食之。註蠶畏濕惡水不欲見露氣風戾之使燥也戾乾也

瀟崖豳詩繪。郊原睿賞留。

賦得蠶月條桑　得留字八韻

錢受穀　召試一等四名

薦鞠昭

宸敬。〔禮〕天子乃薦鞠衣于先帝蠶功令月修依依〔註〕鞠象桑葉始生之色也

春序晚藹藹野桑稠薄采循墻外行吟繞陌

頭。已憑筠作籠還倩桂爲鉤弱幹千條落清

陰。幾樹留翠同山柘摘〔記〕〔補〕大彰國有靈泉池以五色蠶池探太

柘葉飼蠶于攓守。轉共白蘗收〔註〕下以采蘗〔註〕白蘗高處蘗所以生蠶

處低颺燕籟成羅雨鶬鶊南動織作幽俗喜

相倚。

明破

先寫盤籠

五寫用比體

賦得紫禁朱櫻出上闌八韻

王維句

鄭一桂

重恩開紫禁。蔡邕獨斷漢制天子所居門閤有禁非侍御之臣不得妄入稱禁中避元后父諱曰省中鮮果賜朱櫻。光合晶盤映拾遺記漢明帝月夜宴群臣於照園大官進櫻桃以赤瑛為盤賜羣臣月下視之盤與桃同色羣臣皆笑云是空盤輕宜翠籠盛。韓愈櫻桃詩香隨翠籠擎初到珊瑚拋的的。博物志海中珊瑚出水見風則堅而赤火齊燦熒熒范石潤閣

敘事明晰

題後比擬

選[illegible]結亦[illegible]字

[illegible]

六卷六

桃〔詩〕小齊賓瓔獻。

璐垂手綠繭絲

廟。歆。春。薦。〔合〕禮。月。分。甘。荷。

聖情百官揩下拜中使手中擎。〔本詩〕中使頻香荔 頒赤玉盤

輕南越。〔李義山櫻桃詩〕越鳥誇香荔齊名亦未甘 仙桃并海瀛。〔千〕洲

記〔東海有山名度索山有大蠟珠元飼鳳。陽〕桃樹屈蟠數千里曰蟠桃腊

大〔夫〕櫻桃有三種 黃而白者曰蠟珠 崖蜜豈含鶯。〔溫飛卿詩〕蜂偷崖蜜初嘗

處〔太平廣記〕崖蜜櫻桃也〔蘇詩〕待節食紫 得餘甘問齒頰已輸崖蜜十分甜

君賜。〔本詩〕飽食不須愁內熱 臣心厭素誠。

試帖天人論集 卷六 六

田雨對破

雨景如畫做出

雅字

賦得梅雨灑芳田 八韻

唐太宗句

錢載

似罫平田展韋曜博奕論所務不過方罫之間集韻罫博局方目如絲

密雨催江禽飛白鷺林果熟黃梅蛙喜連陂

水農卸昨夜雷麥疎收未既秧軟插猶纔月令

賓義插秧稀則透風發科又可入耘耙漠漠寒兼暖濛濛往復

來村容青若霧野色翠於苔醲化乘時布良

疇應候栽○晉書伏滔傳龍泉之陂良疇萬頃自天皆
聖澤○千耦樂滋培○詩

賦得風約半池萍得萍字八韻

金姓

鏡面土花蝕○梅聖俞詩古鑑得荒塚土花金未磨青池滿綠萍○
斜風頻拂掠○半壁漸晶熒○界道雲光白○分峰
石影青○已看鋪翠毯○雲林異景志樊千里載數車浮萍爲鴨作茵褥
暫遣疊芳屏○魚戲疑穿檻○龜游幸出扃○縈苔

繫苔積葑隨波好

暗破

依岸勢積葑作堤形〔廣韻〕葑芳用切音對菰根也今江東有葑田

早識無根蒂〔爾雅〕苹萍也無根浮水生〔南齊劉繪咏萍詩〕纖根無所綴細葉詎須莖何緣判渭涇吹噓憑偃草天籟靜中聽

賦得桐始華 八韻

汪存寬

百尺龍門樹〔枚乘七發〕龍門之桐高百尺而無枝春深淑氣通〔杜審言詩〕淑氣催黃鳥枝高滋地脉花早識天工結蕊承新露〔南齊蕭子良梧桐賦〕臨平臺而結陰乃抽葉於露始〔劉義恭桐樹賦〕甘瀼

舊題輕鬆

繡簾么鳳都有桐字在內

頌法

灑液於其莖含苞待好風。書草木漸苞陶淵明詩好風與之俱煙深

晴欲暈。月淡影輕籠。未綻。離。離。乳。莊子空門來風桐乳

致巢注門戶空風喜投之桐子似乳着葉而生雀喜巢之先。攢。細。細。叢。繡

簾垂隱約。韓致光詩桐華垂在繡簾前么鳳挂瓏璁。蘇東坡詞

倒挂綠毛么鳳阿鷹詩么鳳銜來只辨聲柳絮應難並、萍生未許

。同朝陽

天眷遲。詩梧桐生矣于彼朝陽、敢擬隊棲桐。詩鳳凰鳴矣于彼高岡古詩井

梧棲靈鳳

語破

點染輕細二字寫芽欲飛

賦得細麥落輕花 八韻

杜甫句

錢載

四月芳塍繡來牟細蘂銜靄花鋪似積風辦

落如芟漸趣香苞實徐徵火合巖飄雌金霧

染糝籠玉煙欖軟入槐花屐低粘苧女衫滿

陂人不採非顆雀能鴿（槩豕物也）韻鴿鳥萬穗擣新

霸雙岐感至誠（求觀漢紀張堪守漁陽百姓謌曰桑無附枝麥秀兩岐）

南薰諧
聖化。梅候意先秌。

賦得郊原浮麥氣八韻

蔣和寧

清芬揚麥氣。應候遍芳郊。萬隴雲初起。（蘇詩隴麥連雲有萬家）千畦浪暗交。暖生黃漠漠。香泛翠梢梢。（魏文帝與朝臣書上風吹之五里聞香爾雅釋木梢梢擢）傍日薰花徑。因風度水坳。蜂探稌過檻。燕掠未歸巢。似共

結句帶頌

明皎領略淡雅之筆

游絲漾逗隨飛絮拋。史占年是稔。人慶地非

磽。（孟子則地有肥磽）共砌

天心。獨湛馨徹彩樨

恭和

御製賦得紅藥當階翻元韻八韻

于敏中

祕省開紅藥。穠香繞碧除。春留新譜裏。廣陵（芍藥譜凡三十一種）

韻對。小闌初。（司空圖詩小闌花韻午晴初）荄尾。

傾。無。定。招。腰。舞。不。如。李義山詩招腰爭舞鬱金裙羅隨風

綽約妍借砌紆餘。磬折垂金帶注詳木題錢作蝶聯

颭錦裙。佩搖仙露泣。軒舉晚霞舒。槐蔭周阿

接。班固西都賦珊瑚碧樹周阿而生薇陰隔徑疎。自

天傳綵筆李義山詩我是夢中傳綵筆好映五雲書。唐書韋陟封郇公使侍妾掌五采箋裁荅授意陟惟署名所書陟字若五朶雲時號爲五雲體

賦得紅藥當階翻得書字八韻

錢維城

淳破

折腰垂手貼切
翻字

佳種來揚郡。[后山談叢]廣陵芍藥有紅瓣黃腰者號金帶圍而無種有時而出則城中當有宰相[按]廣陵即今揚州也。紛葩直夏初。[馬融長笛賦]紛葩爛漫誠可喜也倚闌風綽約拂檻露縈紆薄醉臨瑤砌。凝粧傍玉除。折。腰。金。帶。重。垂。手。綵。雲。舒。[李商隱詩]垂手亂翻雕玉珮[樂府解題]大垂手言舞而垂其手又有小垂手及獨垂手也[西京雜記]戚夫人作折腰舞紅袖鈎簾外。彤墀返照餘。香浮招蛺蝶影颭亂芙蕖。舞。態。留。芳。樹。晴。光。耀。綺。疏。[後漢書梁冀傳]窗牖皆綺疏青瑣新詞傳小謝。[按]鍾嶸詩品小謝才

暗破

用比體

思當撓秋懷擣衣之作雖復盡運銳思何以
加焉是小謝指惠連言之但杜牧詩敬亭山
下百頃竹中有詩人小謝
城則謝朓亦得稱小謝也。麗景屬中書

賦得紅藥當階翻八韻

王又曾

艷發紅雲障。(韋莊詩紅障杏離深)春攢白玉階。黃絲低
撲粉。(白居易芍藥詩欲萼抽碧服粉藥襆黃絲)碧服冷抽釵露浥
丹房坼。風殢翠襆。指濃香鶯粟。避真色鼠姑
儕。(本草牡丹一名鼠姑)墮珥詳應似。(黃魯直延壽寺見紅藥詩醉紅如墮

晴波

結有遠韻

珥腰金語亦佳（石山叢談）廣陵芍藥有紅瓣黃腰者號金帶圍而無種有時而出出則城中當有宰相韓魏公守廣陵日一出四枝時王岐公王荆公陳秀公俱會賞後四人皆入相果應四枝之兆洽容如鼎酒芳思欲盈懷窈窕光難定參差立自排賣花聲近遠四月滿天街

賦得紅藥當階翻　得書字八韻

諸重光　考取中書一名

紫省薰風扇穠華繞砌舒開當春信晚韻入

色舉題意不脫
不沾

午晴初颺葉，琉璃似（元微之芍藥詩：煙輕琉璃葉）翻；稍火齊如（南史：中天竺國出火齊珠，狀如雲母，色如紫金，列之則蟬翼，積之則如紗縠之重沓也）。狂香飄冉冉（韓昌黎芍藥詩：浩態狂香昔未逢），豔影弄徐徐。依檻籠烟處，連畦浥露餘。照臨搖彩筆，承佩拂仙裾。品重修花譜，方依種藥書。賡情欣茂對，芳氣滿前除。

賦得紅藥當階翻得書字八韻

邵齊熊 考取中書

明破

娟秀之筆

結句恰好

芍藥紅方綻。瑤階錦不如。作翻花的的頻送

影徐徐。婪尾濃酣後。〔清異錄〕唐末文人有謂芍藥爲婪尾春者婪尾酒乃最後之名芍藥殿春亦得是名迴風學舞餘。似嫌金帶重。

絶勝早霞舒。掩映迷朱網。〔謝朓〕原詩上句深沉映朱網按殿閣簷角網也低徊戀玉除。〔鮑照詩〕垂墻散珮盈玉除網交枝半亞。

翠倚葉全疏。醫俗眞須爾。調羹可待渠。〔子虛賦〕爲藥之和具而後御之註芍藥調和也幸依

三殿客。常伴五雲書。

明破紅藥

送影流光俱晴
切翻字

丹墀卷泥階襯
紅字

賦得紅藥當階翻　得書字八韻

趙　翼　考取中書

省垣膏露渥紅藥燦前除色應朱明節名參素問書（帝王世紀黄帝使岐伯嘗味草木○按素問黄帝醫書）翻階依砌近檐旋殿春餘（宋詞殿春尚有餘花）送影移雕檻流光漾綺疏將離仍似返（古今注牛亨問曰將離相別贈以芍藥何也答曰芍藥一名將離故相別以爲贈）非謔亦相於（詩伊其相謔贈之以芍藥）擢蔚丹將染泥嫌紫不如醉痕風力後艷彩

破啗字
數作細書字各
有妙境
黃金碧玉階紅

日華初恰比階覓瑞霏香傍

帝居。

賦得紅藥當階翻得書字八韻

鄭步雲 考取中書

婪尾繁葩麗。階前爛錦舒。臨風姿綽約。浥露態紆徐。靜若猗蘭笑。（李賀詩芙蓉泣露香蘭笑）翻疑倒薤書。（事物紀原商務光作倒薤篆郎令雄葉）隔簾珊樹動。捲幔彩霞虛。影耀黃金帶。煙霏碧玉除。名花開夏首。

艷色殿春餘香欲通鈴索（開元天寶遺事）寧王春時於後園中紉紅絲爲繩密綴金鈴于花梢之上有鳥鵲翔集則令園吏掣鈴索以驚之蓋惜花之故也清宜拂珊瑚

上林根許托薇省此同居（唐書百官志）開元元年改中書省曰紫薇省中書令曰紫薇令

賦得紅藥當階翻得書字八韻

張三寶　考取中書

仙葩開閬苑（蘇詩）閬苑千花映玉宸人間只有此花新紅麗滿階

寫𣛮階之神韻

恰好押書字

除䕫尾春猶在螭頭景正舒(唐百官志起居舍人秉筆隨宰相入殿若仗在紫宸內閤則夾香案分立殿下直第二螭首和墨濡筆皆即坳處時號螭頭)影搖金帶重艷奪玉鑪疏霞彩縈教駐風光拂更添態濃新雨後香動午薰餘錦砌看無數雕闌畫不如一叢雲護處千朵日升初

爛漫遨

宸賞花牌燦玉書(宋權詩薄羅金縷燕花牌陸游詩露點朱毫勘玉書)

賦得密葉成翠幄 八韻

晴破

寫成字生動

陸機招
隱詩

褚廷璋

茂樾乘時足馮子振十八八公芳園入夏清
賦儼如對于茂樾
陰陰園似幄藹藹望連樾厚葉疎無隙叢柯
潤有情何承天木瓜賦擢叢柯琉璃屏乍造
之冉冉布翠葉而葳蕤
拾遺記孫亮作琉璃屏風甚薄而瑩徹每于
月下清夜舒之外望之如無隔惟香氣不通
於翡翠羽初成神女賦被華藻之可不辨槐
外好兮若翡翠之奮翼
榆列殊勝帳幔縈市肆記帳幔茵
褥多用錦綺春心隨結

結帶望字意

從題中正意起最醒豁

搆。(李商隱詩)春心莫共花爭發、繡手謝經營。

御苑重韓敞仙林藹靄盈。一枝

恩較渥。托葉比巢鶯。(杜詩)接葉暗巢鶯

賦得遶屋樹扶疏 八韻

陶潛句

戈濤

晉代有高士。畊桑臥近郊。里居猶號栗(名勝志)栗里在九江府陶淵明故宅鄉。屋宇定編茅。(杜詩)背郭堂成蔭白茅嘉。

實寫本題

葉密以下屋字餘意

卷十六

樹隨時植清陰入夏交枝低通鹿町[詩]町畽鹿場

葉密蔭烏巢好雨微侵徑輕雲半挂樹簾窺

新月下門聽故人敲會合幽棲意應占肥遯

爻[易]倘令生

聖世可許樂懸匏[逸士傳]許由隱箕山無杯器以手捧水飲之人遺一瓢得以操飲飲訖挂于樹上風吹淅瀝有聲由以爲煩遂去之[潘岳笙賦]河汾之寶有曲沃之懸匏焉

賦得修竹不受暑得青字八韻

明被修竹
寫竹字
爲不受暑
西面寫来用筆
活綷

王士棻

北牕忘夏永。〔陶潛傳〕五六月中北牕高臥凉風暫至自謂羲皇上人竹滿虛庭。〔枚乘賦〕修竹檀欒修湘箬千枝秀。〔王彪之閩中賦〕竹則湘箬素節彤竿綠筒霜筠萬个青。〔史記貨殖傳〕木千章竹萬个寒光搖瑣碎。細韻戛瓏玲。溽暑渾無力。〔禮〕土潤溽暑清秋似已經。捎雲飛屋角。〔劉孝先咏竹詩〕捎雲聳百尋凝雨拂檐楹。影過桃笙潤。〔左思吳都賦〕桃笙象簟韜于筩中〔注〕桃笙簟也吳人謂簟爲笙凉生羽扇停。〔西京雜記〕天子夏設羽扇陰濃多膩

帶頌結

破薰風
破竹字用葵字
陪出是流水法
實寫伯

涼氣一聯寫引
薰風

碧風過有餘馨。

虞殿薰弦奏蕭疎展翠屏。

賦得修竹引薰風 八韻

金甡

陽光臨北極。協氣應南薰。景向葵心直。左傳注葵傾葉向日以蔽其根陰從竹徑分。便娟常帶露。賈修賦得夾池竹詩綠竹映參差便娟帶曲池森疎欲捎雲。劉孝先詠竹詩竹生荒野外捎雲聳百尋涼氣從容領。風聲淅瀝聞。夾池偕縠縐。

題後之意

陰鏗竹詩〔回〕夾池一叢竹，嵩清翠不驚寒。宋玉神女賦：動霧縠以徐步。〔注〕縠，今之輕紗。〔按〕此言池中水紋如縠纈然。

掃石淨苔文。〔鄭〕緝之東陽記：崑山去蕪城北十里，山嶺高峻，常有雲表。故老傳云：嶺有圓池，魚鱉具有，池邊有竹，極大，風至垂屈，掃地恒潔淨，如人掃也。〔永嘉記〕小江蘇岸有仙石壇，有竹，自嬋娟青翠，風來枝動，掃石壇，壇上無塵也。

可忘炎暑。〔杜詩〕修竹不受暑。還能遠俗氛。〔蘇詩〕無竹令人俗。

蘭臺初爲爽。〔宋玉風賦〕楚襄王遊於蘭臺之宮，宋玉、景差侍，有風颯然而至。

梁苑舊傳芬。〔枚乘梁王兔園賦〕修竹閣園，夾池水，觧慍歌情洽。

延清重此君。〔晉書〕王徽之曰：何可一日無此君。

借破江字

恭和

御製賦得涉江采芙蓉得江字八韻

劉綸

薰殿香臨砌。南薰殿名蓬池錦勝江。續述征記大梁西南七十里尉氏縣有蓬池案此句所用即太液之類一奩搖島嶼三板拓船牕。宋蘇軾尊記三板輕舩夾於箭隄隱蝦鬚纜。橋通鴈齒椿。白帖橋有鴈齒闌風珠自濺。杜詩闌風伏雨秋紛紛蝀雨玉相摐。翠羽廻魚杙。爾雅杙橛也紅蜓下釣矼。酬懷

綴江字生情

領結

上

交甫佩。〔神仙傳〕江妃二女遊於江濱逢鄭交甫交甫不知何人也目而挑之女遂解佩與之交甫行數步空懷無佩女亦不見

度記若耶腔。〔白帖〕若耶溪在會稽〔李詩〕若耶溪旁採蓮女

木末遥情戀。〔楚詞〕搴芙蓉兮木末

黃灣麗語隋。〔王維萊黃游詩〕山中儵留客置霞天此芙蓉極叢叢黃灣在揚州

摘

聖藻餘猗尚韜紅。〔賈庭堅詩〕韜弓錦韜杜韶旂竿也

賦得出水芙蓉　八韻

金　雌

賦芙蓉大雅

銀塘荷柱立。[江定簡采荷調]欲持荷作柱荷弱不勝梁倒影鏡開
函。秀毓通中理。[周敦頤愛蓮說]中通外直清涵潤下鹹。[曹]
翠流看擁帶。[梁元帝烏棲曲]交龍成錦鬥鳳紋芙蓉爲帶石榴裙紅膩
想牽衫。[楚詞]製芰荷以爲衣兮集芙蓉以爲裳玉井仙源隔。[韓詩]
太華峯頭玉井蓮花開十丈藕如船湘波遠思緘。[沈亞之湘中怨解]泝清風
兮江之湄抱湘波兮裊綠裙靜。邀攀木詠。閑送涉江帆。[古詩]
涉江采芙蓉墜粉魚爭唼。[杜詩]露冷蓮房墜粉紅垂珠鳥怯
銜。[李詩]白露垂珠滴秋月[又]攀荷弄其珠蒲芽常共茁荇帶倩

渾破
字字在始字上
生情語纖而妙

誰芟（杜詩水荇牽風翠帶長）解得天然妙。新詞迥不凡。

賦得芙蓉始發池八韻

錢蕺

碧藕新抽蒻。（爾雅荷其本蔤注莖下白蒻在泥中者）華池未漲煙水明原似鏡。葉小只如錢（杜詩點溪荷葉疊青錢）拂柳攀何以。侵塘疊更圓。清芬猶約略。塵靄已澄鮮。洛浦堪承襪。（曹植洛神賦凌波微步羅襪生塵）湘皐有墜鈿。郎看疑冉冉。渾欲采田田（古詞江南可采蓮蓮葉何

刊宜樂府江南續恩波太液漣。漢書武帝紀帝作大池漸臺二十餘丈名曰太液池薰風調舜瑟。呈瑞托珠泉。沈約高松賦湧寶思於珠泉

賦得清露點荷珠 八韻

金甡

清景蓮塘曉。低垂見露梢。臨風頻散點。韓詩翠蓋臨風轉冰華挹露鮮貼水正含苞。蓋轉疑藏翠。盤擎憶泣鮫。博物志南海有鮫人水居如魚不廢績織其眼能泣珠集裳會咏

鐵州荷珠摘語 標雅

屈注見前解佩偶遺交曹植洛神賦解玉佩以要之。又感交甫之棄言兮悵猶豫而狐疑激射光難定。圓成理不膠。新恩懷渥。澤。幻。景。喻。浮。泡。金剛經一切有爲如夢幻泡影如露亦如電應作如是觀沆瀣承高掌。〔正韻〕沆瀣露氣〔東方朔七諫〕含沆瀣以長生華平產近郊。〔宋書符瑞志〕華平其枝正平王者有德則生德剛則仰德柔則低漢章帝元和中華平生郡國蓬池欣借潤挺秀遠菰菱。

賦得清露點荷珠 八韻

孫夢逵

披荷字明押

寫珠字恰好

總是荷珠用筆雅甚

太液澄瑤鏡披敷映碧荷瀼瀼含露潤〔詩〕零露瀼瀼細細漾珠多句好穿千琲〔左思吴都賦〕珠琲闌干〔註〕琲貫也珠十貫爲一琲明如綴一簾〔黄山谷詩〕何異綠簾墜露珠落盤流不定〔白香山詩〕大珠小珠落玉盤壓衱重如何〔杜詩〕珠壓腰衱穩稱身直上擎仙掌鋪圓唱棹謌〔杜牧詩〕珠唱鋪圓裊裊長戲魚銜出水〔潘岳關中記曰〕漢武習水戰作昆明池人釣魚綸絕而去夢於帝求去其鈎明日帝戲于池見魚銜索帝取其鈎放之閱三日復游池濱得珠一雙帝曰豈非昔魚之報也〔樂府〕魚戲荷葉間游女獻交波〔曹植洛神賦〕携漢濱之游

曙破納涼
領畧承明
淨字寫得出

女或采明珠或拾翠羽宛轉標嘉瑞淋漓布太和蔘蕭
賽未已俯見降林柯瑞應圖王者施德惠則甘露降于草木
賦得荷淨納涼時八韻
杜工部句
于敏中
選勝隨時得臨池納爽多微涼生水檻小坐
引風荷香遠天逾淨炎銷雨作過無塵冰簟
展如拭露珠羅雪藕絲浮椀杜詩佳人雪藕絲携筒

碧卷波。魏文帝紀鄭公慤率賓僚避暑取荷葉盛酒刺葉與柄通屈莖如象鼻傳吸名碧筩杯白居易代書詩一百韻寄微之打嫌調笑易飲訝卷波遲。時天猶遊卷白波酒令名起于東漢清漣。心不染。芬馥。氣俱和。移席分蒲蓼。披襟寄薜蘿。陂塘秋漸近。相對意云何。

賦得荷淨納涼時八韻

蔣元益

太液含膏澤。亭亭發瑞荷。天寶遺事太液池千葉白蓮開帝指妃子曰爭似此解語花耶清芬浮座入。爽氣拂花過。湛露

以淨對涼題中本色佳句

結句頌

承金掌（漢武故事：上作承露盤，仙人掌擎玉杯，以承雲表之露。）輕風散玉柯。（傳元芙蓉賦：金房緑葉，素株翠柯。）淨知塵不染，涼覺暑無多。織映雲霞色，香留瀲灩波。雨餘珠蕩漾，魚戲影婆娑。（古詩：魚戲蓮葉東。）捲幔迎嚾朵，披襟聽棹謳。（古采蓮曲：秋江岸邊蓮子多，采蓮女兒棹船歌。）賡猗欣茂對，物類樂天和。

賦得荷淨納涼時 八韻

謝墉

寫大意
淨域涼颸亦是
本地風光

林塘將雨候。夕景媚新荷。翠益搖明鏡〔韓詩〕翠益
蹄風過冰華浥露鮮紅衣照薄羅〔蕭渾詩〕水泛心清香紅衣白露秋
益遠晴適意俱和淨域花間得〔梁簡文帝文〕何以標茲淨
域置此伽藍涼颸水面過〔潘岳詩〕涼颸自遠葉聲隨風吹鷗眠
空處穩〔元稹詩〕鷗眠起小驚魚戲覽來多〔謝朓詩〕魚戲新荷動
檻情無盡〔姚鵠詩〕倚檻鶴巢邊披襟貴若何〔宋玉風賦〕王披襟當
之日快炎威消坐對幽真楚行歌欲待甘霖
哉此風
遍跳珠賞碧波〔錢起詩〕跳珠亂碧荷

對破

晚色字淨字俱寫到

賦得水花晚色淨 六韻

祝維誥

晚景垂天末，新花發水濱。乍聞姿濯濯，低映碧粼粼。倦倚明妝淺，嬌含玉色真。斷霞飛不惹，殘雨洗初匀。隔岸留纖影，凌波絕點塵。清芬誰得並，君子獨相親。黃庭堅修水記：蘭似君子，蕙似士大夫。

賦得八月剝棗得甘字八韻

謝墉

東實秋圓熟離離剝已堪望中紅玉皺攢處
絳雲垂且要長竿掠還依密棘深林驚鳥
散落日見人擔獨也情偏嗜〔孟子〕新之味最甘
〔禮記〕棗曰新之西鄰應任撲〔杜詩〕堂前撲棗任西鄰東海漫虛
談〔晏子〕景公謂晏子曰東海之中有水而赤其中有棗花而不實何也晏子曰昔者秦
繆公常乘龍治天下以黃布裹蒸棗而投其布故水赤蒸棗故花而不實公曰吾佯問對
曰嬰聞之佯問者佯對佯驗節交梨並〔神仙傳〕許掾得道棗微夫人與之交
梨火棗此飛騰藥也登筵撲栗參〔禮記〕栗曰撰之肆鑊如可薦

結句巧

明點十月暗承梅字

腹聯清空超脫點題之巔

〔周禮〕籩人掌四籩之實饋食之籩其實棗栗桃乾橑榛實中有赤心合〔題〕整

〔詩〕外雖多棘刺中實有赤心

賦得十月先開嶺上梅 六韻

中甫

十月春猶小，南枝煖意回。冰邊全未放，嶺上忽先開。秀出千林外，香隨一鴈來。望中如有雪，〔何遜咏早梅詩〕映雪擬寒開。高處來無挨，〔梁簡文帝雪裏覓梅花詩〕高處遠難知，下枝低可見。抱節同寒竹，數榮異東甚，尚期

起句須聖意
一格

成實早或以副鹽梅。

賦得迎歲早梅新八韻

唐太宗句

陳兆崙考取中書一名

陽德調溫律。晉郭璞詩青陽暢和氣谷風穆以溫古樂府陽春布德澤萬物生光輝物理論立春日取弘農宜陽金門山竹為管河內葭草為灰以候陽氣禮律中太簇韶光靄

禁城。

宸衷時茂對，節物早舒英。[梁簡文帝梅花賦]梅花特早偏能識春愛日心知暖，融風夢解迎。[呂氏春秋]八風東北曰融風東方曰滔風東南曰景風南曰薰風西南曰巨風西方曰飂風西北曰厲風北方曰寒風不纖春漏洩[杜詩]漏洩春光是柳條正館月嘉平[列仙傳]秦以臘月爲嘉平[風俗通]禮傳曰夏曰嘉平殷曰清祀周曰大蜡[史記]秦惠文王十二年初臘始皇三十一年更名臘曰嘉平香自華林遠。[晉宮閣記]華林園有梅二十株參含太液清[漢書]太液池中有蓬萊方丈瀛洲象三神山也向南偏斕漫傍嶺最分明[詩話]蘇州司寇植梅三十株大庾嶺自此梅夾道南枝北

陪襯好

活用兩法

落北枝方開。柳色爭生意。椒花門艷情。杜詩

寒煖之異也 椒盤

花巳頌履端方飾

聖。左傳先王之正始也履端於始

更記歷書履端于始則序不愆萬方樂光榮。

賦得迎歲早梅新八韻

金德瑛

晴光通

禁籞。前漢宣帝紀地節三年詔池籞未御幸者假與貧民注蘇林曰折竹以繩連綿禁籞使人不得往來律名為籞佳氣繞蓬萊。杜詩蓬萊宮闕對南山葉轉堯

黎明梅字

天心聯譜第

階蓂〔北堂書抄〕堯時有蓂莢生於階庭自初一至十五日日添一葉十六日後日落一葉月小則一葉厭而不落花舒漢苑梅。〔西京雜記〕上林花有紫蔕梅胭脂梅暗香猶纔蕾疎影自徘徊。將應東郊候〔禮記〕月令先立春三日迎春於東郊先看芳樹開。天。心。憑發現。〔邵子〕詩數點梅花天地心陽德荷滋培。鳳紀韶華啟〔春秋元命苞〕火離為鳳凰銜書游文王之都故武王受鳳書之紀鸞坡淑景催〔新唐書〕德宗移置學士院於金鑾坡乘時敷聖澤。攬秀冠羣材。共有欣榮象。〔爾雅〕木欣欣以向榮迎春獨早開。

賦得雪圃乍開紅菜甲 得監字八韻

于敏中

積素明蔬圃。田家令可占。乍披紅點點。猶帶玉纖纖。甲坼餘寒減。膏融秀色添。守根丹漸吐。守根見淮南子擢穎。露新霑。得氣千畦發。先春七種兼。荆楚歲時記正月七日爲人日七種菜爲羹 黃芽資醞釀。眞味佐清廉。冰雪心初淨。萌芽品已覘。辛盤如擬薦風土記元日奉廳雛子啜五辛葉和水晶鹽。後魏書太宗引崔浩論事語至中夜太宗大悅賜浩縹醪酒十觚水精戎鹽一兩曰朕味卿言若此鹽酒故與卿同其味也

賦得冬嶺秀孤松　八韻

顧凱之句

張　模

松勁凌冬茂。莊子天寒既至霜雪既降吾是以知松柏之茂也孤情直上干。況當山巘巘。獨表樹亢亢。詩秀色遙

疊影清音倒瀉湍飄蕭萬木瘁〔杜詩〕飄蕭覺素髮葱
鬱一株攢〔玉堂雜記〕宋徽宗禁籞有盤松自爲文曰婆娑偃蓋夭矯騰龍黛色
疑霜露清音舞風堅踰五柞翳異雙桐歷千萬年鬱鬱葱葱愛日光龍照〔左傳〕
冬日可愛高雲影結盤共看古地峻獨抱寸心丹
絕似螭虯矯不知霜雪寒棟梁應有用永永
助磐安

試帖扶輪集卷七

館閣諸公評定　全椒吳　烺杉亭　輯註
合肥程夢元藻江

賦得風動萬年枝　六韻

竇光鼐　御試一等二名

不爭羣卉艷。獨以萬年名。晉宮閣記華林園有萬年樹十五株圖經本草冬青一名萬年樹日暖冬枝秀。風吹夏景清。參差翻夕照。搖曳趁朝晴。動處條微拂。過時鳥不驚根莖隨地裡。花葉信天榮。小草叨嘘植。聖明。

〔世說〕謝公始有東山之志後嚴命屢臻勢不獲已始就桓司馬于時人有餉桓公藥草中有遠志公取以問謝此藥又名小草何一物而有二稱謝未即答時郝隆在坐應聲答曰此甚易解處則爲遠志出則爲小草　持將答

賦得日暖萬年枝（八韻）

鞠愷

上林嘉卉茂。麗日靄紛披。曝葉呈芳色。煦條發秀姿雲開光茬苒烟拂影迷離紀瑞同蓂莢[白虎通]曰歷得其分則蓂莢生于堦閒[帝王世紀]堯時有草夾階而生每月朔日一莢生至十五日而足十六日一莢落至晦而盡若月小餘一莢厭而不落王者不必據歷而知朔惟盛德之君應和而生以爲堯瑞名曰蓂莢傾心並向葵。[說文]黃葵常傾葉向日不分照其根數。榮連玉砌。散彩滿丹墀。[西京賦]青瑣丹墀萬歲符王會。[晉書南蠻傳]西魏之南有東謝蠻貢獻三年其酋元深入朝顏師古上言蠻夷入朝冠服不同可寫爲王會圖千秋應帝期。[晉書樂志]有短簫鐃謌之樂及魏受命改其十二曲有所恩爲應帝期言文帝以聖德受命應

首句破桐次句破聞三四承明綴枝二句寫知聞雅切

帝期遷喬鶯睍睆。覿嬮燕參差。溫樹承暉下。棲身借一枝。

賦得桐葉知聞　八韻

孫夢逵

物產桐初引。天公閏屢經。詎知鳴鳳律。卽在剪圭形。十二方添一。註詳本題王作盈虛獨應蓂綴枝。能按月布。葉若占星。密數看嫌小。欹排妙得零。定時陰雜歷。識化意忪惺。黍谷灰增煖

龍門蔭轉青。（枚乘七發）龍門之桐百尺無枝其中鬱結輪囷扶疏以分離

欣逢

堯運午高曆比階蓂。

賦得桐葉知閏 得靈字八韻

秦大士

六六新桐葉。謂一邊有六葉也餘詳本題王作 添來閏歲青。

知。秋。元。自。異。（淮南子）梧桐一葉落而天下知秋 一葉協律更稱靈。

（張協七命）寒山之桐出自太冥含黃鐘以吐幹據蒼岑而孤生 逆數非成偶

近數二句刻劃
精致

騈。生。覺有蓍。一莖形最小〔呂氏春秋〕成王與唐叔虞燕居剪梧葉以爲珪曰以此封汝五載候重經〔易〕五歲再閏象扐同蓍草〔易〕歸奇於扐以象閏〔史記〕蓍千歲一本占百莖有神龜守之〔易〕蓍之德圓而神辰比莢蓂。盈虛隨節序。蒼翠滿空冥。漸羃銀牀影〔古舞詞高〕淮南王自言尊百尺高樓與天連後園鑿井銀作牀金瓶素綆汲寒漿深藏彩鳳栖。〔莊子〕鵷鶵發南海而至於北海非梧桐不止薰蕕方在御。濃蔭上

虞廷。

兩句破桐葉
兩句破知閏

賦得桐葉知閏得零字八韻

蔣和寧

碧葉翻金井。〔西征雜記〕太極殿有金井欄李〔詩〕梧桐落金井一葉飛銀床疎陰覆綺櫺。能知成歲意。占取化工靈。色向門中秀。光分圭上青。繞枝皆十二。一片獨奇零。小試蒲葵扇。〔晉書〕謝安有盛名鄉有罷中宿縣者還詣安安問其歸資答曰嶺南凋弊惟有五萬蒲葵扇又以非時為滯貨安乃取其中者捉之于是京師士庶競慕而執焉價增數倍輕摩鸞鷟翮。〔司馬彪詩〕昔也植朝陽傾枝俟鸞鷟

結語仍歸到閏

虞琴猶待鼓。琴操伏犧作琴以修身理性反其天真也新論神農作琴軒

琯已如聽。本是朝陽種。還同候月蓂。民時方

敬授。裁合傍

彤廷。賦得桐葉知閏梧桐日月正閏其时

賦得桐葉知閏 十六韻

遁甲注梧桐知日月正閏其樹生十二葉一邊有六葉則知無閏有閏則生十三葉從下數起每葉爲一月硯葉小者則知閏何月

王又曾

十三莖戰戰百
尺幹踈踈夕露
剛流處新蟬乍
嘒初桐
葉知閏候煖花雷
緣南薰葉漸舒
之哉者也焉乎
矣其深美共且夫

候煖花繁蕭南薰葉漸舒萋萋依月長詩婀

娜表春餘密蔭嚴間樹。清風水北廬十三莖

戰戰。見題下注百尺幹踈踈夕露。剛流處新蟬乍

嘒初。蘗枝運布。播金井。蘂成書。王昌齡詩金井梧桐新葉

黄。朒。朓。看。來。準。說文朒朔而月見東方謂之朒晦而月見西方謂之朓謝莊

月賦朒朓警闕五代史司天考測。圭。簫以候氣。審朒朓以定朔。虧盈。果不虛。

土。圭。勞。待。測。周禮地官大司徒以土圭之法測土深正日影以求地中黄。

裁。理。而。搖。午影。移。蓮。漏。賞蓮漏俱已見濃陰散玉

尚佳二句流麗

隃音塤諧鸞鷟〔廣雅〕鵷鶵鸑鷟鳳凰屬也可敵栟櫚〔張平

子南都賦〕楈枒栟櫚考律貢謨奏歸奇信有諸〔易〕浮光

連檜栝遺響曼簌簌〔左太冲吳都賦〕竹則篔簹箖箊其細細

瓊瑤佩盈盈碧醮翠心空齋斷瑟材散部同

樗秋夏占斯驗璣衡德可如〔書〕朞陽生盛際

聖化極吹噓

賦得朱草合朔 八韻

〔大戴禮〕明堂者文王之廟也朱草日生一葉至十五日生十五葉

首四句破完題面

次落二句寫朱若東有兩意盈虧句照合字法[illegible]雅

朱若東

鳳紀協靈符。龍池瑞草敷。蓂將端日合。臧榮緒晉書熊遠議曰履端元日正始之初有識之士於是觀禮樂榮耳目之觀崇玩弄之好數

自望前乎榮落。丹心在盈虧。素魄俱。四時留

正色。萬禩奉

皇圖。向朔萌纔吐。經年意不殊。靈芝同表異。班固靈芝歌因露寢兮產靈芝象三德兮應瑞圖蓂莢遞塗朱。光耀南離

火。陽燧并巨海珠。古今注章帝三年明月珠出豫章海昏大如鷄子圍

先用寄弁引起次即落出葵字三四破完題面
院得二句形容倾字甚妙

四寸太和歸
八分

上治嘉祉媲唐虞

賦得葵心傾向日 得傾字八韻

金甡

百卉承炎景惟葵解獻忱旄根常衛足向日屢傾心霧歛迎朝旭風歛送夕陰中天方皎皎圓影正沉沉宛轉隨羲馭（備元日昇謂羲和初覺轡六龍）并騰驤（廣雅日御稱爲羲和）廻旋象斗斟（鶡冠子斗柄指東而天下皆春）

結句用勉勵意亦應制定體也

指南而天下皆夏指西而天下皆秋指北而天下皆冬〔史記〕斗斷元氣

近含陽燧火〔莊子〕陽燧見日則然爲火逆映露盤金〔漢武故事〕帝作銅承露盤

詎擬分光耀都緣仰

照臨借將丹赤意持以勵華簪

賦得嘉禾合穎 八韻

書序唐叔得禾異畝同穎獻諸天子王命唐叔歸周公於東作嘉禾〔史〕北史許謙傳子洛陽爲鴈門太守家則三生嘉禾皆異畝合穎孝武善之進爵北地公

蔣櫟

如此寸祥最足
首先句聖六係
應制之體
露流四句寫合
字秀麗

聖德昭和會書圖方民　靈禾獻瑞嘉。千莖攢异畝。
大和會
晉稽社頌（通）靈稼　九穗茁新芽。繹繹苍垂帶。（詩）繹
阿那一禾千莖
繹其達（鄭箋）言達出土也（釋訓）云　茸茸棻挺
繹繹生也令人目穀皆生之貌
父。芃芃成大（詩）新秧一穟繹背茸（杜）露流膏共
甫打魚謌撐突波濤興文人
貫風散蔭分斜發管齊標秀（詩）實發實秀（箋）
發發管將也
連枝競吐花（通）暮詢人獻嘉禾（通）祥煙近拂
年疑連理之形苔氣旁臨更辨
合歡若亭環莫解嘉禾賦天器非遠神珍是
之色呈始茗亭而間出終天矯
而曲翠剡壁交加。蘇東坡秧馬謌春雲濛濛
成　雨凄凄春秧欲老翠剡齊

茵勾暎明出霧
於勾被濡
鶴搭倭二字大
郗
七卷八

耘耔占三壤梯航慶一家璇星明照夜運斗春秋

璣璇星明則嘉禾液作息仰光華

賦得指佞草得忠字八韻

蔣雍植　召試二等一名

堯階傳屈軼博物志堯時有草生于庭佞人入朝則屈而指之名曰屈軼

靈草亦邪忠勁葉知誰敵疏莖迴出叢想應

心就日似有氣如虹自許霑清露何曾畏疾

風唐書太宗詩疾風知勁草皇覽符帝德〔書曰〕堯善贊元功

不特二句精敷

四句破題

不待神羊觸〔晉書〕輿服志云獬廌為神羊也〔神異經〕獬廌性忠見邪則觸之

能教害馬空〔莊子〕徐無鬼牧馬小童曰夫為天下者亦奚異乎牧馬哉亦去其害馬者而已矣

箑蒲焉足比〔世記〕與〔衛〕堯時箑蒲生廚冬死夏生扇肉不臭

蓂莢未須同

盛世無偏黨宜生幽谷中

賦得指佞草　得忠字八韻

韋謙恒　召試二等四名

屈軼乘時出含靈本化工秖根欣近日勵節

屈軼乘時出含靈
本代工托根欲近日
勵節欲凌風旌直
雖無力除邪信有
功翻階偏識佞
繞檻獨懷忠

豸觸二句寫指
佞二字典切

欲凌風。旌直雖無力。[漢書]留所折檻以旌直臣除邪信有

功。翻階偏識佞。繞檻獨懷忠。豸觸。心相似。[後漢輿服志]法冠或謂獬豸冠。獬豸神羊。能別曲直。故以爲冠。犀。然。照。許同。[晉書]溫嶠平蘇峻之亂。還鎮牛渚磯。世傳磯下多怪物。嶠然犀照之。須臾見水族覆火。奇形異狀。或乘車馬著赤衣幘。其夜夢人謂曰。與君幽明道別。何意相照。英姿昭挺特。藻鑑表虛公。合與芝蘭並。[世說]謝太傅問子弟何預人事。而正欲使其佳。車騎答曰。譬如芝蘭玉樹。欲其生于階庭耳。應教蕭艾空。[離騷經]何昔日之芳草兮。今直爲此蕭艾也。

起句點出鄭次句破題三四承明書帶二字靈根四句妙與書帶意打合

聖朝無可指玉砌自青葱。

賦得書帶草 八韻

三齊記鄭司農常居不夜城南山中教授黃巾亂及避遣生徒崔琰王經諸賢于此揮涕而散所居山下有草如薤而細葉長尺餘堅韌異常土人呼爲鄭康成書帶草

雙慶

儒宗推後鄭。瑞草發階除。不共帬腰綠。白居易詩誰開湖寺西南路草綠帬腰一道斜偏同錦帶舒。靈根滋藝苑。嘉頴茁經畬。誰入桐君籙。隋書經籍志桐君有藥錄三卷雖

徵炎帝書謂軒轅本草杏衫堪掩映蕙綬共扶疎楚詞荷衣兮蕙帶滴露窗前潤攜經月下鋤後漢書兒寬帶經而鋤青宜充子佩詩翠欲拂人裾文教

熙朝盛應移植石渠三輔故事石渠閣在大秘殿北以閣秘書

賦得書帶草八韻

金甡

康成書帶草秀色映文廳颭葉排籤動韓詩觸指如排籤抽條健筆扛韓詩龍文百斛鼎筆力可獨扛紛披依石

硯。瀟灑有銀釭。嗜學應無匹。徵奇遂少雙。露垂供點染。(書法要錄古書三十六種有垂露篆)繩結想敎靡。(易繫辭)遺。藝苑。藜吹焰。(劉向別錄向校書天祿閣夜闇獨坐誦書有老人著黃衣植青藜杖叩閣而入吹杖端烟然與向說開闢以前向因受五行洪範之文至曙而去自言太乙之精天帝聞卯金之子有博學者下而觀焉乃出竹牒天文地圖之書悉以授之)詞源葦作觴。(杜詩詞源倒流三峽水)窠勳高竹素。(東觀漢記劉向典校書先書竹改易刊定可繕者以上素)衡品勝蘭茝。(黃庭堅詩臨分何以贈要我賦蘭茝)

膏藻留餘潤。宗生福海邦。揚雄蜀都賦其竹則宗生族攢

賦得書帶草八韻

金　姓

秀草誇書帶。儒林舊事佳。丹鉛爭映發。竹素借編排。木筆同朝露。洛陽花木記木筆有花正月初發本草辛夷初發如筆北人呼爲木筆金燈伴夜齋。洞冥記鍾火山有明莖草夜如金燈折枝爲炬照見鬼物之形詞源沾潤久。藝圃託根諧。韋絕知堪繼。史記孔子世家讀易韋編三絕紳書重可懷。化螢須

首句彈改次句
點明

照字。辟蠹擬留芸。續博物志典畧云芸香辟紙魚蠹故藏書臺稱芸臺

不美蒲為牒。漢書路温舒傳父為里監門使温舒牧羊取澤中蒲截以為編

編用寫書還宜樹作楷。述異記孔子墓上特多楷木

聖朝芝檢宮。移植傍蓂階。

賦得書帶草 六韻

楊倫鉉

草色侵書幌。李賀詩窗含遠色通書幌佳名自昔傳。篆形

觀妙喻。見物仰儒先。豈解瑱函用。常依鋪砌

闗薤二句用筆典雅

結處毫不滲漏

首二句點題次

偏。藥欄朝日下。杜詩常恐沙崩損藥欄蘭逕曉風前。陳佑詩香逕無人蘭葉紅倒。薤。臨。池。似。王愔文字志倒薤書者小篆體也垂支濃直若薤葉也八體書亦圖此法北堂書鈔張旭臨池水盡黑垂。紳。委。地。鮮。

好同堯瑞莢拔拂傍

經筵

賦得書帶草 八韻

秦泰鈞

異草含風雅。紛紛翠帶舒。杜詩水荇牽風翠帶長藉縟

二句即承明下方逐層洗剔章法最佳

紉佩二句用襯筆拓開

青入簡前漢書中黄門持簡記盛簾緘方底映字綠浮書冉冉
風搖弱依依月照虛靈根滋二酉郡國志大酉酉山小酉
山在辰州府有石穴中有書數千卷清影伴三餘魏畧董遇傳冬者歲之餘
夜者日之餘陰雨者時之餘
繞砌圍仍小縈窗結欲疎化
因深雨露名偶並蟲魚紉佩蘭堪佀楚詞紉秋蘭以
為佩披圖薤豈如穆天子傳披圖觀典紀原務光作倒薤篆同文方
洽應移植偏龍渠煬帝本紀築西苑內為海十餘里海北有龍鱗渠縈
渠十六院

此聯二句就題位分明

次聯即將拔字連字點出

賦得拔茅連茹得茅字八韻

金牲

清廟供明酌儲材藉用茅連茹看競秀茹王弼易注音如拔萃喜兼包土沃隨葭茁根蟠擬竹苞豳風曾亟取楚貢敢輕拋左傳質本同薪槱詩清還比漆膠古詩以膠投漆中舉芳踰九畹楚詞余既滋蘭之九畹兮又樹蕙之百畝占兆貫三爻象傳三陽在下相連而進附麗從離象亨通應泰爻聯翩辟草莽蔚菲莫相

分歧

濃淡山影題之神味俱出

嘲〔詩〕

賦得青出于藍得藍字八韻

金甡

方色青爲上華滋自染藍終朝頃手采〔詩〕春

草對袍慙〔古詩〕青袍似春草長條從風舒應節隨蒼珮浮光

稱碧簪天窺凝薄靄〔杜詩〕天闕象緯逼山映涌層嵐

濃淡知殊異淵源試靜探含英資醖釀增美

得漸涵但覓丹鉛益何須朱紫貪子孫毋廢

通首以花字思字分做到底

朱兼白正復翻對法工 未審

學詩黃髮轉相參。

賦得花與思俱新 得花字八韻

馮浩

春林開秀色。詩思擅芳華。觸境機相引。縈情態並誇。江郎懷有筆（南史江淹夢得五色筆由是文藻日新）潘令縣羅花（晉書潘岳爲河陽令植桃李花人號曰河陽一縣花）風信初含蕊。心田亦吐芽（梁簡文帝上大法頌表澤雨無偏心田受潤）妍姿堪掩映。鮮采自交加。望裏朱兼白（韓詩朱朱兼白

白吟成正復葩。〔韓文詩〕正而葩

互疑霞散綺。〔謝眺詩〕餘霞散成綺

共倩碧籠紗。〔唐摭言〕王播少孤貧，客揚州木蘭院，後出鎮是邦，向之題句皆以碧紗籠之矣。

上苑穠香滿，撫摹屬賦家。

且夫人從事修途祇此局內之繩愆為難寬而局外

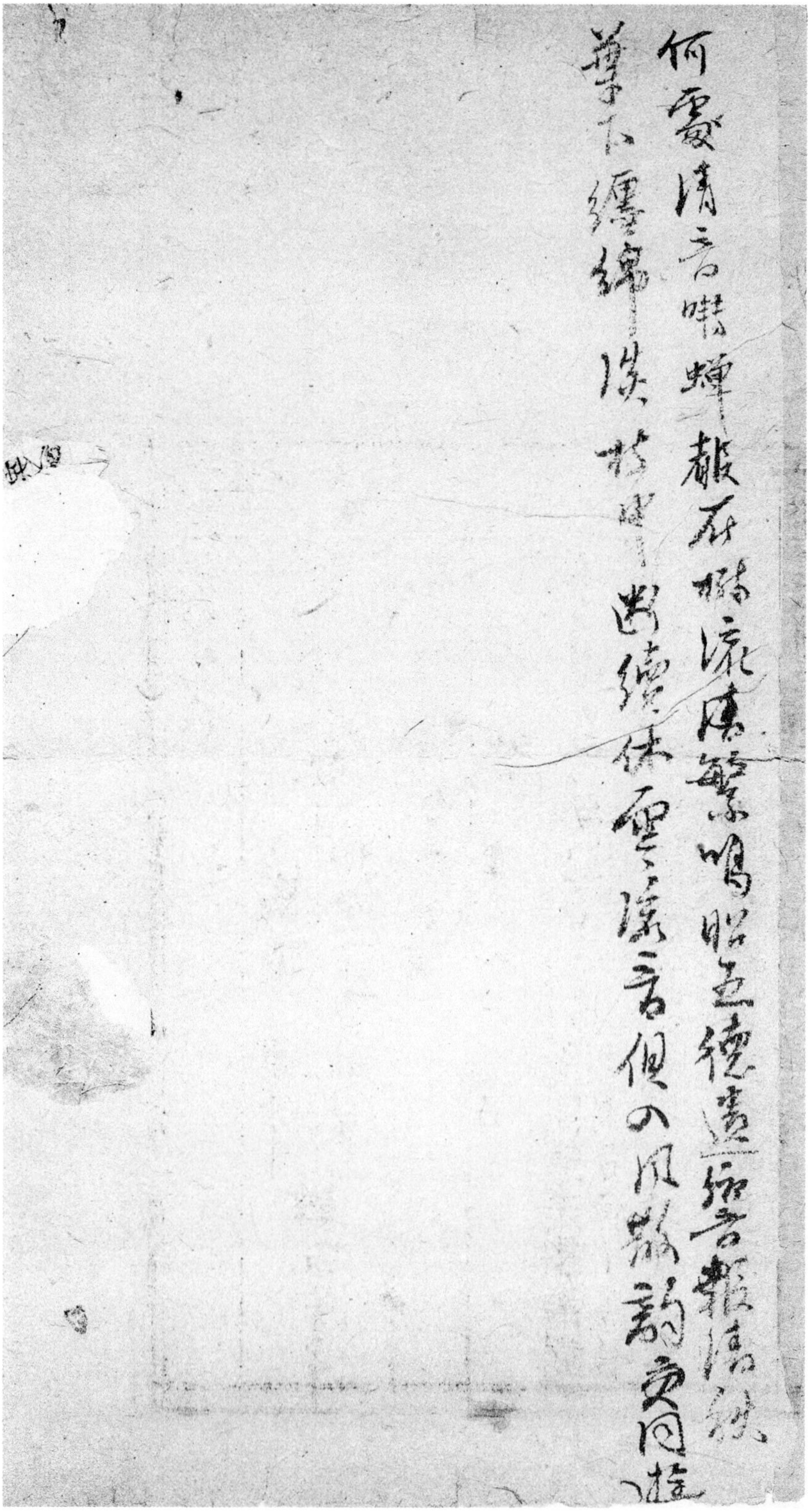
何處清音噪蟬報孤樹流陰繁鳴照孟德遺韻音報清秋
華下纏綿溪村瞬斷續休雲深音但の風致韵更同遊

試帖扶輪集卷八

館閣諸公評定　　全椒吳　烜杉亭
　　　　　　　　合肥程夢元藻江　輯註

賦得鶯聲細雨中　得交字八韻

朱　珪

春色濃纖雨鶯啼帶遠郊簾纖飛處密睍睆聽來猶細縷金衣濕開元遺事明皇于禁苑中見黃鶯呼爲金衣公子輕簧珠點敲攜柑愁滑滑高士傳戴顒字仲若春日攜雙

甘斗酒入問何之荅曰往聽黄鸝聲隔柳但

此俗耳針砭詩腸鼓吹禽言泥滑滑

交交。徐囀昏烟外。還藏嫩葉梢。鳩呼聲似和。

蝶宿翅慵捎。待霽看求友。逆風尚戀巢。

上林新霽渥。刷羽傍

螭坳。

賦得鶯聲細雨中　入韻

蔡以臺

霢霂知時雨。綿蠻出谷鶯。低徊千百囀。斷續行雲薄露見雨之細。

風裏三句專對鶯聲

卷二

兩三聲。喚柳眠頻起。(三輔故事)漢苑中有柳狀如人形號曰人柳一日三眠三起

啼花淚乍濟。李義山詩鶯啼如有淚為濕最高花

遙聞隔葉好。(杜詩)隔葉黃鸝空好音

細捻散絲縈。(張協詩)騰雲似湧烟密雨如散絲

歌駐行雲濕。(列子)薛譚學謳于秦青未窮青之技自謂盡之遂辭歸青弗止餞于郊衢撫節悲歌聲振林木響遏行雲譚乃謝求反終身不敢言歸

梭穿薄露輕。(埤雅)倉庚黃鸝也大于鴝鵒毛黃色羽及尾黑色相間雌雄雙飛鳴音圓滑如織機聲

止隅欣有托來友見深情。風裏

桓伊笛。(世說)王子猷聞桓子野善笛而不識遇桓于岸上過船中客有識之者云

武古夫論集　卷八　二

結處又將兩字
夾寫渦偏老手

此是桓子野王便令人與相聞聞君善吹笛
試爲我一奏桓爾時已貴顯素聞王名卽便
迴下車踞胡牀爲作三調弄 山頭子晉笙。列
畢便去客主竟不交一言 仙
傳王子晉好吹笙作鳳鳴遊伊洛間道
士浮邱公接以上嵩山子晉又名子喬

盛朝無破塊。鹽鐵論周公太平之時 人聽最和平。
風不鳴條雨不破塊

賦得曉樹流鶯滿 十二韻

韋謙恒

古木朝煙出。空山曉氣生。好音何處到。詩睍睆黃
鳥載好其音杜詩幽抱忽然清。調舌臨春暖。
隔葉黃鸝空好音

抽簧弄早晴。〔李白詩〕鶯簧舌漸調暖入衙花偏宛轉。織柳更分明。公子調金縷。〔開元遺事〕唐明皇于禁苑中見黃鶯呼為金衣公子〔柳耆卿詞〕露濕縷金衣葉映如簧語仙家。掇玉笙。〔列仙傳〕王子晉于緱嶺吹笙仙去 疎林都嚦嚦、深谷盡嚶嚶。〔詩〕鳥鳴嚶嚶斷。續原無定。間關最有情。〔白居易琵琶行〕間關鶯語花底滑直將千百囀。〔杜詩〕百囀流鶯繞建章 併作兩三聲。似趁蜂衙鬧。〔玉堂閒話〕唐太宗置蜂於器中令丁文果覆射之曰蘙蘙華華山中采花雖無官職一日兩衙〔埤雅〕蜂有兩衙應潮其主之所在衆蜂旋繞衛之朝衙畢方出采花暮衙

征人二句是曉
樹流鶯曉字神
理

畢方莽同燕語爭。征人。愁易。濕孤。客夢。難成。
入房
〔杜詩〕黃鸝並坐交愁濕〔韋應物聽鶯曲〕鼓吹
誰家嬾婦驚殘夢。何處愁人憶故園
添新何。〔注〕見丁寧責舊盟。〔杜詩〕便覺鶯語太
丁寧〔陸詩〕嬾有
鴝。責幾時
舊盟
溫室樹。〔黃圖〕溫室以椒塗壁被之文繡香桂爲柱
設火齊屏風鴻羽帳規地以罽賓氍毹
也許一鬧鶯。

賦得新鶯隱葉囀八韻

戈濤

應時二句做漸字
點滑隱葉下做轉字

曉樹濛濛合。流鶯睍睆新。〔詩〕〔睍〕說文睍出目也又小視也〔唐書〕韓愈傳低首下心伈伈睍睍〔六書故〕睆目圓轉也〔朱傳〕睍睆其音清和圓轉也此字從目似難爲音且睍睆之句屬音則下句之義似複應時難閣響。出谷尚潛身。風日粧妍地。鶯華澹蕩辰。如簧調漸滑。接葉密相親。好語綿求友。〔詩〕清音若異人。〔晉春秋〕胡質子威守徐州帝曰卿清何如父對曰臣清畏人不知臣父清畏人知頻驚清夢破。〔唐〕無名氏詩打起黃鶯兒莫教枝上啼啼時驚妾夢不得到遼西一望翠烟勻。巢幕羞凡侶。〔左傳〕孫文子曰異哉夫子之在此也

首二句點過題且次二句合說高后句將合處題故佳

猶燕之巢于幕上也儀

廷羨德鄰。書鳳凰來儀願將聲百囀。為報

上林春。

賦得柳陌聽春鶯八韻

彭紹觀

陌上垂新柳。枝頭喚早鶯。翔林齊百囀。貫至詩百囀流鶯。隔葉鬥雙鳴。嬌韻隨風遠。李嶠鶯詩嬌韻落梅繞建章風。纖音逐浪輕。向人如解語。秦不華上林鶯詩明朝空解語人去落人耳午移。情多出旗亭望紛携斗酒花深傾。〔世說〕戴顒春携雙柑斗酒人問何之曰往聽黃鸝聲聽殘飛雪下。啼徹曉煙生。詞院春思發。〔蔦天民詩〕鶯來占柳爲詞院粧樓午夢驚。〔沈佺期詩〕粧樓翠幌教春住舞閣金鋪借日懸宛求鸞鳳友。天半曼雲笙。〔李賀詩〕願人簫部雜鳳笙

賦得上苑鶯聲隨柳囀得隨字八韻

王鳴盛

宮柳千絲細。林鶯百囀隨。〔李義山詩〕流鶯百囀最高枝〔陶翰詩〕

忽來枝上轉還似谷中聲由來多好語。只在最高枝。傍水眠。貪穩。濃陰坐每移。(杜詩)黃鸝並坐交愁濕低昂元不定。婉轉恰相宜。來往穿梭亂。丁寧弄舌遲。(杜詩)

便覺鶯語太丁寧因風疑遠近。(鄭袁詩)遠。近。亂。隨聲流響故參差。(李義山詩)流鶯漂蕩復參差度陌臨流不自持。雨後調簧滑。(白樂天詩)

間關鶯語花底滑(柳屯田詞)華底如簧語煙。中。弱。縷。垂。盡和春殿裏。(南史)齊武帝時益州刺史獻蜀柳數株枝條甚長狀如絲縷帝植于太昌靈和殿前常嘆賞之曰此柳風流可愛似張緒當年靜聽幾多時。

薄霄度陌四句刻畫高字

烟翠二句圈圍做去造句極工

賦得好鳥鳴高枝八韻

曹植句

路談

何處春傳語。枝頭恰恰鳴。〔杜詩〕自在嬌鶯恰恰鳴 薄霄

微見影。〔謝靈運詩〕薄霄愧雲浮棲川怍淵沉 度陌遠聞聲。鳥自

天邊喚。人從花下行。玉樓嬌欲應。金谷艷多

情。〔黍不華上林鶯詩〕春日陽關道鶯聲滿上林來從金谷聽乘度玉樓陰 烟翠

潛身立。閒關落響清。〔詩〕有手攀下聽鶯〔詩〕陰烟翠足潛身其奈嬌

取材四句極力

蝯百轉聲雲流音卷入風散韻交迺以此和神聽

能無感友生隨好依雞樹遷遷向上林榮

賦得頻來語燕定新巢 得巢字八韻

杜句

馮浩

春分歸燕子畫棟構新巢來往攜嘉偶呢喃

擇樂郊原燕言王樹航海抵烏衣國後歸家見梁上雙燕呢喃乃悟燕子國也

取材先定址銜土漸成坳地勝誠堪戀功深

未忍抛。怡情供飲啄。弄響異啾啁（白居易燕詩卻入空巢裏啁啾終夜悲）。竊比居樓上。何煩匝樹梢。安棲依廣廈。舊跡憶銜茅。願學簫韶奏。堂簾頌泰交。

賦得鵲始巢八韻

王又曾

老樹方迎臘。靈禽欲定巢。綢繆將伏鷇。（韻會鷇卵系也一曰鳥卵束晳遊賦貫鷄鷇于歲首韓詩龍鷇擴壞橙又盤看饋食鷇梅堯臣詩樹杪備烏巢斯鷇方飾乳）早暁輒于茅。未雨防誠豫。將風

斂聲吉語句摹
擬鵲爲巢之光
景令人如見

二。智孰教淮南子鵲巢知風之所起太歲所向
建則向而爲戶又鵲知來歲多風則

巢枝城壞危。不墮。莊子鵲上高城危而巢于
下高枝之顛城壞巢折凌風

而桑土寧能包。太歲愁當戶。家人驗比爻。歡
起

聲頻雪霽。吉語作林梢。豈但填河巧。淮南子
烏鵲填

河成橋。真將抵玉嘲。鹽鐵論崑山之旁
渡織女以玉璞抵烏鵲

占

聖化。送喜滿寒郊。

賦得鶴立鷄羣八韻

分破分點

氣自尊見浮鶴自與鶴异下接待玉乘軒一襯意更圓足

晉書嵇紹始入洛或謂王戎曰昨於稠人中始見嵇紹昂昂然若野鶴之在鷄羣

紀昀

邈爾清標遠。翛然雅度存。鶴鳴曾見咏。詩鶴鳴于九臯鷄口詎同論。國策寧爲雞口無爲牛後喌喌聲雖衆。喌喌集韻之六切音祝說文呼鷄重言之昂昂氣自尊。昂昂見退下注潔眞如倚玉。世說魏明帝使后弟毛曾與夏侯元共坐時人謂蒹葭倚玉樹高不待乘軒。左傳狄人伐衛衛懿公好鶴鶴有乘軒者將戰國人受甲者皆曰使鶴野鶩休相擬。晉書庾翼工書少時與右軍齊名右軍後進庾猶不忿在荊州

游仙句寫得鶴之清閒而鷄之不可與言已在言外

與都下人云小兒輩賤家鷄愛野鶩皆學逸少書應脅肯共言〔國宜錄晉〕
兗州刺史宋處宗嘗買一長鳴鷄愛養甚至棲籠置牕間鷄遂作人語與處宗談論元理
游仙方獨夢〔相鶴經〕鶴者仙人之騏驥得食任爭喧〔楚詞〕寧與
鷄鶩爭食乎對影憐頻顧〔李義山詩〕對影聞聲已可憐凌風會
一騫泬寥天萬里珠樹在崑崙〔山海經〕三珠樹生赤水上
其爲樹如柏葉皆爲珠

賦得鴻漸于陸得時字八韻

〔本義〕胡氏程氏皆云陸當作逵謂雲路也今以韻讀之良是今按先儒並讀如字以

句法雋秀
入卷九。

置身二句寫斷
字

陸作遂說本范詩
旨胡安定取之

王　淑　　名試一等一名

素有隨陽願。（禹貢）陽鳥攸居（正義曰）北鳥南北與日進退隨陽之鳥故稱陽
鳥欣逢就日時。（史記）帝堯紀就之如日望之如雲置身親斗
極。（爾雅）北戴斗極爲空桐（疏）斗北斗也極者中宮天極星其一明者泰一之常居也以其居天之中故謂之極極中也北斗拱極故云北極流影照江湄。飲啄
何曾討。（戴叔倫孤鴻篇）江上雙飛鴻飲啄行相隨扶搖有所思。（莊子）摶扶搖羊角而上者九萬里
一行書宛轉。（李羣玉詩）一行斜雁向人來

風山句仍切定
題出處

數。點。陣。參。差。雀。共。鳴。皐。遠。［詩］鶴鳴于九皐。［箋］
云皐澤中水溢出
所爲坎自外數。鶯。遷。出。谷。遲。［梁］昭明三月啓
至尤爲深遠也帝鶯出谷爭傳
求友。［漸卦］艮下巽上
之音風山古卦象。艮爲山巽爲風胥漢仰光
儀。

聖世棲鸞。日［後漢書］仇覽［傳］王渙謂覽曰枳棘
非鸞鳳所棲百里非大賢之路
熙朝紀鳳期。［路史］疏仡紀少昊青陽氏其師仡也
五鳳適至而乙遺書故爲鳥紀爲鳥師
而鳥圖南知可遂。［莊子］鵬翼氣負青天然振
名後圖南且適南冥也
羽上天遠。

首句破鴻字次句破漸字

三霄四海句氣佩淵達調諧入雲

賦得鴻漸于陸　得時字八韻

曹仁虎　名試一等二名

萬里隨陽至。蒼旻奮羽時。淮南子夫鴻鵠羽翮之所成奮翼揮䎃背負青天膺摩赤霄輝合晴日麗。勢起曉風吹。作陣穿雲迴。分行度漢遲。高翥凌縹緲。遠與去參差。自抱三霄志。李商隱詩仙人掌冷三霄露常存四海思。漢高帝鴻鵠詩羽翼已就橫絕四海鵬摶同得路。張子鳳翥共呈儀。采采空中影。霱冥冥物外姿。揚子鴻飛冥冥弋人何篡

首二句破明題
目即將以漸字
遠音二句摹擬
寸點神景借体

焉　來賓逢

盛世。（禮記鴻鴈來賓）浩蕩上天逵。

賦得鴻漸于陸　得時字八韻

韋謙恒　　召試一等三名

振翼天衢上。（孔融薦禰衡表云龍躍天衢振翼雲漢）得來賓正及時。賓賓飛豈倦。矯矯集偏宜。風勁疑鵬徙。（莊子鵬之背不知其幾千里也又海運則將徙于南溟）桐高比鳳儀。（詩書）遠音千里度。（謝靈運登池上樓詩潛虬媚幽姿飛鴻響遠音）徙翮九霄。

移。爪印留磐石。（易）漸六二鴻漸于磐（蘇詩）泥上偶然留指爪鴻飛那復計東西

泥痕謝水涯。（易）漸初六鴻漸于干（朱義）干水涯也

羽毛元可用。（易）漸上九其羽可用為儀

燕雀詎能知。（史記）燕雀安知鴻鵠之志哉

一舉鵷班近（史記）戚夫人歌曰鴻鵠高飛兮一舉千里

三秋鷺序隨。

聖朝雲路廣。翹首向

彤墀。

賦得鴻漸于陸得時字八韻

萬里二句句法老練

吳省欽　名試一等四名

有鳥摶風起。扶搖此及時。彈琴方送目。（嵇康詩）目送歸鴻手揮五弦　振羽即為儀。碧落迢迢淨。青雲歷歷披。飄颻辭故侶。嘹唳出烏枝。萬里程堪計。（成公綏鴻鴈賦）軒翥鼓翼抗志萬里　三春路與期。光華分鳳彩。奮迅徙鯤池。矯首騫軒翥。揚鬐羨陸離。（論語摘衰）聖鳳有六像九苞　隨陽由素秉。黽勉企天逵。

野趣二句寫飄
飄欲仙光景賞
漢稻粱句寫得
有高蹈出塵之
姿

賦得鴻漸于陸　得時字八韻

徐日璉　名試一等七名

物外真冥舉，春鴻振翮時。乍飛遵近渚，漸進
赴旻逵。搖颺雲留卷，迴翔霧合離。孤騫超世
想，高蹈出塵姿。野曠流音遠，風輕度影遲。由
來霄漢志，豈有稻粱思。〔注〕詩：君看隨陽雁，各有稻粱謀。鳳翮
交暉吉，〔詩〕鳳凰于飛，翽翽其羽。易：君子之光，其暉吉也。鴻行共羽儀。
〔箋〕起早朝詩：紫微晴雪帶恩光，繞仗偏隨鵷鷺行。隨陽徵鳳尚奮迹

舊識二句寫星学

應

昌期。

賦得天驥呈材 得驥字八韻

金甡

漢道方亨日。詩謌天馬來。（漢書）天馬謌 天馬來 從西極涉流沙九

夷北風騰遠思。（古詩）胡馬依北風越鳥巢南枝 西極選殊才。

舊識房精降。（自注）馬房星之精 新驅月駟迴。

（春秋說題辭）地精爲馬十二月而生應陰紀

陽而合功故人駕馬任重致遠利天下月度

簡要二句有迴立閃閃生長風氣象

語要頌聖不落套

疾故馬善走籋。雲。光。滅。沒。（漢天馬謌）籋浮雲晻兆上馳字典籋同躡

電。欲。徘。徊。（古今注）秦始皇有七名馬追風白兔躡景追電飛翮銅爵晨鳧（唐書）

貞觀中骨利幹遣使獻良馬十匹其七號騰電赤（庾信謝賚馬啟）流電爭光浮雲連影

虎。脊。誰。爲。友。（李嶠賦）龍顱而鳳膺虎脊而豹章龍。文。自。有。媒。

（漢天馬謌）天馬來龍之媒千群驚電散萬里望塵開首蓿

儲恩久（王維詩）首蓿隨天馬流沙頓轡繞

聖。朝。歸。至。德。應。是。鼓。車。催。（東觀漢記）光武時有獻名馬者帝以駕鼓車

恭和

御製淸漣寺觀魚臺舊作韻。六韻

沈德潛

羣動皆天趣。鄒文原詩白髮詩翁會天趣吳山一笑迓漁舠悠然白社餘。晉董京傳逍遙吟咏白社中庾信啓白社之内排岸看冰一泓澄淺碧。五色雜游魚。古今注兗州人謂赤鯉爲赤驥青鯉爲青馬黑鯉爲元駒白鯉爲白騏黃鯉爲黃騅以其能飛越江湖也按今之池沼所畜者俗名金魚亦有五色蓋指此花落紅飄幔。波搖綠映裾。滌沮多略似。詩滌沮之天子之所從濠濮樂。應如啖餌分齋食。跳

首二句單破龍門次二句方破河鯉

前二句從龍門陵到登字

從勢變化句將登字如脫而出

（平聲）珠濺佛書靜。中觀物化眺覽豈徒娛。

賦得河鯉登龍門 八韻

錢受穀

禹鑿垂雲峽。龍門高不勝。〔書〕禹貢導河積石至於龍門有魚矜赤鯶。〔酉陽雜俎〕鯉號赤鯶公擊水隨飛鵬。〔莊子〕鵬之徙於南冥也水擊三千里摶扶搖而上者九萬里竹箭流方駛。〔慎子〕河下龍門流駛如竹箭駟馬追之不及桃花浪許乘。〔駱賓王詩〕貝闕桃花浪龍門竹箭流去應工奮迅。到豈限升騰。欲。上。低。昂。久。隱。

時變化能揚鬐爭獨振。鼓鬣快先登。〔荀子〕于龍門有一魚奮鱗鼓鬣而登乎龍門而為龍定謝泥塗困。〔劉峻東陽金華山樓志〕魚居淵下窟穴泥沙俄看雲雨興。〔吳志〕恐蛟龍得雲雨終非池中物也銀鱗三十六。〔爾雅〕鯉三十六鱗合六六之數聲價一時增。

賦得纖鱗如不隔 八韻

諸重光

游魚潑潑處。〔司馬相如上林賦〕潑潑潏賣墜浮絶點塵沾。倚

映潭千尺。如窺鏡一奩。唼花吹泠泠。鼓鬣譆

纖纖形影時相照。浮沉盡可覘。只言空際好。不道水中潛。靈沼游偏適（詩）王在靈沼於牣魚躍濠梁興屢淹。（莊子）莊子與惠子游於濠梁之上莊子曰儵魚出游從容是魚樂也惠子曰子非魚安知魚之樂莊子曰子非我安知我之不知魚之樂喜無徵闕隔。寧以至清嫌（荀子）水至清則無魚太液冰開日。恩波暖正添。

賦得春蠶作繭八韻

錢陳羣

出浴切眠是題前一層
吐絲以下四句描寫作字
獻將繅處是題後一層

慘澹春蠶力。惟將萬縷纖。女紅欣有托。衣被早能諴。出浴偏翻水。(禮記)奉種浴於川。初眠馬上銜。(夏小正)妾子三月始蠶。蠶喙明呷似馬。色斑斑似虎。初拂謂之蚝。以毛拂而名。吐絲成築室。蠶箔便攀巖。(原注)吳人養蠶將作繭為上山。引緒心先盡。同功種不凡。(漢書)二蠶同作一繭謂之同功繭。獻時光繁繁。(禮記)世婦蠶於公桑蠶室奉繭以示於君遂獻繭於夫人。繅處手摻摻。(詩)非紙猶千疊。(唐書)日本國傳建中元年使者眞人興能獻方物興能善書其紙似繭而澤。如綸在一纖。清和齊採摘。燕語

首二句破春蠶
次二句破作繭
題有安心是借
景生情法

正呪喃。

賦得春蠶作繭八韻

沈德潛己未散館一等四名

蠶月條桑後。（詩）蠶家閉戶嚴。纏綿絲漸吐。（晉）作蠶絲曲春蠶不應老晝夜常懷絲何惜微軀盡纏綿自有時宛轉縷俱銜。巧性形能肖。（說林）蠶最巧作繭時遇物成形藏身裹似緘。圓時疑比甕（述異記）園客種五色香草蛾華蠶得繭一百二十八枚大如甕繅之經月不盡掛處想棲巖。（後漢書光武紀）野蠶成繭被於山阜理緒覘多。

全用經語切貼題面老手不凡

藴文心悟不凡已看筐滿滿旋摘手摻摻（詩）

黼黻凭纖精禮記更纏以爲黼黻文章纖精字見周禮荆揚足貢

匭書荆州厥篚元纁璣組揚州厥篚織貝冰弦成五色

清廟奏韶咸書厥篚檿絲注檿桑之絲可以中琴瑟弦莊子咸池九部之樂張之洞庭之野

賦得莊周夢蝴蝶 八韻

莊子昔周夢爲蝴蝶栩栩然蝶也俄而覺則蘧蘧然周也不知周之夢爲蝴蝶歟蝴蝶之夢爲周歟

三快便見警策題中全神俱到真我句最字宜圈紙背

蔣宗海

物化元無着何分蝶與周忽然隨夢覺聊復得歸休栩栩三春暮蘧蘧一枕幽適來寧異體真我信難求宜以情相擾應身境不留隍中藏鹿在列子鄭人薪于野遇駭鹿斃之恐人見也藏之隍中覆之以蕉俄而遺失遂以爲夢槃上葉魚游道本超名象言非逆謬悠尻輪神作馬莊子子輿有病化子之尻以爲輪以神爲馬余因而乘之豈更駕哉寂寞任天遊

點過誤字

廚煤二句蠅義欠寫

賦得誤筆成蠅 八韻

冥錄曹不興畫屏誤筆點汚因就改爲蠅孫權謂是眞以手彈之

邊繼祖

因誤翻成巧。良工繪特能。毫端如孕物。屏上遽來蠅。唐書元稹倚內官得知制誥武儒衡厭鄙之會食瓜蠅集其上儒衡揮以扇曰適從何來遽集于此一座皆失色鑽帋何由出。釋古靈蠅詩百年鑽故帋未見出頭時汚纖信可憎。歐陽文忠公有憎蠅賦廚煤分。扇翅。爾雅蠅醜扇注好搖翅故此詩分借蠅以寫條筆細迴韡鷄。距。作。交。

拔劍以下四句專倣許渾

襯筆圓活對極工

詩家師用不與故意就有餘韻

繩。白香山有雞距筆賦拔劍空驅逐。魏略王思性急執筆作書蠅集筆端
驅去復來思恚怒起逐蠅不得還取筆擲地踐劍逐之生灰等瀛蓁淮南
子斕灰生蠅吳官看轉藏齊國聽難戀詩非雞則鳴蒼蠅之
聲不讓魚懸板梁吳均齊諧記魏明帝游洛水水中有白獺數頭美淨可
憐見人輒去帝常欲見之終莫能遂侍中徐景山曰獺嗜鯔魚乃不避死畫板作兩生鯔魚
置於岸上於是羣獺競逐一時執得帝甚嘉之那殊壁寫鷹。朝野僉載潤州
興國寺苦鳩鴿棲梁上穢汙一尊容張僧繇乃就東壁上畫一鷹西壁上畫一鷂皆側首向
檐外自是鳩鴿不敢復來還聞龍夭矯雲氣畫升騰尚書故實

首二句破明題面不可二字已包括在內

曹不興嘗于溪中見赤龍夭矯波間因寫以獻孫皓皓歎賞珍藏之至宋文帝時累月旱暵祈禱無應于是取不興龍置之水旁應時雨足

賦得夏蟲不可語冰八韻

莊子夏虫不可語冰者篤于時也

謝墉

莫以固陰物。左傳其藏冰也深山窮谷固陰沍寒于是乎取之而談吟夏時。梁帝筆記倉鶊吟春蟋蟀吟夏生來乘火令漢書夏則火王出昧履霜期。易履霜堅冰至蟲思難遷候。梁簡文帝詩蟲思夕

嚶嚶冰容漫鏤詞。李應詩冰容朝上界玉輦擁春雲言徒憎炭
熱。淮南子天下莫相憎於膠漆而莫相愛於冰炭膠漆相賊冰炭相息也聽亦
起狐疑。爾雅狐性善疑又郭緣生述征記北風勁河冰始合要須狐行此物善聽
聽水下無聲涼。懊。情。殊。觀。寒。暄。語。異、宜。小。知然。後。過。河
皆若此。莊子小知不及大知。冷。語。亦。何。為。陳樵詩吟成思人月中去
語冷心從雨外歸倘許聰明淨。杜甫詩冰雪淨聰明還教氣質
移。定隨鱗羽長。說文龍鱗蟲之長鳳凰羽蟲之長履潔到天
池。莊子南冥者天池也

賦得五月鳴蜩　限十四寒八韻

〔詩毛傳〕蜩螗也〔正義曰〕釋蟲云蜩蜋蜩螗蜩〔舍人云〕皆蟬〔方言曰〕楚謂蟬爲蜩宋衛謂之螗蜩陳鄭謂之蜋蜩秦晉謂之蟬是蜩蟬一物方俗異名耳

錢維城

五月薰風滿。〔帝王世紀曰〕舜彈五弦琴歌南風詩曰南風之薰兮可以解吾民之慍兮蜩鳴覺暑闌。榴邊霞欲暮。蒲外雨方殘。葉密棲宜穩。枝卑抱豈安。〔李商隱詩〕吸風蟬抱枝質從初夏化。〔禮記曰〕仲夏之月蟬始鳴聲在未秋寒。斷續知身

翁老成是唐人
試帖佳品

弱依微想翼單院深傳處迴林遠聽來難空

意號煙景何由乞羽翰上林欣借得衛宏漢書儀云上林苑中廣長三百里離宮七十所沆瀣擬仍餐楚辭遠遊飡六氣而飲沆瀣兮注沆瀣北方夜氣也

賦得痀瘻丈人承蜩　八韻

莊子仲尼適楚見痀瘻者承蜩猶掇之也仲尼曰子巧乎有道也曰我有道也五六月累丸二而不墜則失者錙銖累三而不墜則失者十一累五而不墜猶掇之也吾處身若橛株拘吾執臂若槁木之枝吾不反不側不以萬物易蜩之翼仲尼曰用志

不分乃凝於神其痀僂丈人之
謂乎〔注〕承蜩佝竿而拮蟬者也

陳鴻寶

智巧誰能擅。鳴蜩意可承。〔詩〕五月鳴蜩 不嫌秋翼
薄。〔煙花記〕魏宮人莫瓊樹製蟬鬢縹緲如蟬
翼〔駱賓王九秋蟬詩〕分明裝薄鬢鏤影餘
危冠。何處曼聲騰。嘒嘒方盈耳。〔詩〕鳴蜩嘒嘒〔注〕
維詩慧慧嘒中
萬樹蟬〔馬吉甫詩〕其
聲嘒嘒其翼翽翽 拳拳若服膺。支離身已
詘。〔莊子〕支離疏者頤隱於臍肩高于頂會撮
指天五管在上兩髀為脅〔朱注〕支離者傴
僂也肢體不收拾 掇。拾。技。偏。能。翳。葉。無。難。見
之貌疏其名也

觀物証道題中

釋詁

〔晉書〕顧長康好諧謔猶信小術桓玄嘗以一柳葉紿之曰此蟬所翳葉也取以自蔽人不見已〔顏之推鳴蟬篇〕蜩螗翳下偏難見翡翠莘頭絕易驚搶榆未許升〔莊子〕鵬之飛搏扶搖而上者九萬里蜩與鷽鳩笑之曰我決而飛搶榆枋時則不至而控于地奚以九萬里而南爲累丸矜手敏槁木羨神凝獨以一心運寧爲萬物乘危言攝証道用志貴乎恒

賦得蟬始鳴　八韻

〔禮記〕仲夏之月蟬始鳴

謝墉

首句點景次句點題

初聞得始字神理

寫景處韻調最佳

薰風來碧樹。（李商隱蟬詩）五更疎欲斷。一樹碧無情。鼓翼有新蟬。（呂氏春秋注）蟬鼓翼始鳴。柳外一聲起。桐陰頻日傳。初聞喧午簟。（劉詵詞）槐影橫皆午簟凉榴花滿地風簾靜。未暇辨朱絃。（漢書蔡邕傳）鄰人有以酒召邕者比往而酒以酣焉客有彈琴於屏邕至門潛聽之曰嘻以樂召我而有殺心何也遂反主人追問其故邕具以告彈琴者曰我向鼓絃見螳螂方向鳴蟬蟬將去而未飛螳螂為之一前一郤吾心聳然惟恐螳螂之失之也此豈為殺心而形于聲者乎邕曰此足以當之矣密葉吟還咽。（傅休奕賦）長條四布密葉重陰遂林韻漸聯。午含清露曉。纔到夕陽天。

首二句渾破次聯即承明爲學

曉霽池塘上。微涼几席前。清音方斷續。遥響正纏綿。高潔誰相賞。〔駱賓王詩〕無人信高潔誰爲表予心飛鳴此最先。

賦得腐草爲螢八韻

朱若東

寸草無知物。生機不暫停。芳時常起蝶。〔李賀詩〕南園綠草飛蝴蝶腐後却爲螢。猶記菁葱日。旋看熠燿形。〔詩〕池塘春思寂。庭院夜光熒。〔鬼谷子〕螢名照夜青繞

空尋綠尚帶
拍合螢字

首二句是指景
點題法

砌。空。尋。綠。流。輝。尚。帶。青。幾。番。承。瑞。露。數。點。映疎星。〔張芸叟螢火詩〕月明敢向星中亂雲黑偏能雨裏飛莫訝推遷幻。應歸造化靈。縹囊資夙照。縹音票〔釋名〕縹頗發青色也在窗櫺。

賦得腐草爲螢　八韻

王鳴盛

林鐘初應律。〔禮〕律中林鐘腐草盡成形。翼薄猶羞鳥。〔大戴禮〕夏小正八月丹鳥羞白鳥〔注〕丹鳥者謂丹良卽螢也白鳥者謂蚊蚋也其謂

洞冥二句是總寫螢景
飄去四句清麗過出尋常

之鳥者重其養者也凡有翼者輝生已化螢
爲鳥羞也者進也不盡食也
〔格物論〕螢忽看宵燭起。〔格物論〕螢如將夜光
一名輝夜　一名宵燭
熒。〔魏志曰〕大秦國出夜光珠　洞冥疑分耀金
〔呂氏本草〕螢一名夜照
光已謝青。迎風如葉舞墜雨憶花零。〔梁元帝
螢詩〕翻
在雨中然〔梁簡文帝　飄去縈虛隔飛來映晚
螢詩〕拂樹若花生
亭微微昰爝火熙熙逗階蓂
睿日方懸照。林荄亦效靈。

全椒古籍叢書

吴烺集 3

（清）吴烺 撰

政協全椒縣委員會 編

國家圖書館出版社

第三册目録

（清）吴烺　撰

杉亭詞一卷

清乾隆四十三年（1778）刻琴畫樓詞鈔本

琴畫樓詞鈔卷八

全椒吳　烺荀叔撰　青浦王　昶述庵纂

杉亭詞

巫山一段雲　秦淮

新月金波淡，餘香寶篆銷。晚烟開處柳千條，笛聲橋外橋。　兩岸明燈照水，紅袖玉人同倚。花天酒地可憐宵，風光想六朝。

憶江南

江南好，春水映春烟。楊柳散風修禊日，杏花疎雨賣餳天，茶竈響山泉。

又

江南憶最憶是凉秋新換生衣如滑笏錡籠買得木樨毬開上酒家樓

又

江南憶其次憶河亭樓上紅欄船上影水光交映兩層燈歌酒到天明

釣船笛　漁父

霜月落孤篷人在蘆花深處風細水紋吹皺飛半江殘絮　晚潮初上響船頭蕩入蓼汀去菰飯夜來炊罷伴一灘鷗鷺

齊天樂 能仁寺看梅

五年重入孤山夢，梅花不堪零亂。十里蒼烟，一庭翠雪，香界空濛吹徧。疎跗細幹，似歷盡荒寒，漸成悽怨。露冷嫣紅，破寒憔悴淚痕泫。 孃姿花下小立，悵年時蹤跡，心病形懶。廢館苔青，荒池水碧，都付夕陽春晚。閒愁自遣。待相對安禪，藥爐經卷。明月松門，晚風飄碎點。

暗香 寄江賓谷

斷崖暑彴，憶小舟晚繫，雲深林薄。可惜片時，負了迢迢數年約。猶記秋花幾點，微雨濕、嫩黃籬落。但只有、夢裏曾來，門巷最遼邈。 簾箔掩寂莫，見客館綠梅，漸發疎

萼冷香漠漠不管東風正蕭索何日重尋伴侶招小艇紅橋同泊看次第生徧也遠洲杜若

水龍吟 賦自然鐺

蟯螂爐畔丹成仙人鐺裏瓊漿貯凉颸吹動輕紋微皺一痕籠霧別館迎秋閒庭消夏翠陰亭午愛芙蓉巾上溫泉沁骨都洗盡人間暑 活火暗生紅暈夜厭厭銀盤泣露花前載酒竹邊試茗清泉頻注蟹眼浮時行沙聲在落潮低處對半林黃葉重簾不卷聽西窗雨

極相思 河亭秋夜

夜深缺月初明壞壁響蟲聲小窗人靜湘簾不卷挑盡

殘燈 漁火昏昏三四點聽哀鴻雲際斜鳴闌干倚徧
柳陰風起吹散流螢

荷葉杯

一點湖南明月清絕露初寒粉郎今夜宿何處凝竚淚
闌干

清平樂

閒中風景合與閒人領花氣半闌吹鬢影漠漠淡烟初
暝 隔籬蝴蝶飛飛東皇分付春歸小立綠梅香裏餘
寒猶襲輕衣

又

小樓微雨夜久檐聲苦正是客心悽絕處燈穗背人私
語流年似水滔滔而今魂夢都勞怕見侵階細草明
朝綠徧裙腰

又　題友人小照

過江洗馬小憩桐陰下畫正似人人似畫扇手都如玉
也最憐錦片年光輕風吹入微凉可是雲芝仙容蔚
藍痕染衣裳

探春

度曲人歸賣花聲散嫩凉天氣初霽窄袖拖藍輕衫束
素弱骨不堪羅綺小立赤闌橋還只怕晚風吹起無端

擲與相思雙瞳斜剪秋水　舊事思量如醉便銷盡吟魂知他知未病草侵階蠻花糝徑小雨黃昏門閉獨自守空庭爭禁得許多憔悴一幅鮫綃爲伊都染紅淚

臨江仙 孤燈

一點寒釭紅暈淺玉蟲輕綴蚖脂小樓風雨夜淒淒酒醒人別後漏斷夢來時　記得畫簾開不卷篆烟裊盡殘絲剪刀對影理寒衣陰晴占兆晝消息問歸期

秋波媚 雁

秋老西風鴈南翔重到水雲鄉寒沙斷岸落潮空港無限淒涼　紅樓翠箔挑燈夜嘹唳度橫塘玉關人遠錦

書音絕休向衡陽

浣溪沙 新晴

獨倚危樓望曉天雨餘風景劇堪憐馬嘶深巷草芊芊幾點濃愁山染黛一行香夢柳梳烟斷腸春色又今年

如夢令

不放小簾垂下殘燭被風吹炧兩日未凭闌又見月鉤斜挂春夜春夜牆外綠梅開謝

摸魚子 題楊敷五中湖畫卷

傍湖千幾行垂柳踈踈綠徧門巷采蓮艇子歸來晚過

盡藕溪菱港雙畫槳閒倚取春葱扶住隨風颭精神玉樣愛醮碧羅衫勻朱玉頰花在鳳釵上　相逢處小立幾番怊悵眼波一點偷漾洗郎從此腰圍減病過花明月朗心怛怏便鎮日淥波南浦凝眸望春光駘蕩只往事重尋舊遊如夢石畔繫橫網

天香　龍涎香

絕嶠寒烟荒洲苦霧濛濛吹作雲氣激石濤腥揚波沫厚趁取乖龍猶睡番舩夜采漾點點珠胎清膩玉杵洗檀百和饋醖合成佳製　西窗聽涼無寐掩流蘇一痕纖細篆局餘馨未減犀簾垂地正好玉人微醉又暗觸

屛山裊心字夢濕紅甤輕翻翠被

摸魚兒　蓴

望湘湖一痕縹碧絲絲點綴明鏡苔衣荇帶交加處歷落菜條清瑩天未暝蕩小艇歸來穿向蘼蕪徑廚娘細整伴蜀國薑辛晉池鹽俊風味與誰領　鱸魚膾準擬江鄉秋興歸心應逐鴻影舊游回首滄波濶空憶年時風景晃葉並似八尺龍須織就冰簾冷烟寒水浄有亂葦荒汀蒼葭淺渚消受夜凉境

水龍吟　白蓮

風潭百頃漣漪楚天寫出秋容淡亭亭素質盈盈粉黛

爲誰悽怨奔月魂遥朝天人去恨凝妝淺似凌波仙子佩環初落渾不是瑶臺見　惆悵雨愁烟懶舊盟空梨雲夢遠相思付與采菱歌裏幾番腸斷露冷霜嚴鷗翅鷺宿舞衣零亂伴凄清只有一聲玉笛到涼宵與

齊天樂 蟬

井梧秋冷飄黃葉聲聲晚來悽楚乍整冠緌輕翻鬢影響咽槐陰庭宇荒園小佇有籬落蒼涼垂楊幾樹攀折柔條素弦驚斷又飛去　翛翛清韻未歇聽西風過也遥亂霜杵微雨亭臺夕陽門巷都是斷魂深處哀吟謾訴便說盡齊宮舊時愁緒剩有寒蛩夜闌相繼語

桂枝香 蟹

江空霽白正落盡暮潮頹岸千尺隱約蓼花深處一星簾隙疎燈獨照蘆簾底漸透出半痕微碧蕭蕭聲響寒蒲縛到紺螯凝液 對滿目黃花岑寂問漉酒東籬忍負秋色細擘青筐膏凝蜀薑芳瀝曉霜紅樹村邊路尚依稀沙際行迹年年歲晚橙香時候有人相憶

齊天樂 絡緯

豆花雨過疎棚下蕭蕭作鳴機杼輕轉繅車細縈絲繭織就人間愁緒秋陰散暑倚闌檻重聽恨凝眉嫵暗憶金徽寒衣猶自未裝絮 庭柯漸沾涼露玉笙新夢覺

聲續如縷薜荔空墻靡蕪舊徑吟到紫苔庭戶長門伴侶怕團扇恩情又成遲暮嘶斷殘聲砌蛩深夜雨

減字木蘭花 留別俞墨岑

飄蓬偶聚草草便從江上去回首魚天暮靄朝嵐送客舩　江郎賦別雙鬢青絲愁欲絕人是楊花不在天涯在水涯

綺羅香 贈嚴東有

花下塡詞酒邊寄恨半生聊寫情緒塵冷江毫惆悵好春遲暮倚虛廊滿徑新苔掩重關一簾微雨又誰知顧曲人來拂箋吟我斷腸句　少年懷抱漫與曾記寒燈

一點細翻箏譜心是秋蓮拙盡愁思千縷撫焦桐絕調誰彈碎胡琴賞音難遇擬何時剪燭焚香西窗深夜話

大江東去 同周幔亭葛宸㢠小飲姚氏園亭

芙蓉照水問何人染就嫣紅顏色小圃亭臺高下望尚有舊宮殘堞竹籟吹涼松濤作去　暝輕靄生迴陌斜陽弄巧一縷穿到黃葉　偶爾小醉花間天涯知己迴與塵凡隔颿馬檣烏遊倦矣生怕明朝經別幔亭將有淮陰之行星映飛觴豈妨側帽只少嫦娥月酒闌起舞秋光如此清絕

高陽臺 上巳後五日招同陳寶所小飲寓齋

陷火煎香鈎簾約燕小齋漸覺春深倦眼開時奈無佳

處登臨相期倘有南鄰伴且銜杯三兩同心酒類斟水豢山膚風味堪等　雞釭百罰休辭醉問風塵燕市幾許知音一笑尊前依然脫帽披襟家山烟水漁樵路想桃花紅遍疎林晴沈吟小艇春潮孤負江滸

疎影　春暮同王穀原重步昆明湖隄上作

虹梁雨霽正綠波渺渺霞斷魚尾望裏樓臺丹碧瓏玲空濛一片雲氣歛斜禁柳三眠後漸落盡香綿初起染翠嵐萬壽山明秀鬟莫聳幽致　一帶新隄宛轉水田更放溜泉注湖背畫舸中流錦纜牙檣點綴十分佳麗蓬瀛未怕天風遠便說與人間知未似夢魂重到仙都

歷歷舊遊堪記

綺羅香 西苑直廬春雨同穀原作

溪染新藍山添遠翠天氣濛濛催暮雲軟風驕不辨簾前烟樹聽穿花禁漏聲遲看隔葉宮鸎飛去想昆明湖水遠漪綠蕪生遍舊時路　蕭疎此際風景只合尊前對酒閒評詩句衣潤襟涼觸得無聊情緒最憐他滿地榆錢渾不見一天風絮問幾時好趁春潮桃源同喚渡

臺城路 題王述菴三泖漁莊圖

橫雲山下延緣路微波漸過三泖夜火蝦簾晚潮魚步中有詩人吟眺沙棠短棹看掠過蘆汀拂衣寒階戰艦

消沉莫將往事寄憑彤　披圖先動秋思問鱸魚蓴菜歸興多少水國斜陽烟村細雨孤負年時襟抱鄉園夢杳怕誤卻沙頭舊盟鷗鳥天影微茫涼蟾生樹杪

高陽臺　題寒家謝堂秋館讀書圖和朱紫岑韻

石徑深苔霜林墜葉平橋暗瀉流泉暮色蒼崖一輪秋影嬋娟輕煙不向山腰斷作空濛幾縷飛烟太蕭然人在疎窗自理芸編　幽增絡緯宵吟急想漸聞征雁已少寮嚶哦罷凭闌玉繩低轉寥天寒香若茗聞風味有新詩定寫鸞牋待他年問字元亭來款墻邊

摸魚子　題芗人蠶園圖

展朔簾風潭內以秋窗拓向明鏡水亭四面涼颸入坐對遙山初暝堪把與渾不似兒寬只帶殘書本兩卷燃冷想早非微黃晚菸淡對此味共誰領　江鄉好回首舊蹤無定應憐歸夢難準灌園輪與煙霞侶消受冊中風景枝綠淨待下了魚筒少箇沙棠艇一天霜信看幾樹衰陽數竿修竹綠補石苔徑

沁園春　僦廬距愍忠寺數武有老槐六株顏曰老樹軒將余將遷居繫倚樹下依依有故人之感作此別之

老樹婆娑與汝因依匆匆一年記橫斜疏影偏宜月夜開森細響最愛秋天蟻夢回時雅聲散後吟向黃昏夕照邊高柯靜聽西風斷續多少涼蟬　黃花門徑悠然

嘆羅雀空庭只暮烟𠻳清陰可借紅塵不到長生怕學丹竈堪眠半畝幽栖三間老屋落葉枯枝也宿緣難忘處是酒人相對濃綠當筵

凄涼犯 秋柳同穀原作用白石韻

夕陽簾幕波紋細西風向晚蕭索瑣窗未啓凝妝欲卸怕凭欄角秋心漸惡想昔日柔情未薄記春初麴塵瘦影幾縷正寥漠 誰在雕闌畔唱徹陽關漫傷哀樂故人執手數寒雅一行零落莫折殘枝更分付吟鞭慢著尚依依小立岸背待後約

琵琶仙 秋陰

樓倚蒼烟綠楊樹換盡春深顏色橋外波影搖空歸雅點虛白風乍緊涼生翠袂漸穿入一痕簾隙葉上秋聲欄邊暮景愁老羈客　偶然見漁艇隨潮打雙槳悠悠破寒碧歌徹渭城殘句有何人橫笛三兩盞殫雲皺蕊洗宿酲更就瑤席莫管滴碎空堦小窗今夕

天香 烟草

梅雨添肥梨雲送暖疎疎綠徧南圃滇嶠移根仙槎載種不入人間花譜銀刀淬雪細琢就金絲千縷恰配沈檀一點餘香暗縈窗戶　廻廊夜涼小步瀉甘潮玉甌頻注輕擘蠻牋相伴閒吟情緒最是倚樓人去正獨掩

屏山共誰語雞舌微馨憑伊驗取

霜花腴 同橙里賦菊影

素屏六幅襯粉箋青瓷相間銅鉼蠟淚秋心蟾痕夜色飄摇幾縷香情曲闌未凭有玉人新病忪惺對秋光一種苗條涼宵裏移過疎櫺　記得那回夢見隔紫扉紙帳未覺分明瘦不禁寒淡偏無語天教付與淒清倦懷酒醒認非烟歸去滄溟怪奚童移近池邊一潭風露零

清波引 憶釆菱同䙌豫堂作

冷烟斜港記橋外晚潮綠漲蓼花低漾玉人盪雙槳淺渚掠波去不礙沙鷗來往剪將烏角堆盤似弓玉那時

樣　江鄉入望問秋水誰掉小舫舊游無恙料應也惆悵湖壖白茆屋多少賣洲漁唱一任蓮葉東西醉欵烏榜

水龍吟　題汪存南翠篠山莊填詞圖

軟紅未拂征衫奚囊先檢銷魂句櫻亭攜存南集見示燈前細讀依稀如見水雲新譜大好時光無端悲恨少年情緒想冷吟閒醉草堂蕭寂心比似秋蟲苦　畫出娟娟翠篠伴佳人天寒日暮憑君問訊丹青曹霸此情同否笑我年來家山夢遠鷗盟空負擬何時却向圖中小憩聽瀟瀟雨

雨中花 豆花

一架西風嫩涼先到小園殘暑難存是誰將弱蔓扶上籬根消受幾番清露新英淺綴霜痕訝連宵未摘離披短莢青挂朝暾　野人風味却憶疎棚水天閒話山村任屋角莎雞促織吟徧朝昏試問幾多黃葉秋聲偏在柴門思歸張翰也應爲爾一賦銷魂 張翰有豆羹賦

滿路花 牽牛花

銀河深夜靜玉圃曉風殘却將天水色染花看一枝柔蔓清帶露華妍醮碧衫兒淡拜罷雙仙小庭乞巧人間菜畦半畝籬落不曾關恨他初日麗奈朝寒烟蘿零

亂猶恐覓時難揷向花瓷內映取屏山雲容破處遙天

醉蓬萊 葫蘆

看墻陰葉老籬落花殘玉壺縹碧長柄低垂似瓊漿輕
浥丹竈難成方舟獨泳閱幾番陳迹料得黃姑秋心應
歎匏瓜無匹　莫是幽人此中高隱別有風光儘堪棲
息且倒淸樽泛玉舩明瑟夜雨分畦曉霜壓架弄一天
寒色依樣描來年年空繫晚風檐隙

霜菜飛 薑

曉寒偶到畦邊過靑分高下千稜區田一帶近山腰瓜
架東林斜引看歷歷爪痕新印輸他紫蕨如拳嫩和小

七香餳又配入青梅數粒風味清韻　解道飲手官奴
壘花輕寫不數薤葉端正禦寒獨喜老尤辛只秦椒堪
並有幾葷霜螯縛穩黃花為我添秋興縷銀刀傾玉盞
一點微馨宿醒應醒

蝶戀花 蜨

籬豆花間黃葉碎槅蠶巢空鳳子飛來矣綠草南園風
景異嫩涼夢破秋如水　欲倩徐熙烘素紙練雀寒蟬
點染秋容麗貯向粉奩添百媚有人茉莉釵頭綴

穆護砂 蟲聲

說盡秋心苦冷蕭蕭墻脚清露與羅衾遠夢未迷歸路

獨對一燈無語又隔巷誰家鳴夜杵恰相和紫苔庭戶便不管愁人此際有多少離懷別緒桐井陰稀莎階影轉窗明斜見玉蟾孤想瑶琴懶拂錦機罷織唧唧意何許　莫問世間兒女最難禁此情凄楚怕游梁倦客蕭然四壁未免暗傷幽素況落日荒涼爭老圃猶喜得豆棚如故籐蔓引一天寒陏楓林染三徑霜腴却憶江南華林廢苑萋萋秋草弔啼蛄更那堪落葉空庭殘更聽細雨

瑣窗寒　璮車帷

斗帳招涼羅幬貯月讓伊輕煖香車油壁絡索流蘇都

滿任風飄天街暗塵晶簾自在垂銀蒜想靈芸初嫁匣壺凝碧幾番腸斷　春半芳隄畔有寶馬相逢柳陰低喚心期欲訴較隔重城天遠似依稀雲母小窗畫舫搖漾溪水淺望桃花門巷沈沈難見東風面

摸魚子 送胡壽泉遊漢上

最難忘街南巷北相逢愛酌杯酒無端又說驅車去楓落江潭時候君住否且過了地爐煨火銷寒九宮橋攬袖望幾點歸鴉一繩征鴈別意重回首　披圖看寫出湘嵐楚岫烟波儘足消受君家況在桃源住問訊漁郎依舊憑畫手只點綴秋容老樹霜華瘦風光莫負要書

尺頗來詩篇漫與目斷漢陰柳

又　送樓亭南還次韻

又匆匆殿春開盡流光容易如許玉河楊柳東風岸一棹鷗鴉歸去君且住君不見篋中留得凌雲賦閒愁浸訴到烟月揚州征衫浣罷再寫斷腸句　人問事得失塞翁都誤萍蹤偶爾相聚玉顏可惜紅塵老閱徧麥風梅雨渾莫據問上箔春蠶何苦縈離緒酒醒甚處向通潞亭邊幾囘西笑不記別時語

又　題玩花圖

貯筠籃一堆剪綵娟娟猶帶新露芒鞵不管蒼苔滑摘

向衆香幽處塵外趣只少箇嫣然一笑華鬘女消魂幾許倘鳳子來時依稀認得深巷早春雨 閒心事合伴羣英爲侶湘蘭沅芷休妬蘗藩藥援荒圃景不入高人圖譜愁日暮怕容易樵風吹到空山去長歌漫賦顧相對名花分身千百細讀放翁句

玉漏遲 立秋日同韋約軒張少華傳 雨田小集寓齋和少華韻

晚花秋徑裏故人執手幾多離思兩月陰雲恰趣此宵新霽怪殺門庭閴寂却偏有狂朋相詣貂續尾吟成應媿玉田詞美 偶爾脫帽高歌問疎狂落拓人間誰似笑倒樽前那管寸頭淅米同學而今不賤也未必惟君

憔悴揎袖起酒徒又添燕市

河瀆神　為沈沃田題閨秀徐若冰小傳

弓月挂南樓樓前烟水空流吟詩人去不勝秋落葉殘燈對愁　記得小梅花放夜折取一枝低亞不見愛花人也香魂與花俱謝

風入松　同蔣春農江碧溪泛舟紅橋薄暮抵寓適沈沃田鮑海門江橙里江雲谿集程筠榭齋中邀余不至各賦此闋倚聲奉荅

魚天一夜絳雲收桐葉驚秋湖山小别如良友得相逢且與夷猶清梵西風送晚微波北渚含愁　詩人雅集小齋幽劇韵親酬空將折柬頻招我叩柴荆不見羊求贏取香詞成帙吟餘新月當樓

買陂塘 蘋花和鈞樹

水雲凉沙棠小艇一篙撑到南澗田田絕似新荷葉葉與花浮水面離恨遠望過盡千帆脈脈廻腸斷樓東窩怨想提起芳名也應值得一斛夜珠換 波紋細荇帶蓴絲相胥舊盟鷗鷺難淺越王宮殿濛濛雨尚憶江樓簾卷春又晚怕芳草汀洲空把歸人盼韶光一箭又杜若香中水蘋花外秋意渺何限温飛卿詞過盡千帆皆不是斜暉脈脈水悠悠腸斷白蘋洲朱松卿詞越王宮殿蘋葉藕花中簾卷水樓魚浪起千片雪雨濛濛寇平仲詞江南春盡離腸斷蘋滿汀洲人未歸

水龍吟 雨中集鈞樹齋中送海門還京口

新凉才換羅衫如何竟放扁舟去一叢黃葉數枝紅蓼

落潮魚步北固山高西津人遠濛濛烟樹徑深杯未勸此情先醉添惆悵都無語　後會應知非誤奈尊前别懷偏苦梧牕細響苔階碎點滴成離緒天水微茫雲濤層疊夢驚南浦想碧翁也愛良宵留客聽瀟瀟雨

百字令 題杭堇浦先生青山送别圖

遠天秋水送蒲帆十尺葦花沙渚目斷一繩征雁外歷歷螺鬟無數翠淺難描藍輕易失暮色涼如許叩舷危坐懷人應有新句　却憶廿四橋邊玉簫明月多少閒吟侶此際烟波鷗夢濶回首幾重雲樹潮下西津露泲南浦吹徧濛濛雨明朝遥望浮嵐知在何處

菩薩蠻 同江雲谿家栘槎泛舟紅橋作

遠山歷歷青如黛夕陽紅到雙橋外修竹間垂楊深林叢桂香　心清喧亦靜風味閒中領臨眺不勝情迴[illegible]弄月明

秋霽 九日櫻亭攜令子冀良同余平山堂登高先成此解倚聲和之

遠雁平林辨游屐來時大好風日客邸題糕哀顏對玉冀良余壻也空羸無限愁臆小牕雨窗聯吟尚記簾雲濕記軒來棕亭與余九日聯句忽忽廿餘年矣嘆舊人零落廿年回首竟陳迹　紅塵京洛兩袖霜華送君河梁遙指山邑又爭知此際相逢鬢絲同照暮潭碧往事沈沈君莫憶有酒須飲試看流水寒

鴉西風老柳斷魂誰識

水龍吟　芍藥

送春便覺春歸南園新葉濃于黛黄梅時候綠莎庭院嫩涼輕靄爛錦塍邊折枝畦上濛濛香界怕連宵雨過園丁偷摘早擔向筠籃賣　莫問吟詩小謝到西清簪毫鳴佩風流記取滿堂賓倅一園金帶遠夢空懸離情忽憶豐宜門外把軍持薦了旃檀林裏受伊蒲戒

齊天樂　鶴

斷蘆折葦空江上閒心一片淒冷飲露魂孤吟霜韻遠不比驚寒雁陣波明水凈戲赤壁坡仙俊游清興三島

沈沈羽衣歸去暮天暝　園亭花樹縱好甚悽遲勁翮愁老誰問華表家鄉晴川樓閣往事不堪重省滄溟照影只雪滿春衫臙將丹頂明月前身素雲吹萬頃

桂枝香　蟬螯

渚荒葦白趁曉露漸零痕減潮汐還向沙中拾取筠筐堆積脛涎亦似蝸牛拙但輸他升高緣壁漁郎賤販厨娘細擘銀刀輕擘　笑海月舩頭挂席比蛤蜊湯鮮且玩山邑雋永後人雅配蜀薑芳瀝斑魚紫蟹都拋却酒醒時風味堪憶尚留殘粉藥籠珍重桐君曾釋

綺羅香　紅葉用玉田韻

槲葉霜清柿林秋老一抹斜陽遥妬溝水東西定有傷心詩句響樓前萬點聲乾是醉眼看花歸路問籬根多少芙蓉曉風吹上樹頭去　苔痕滿逕未掃問課山童拾得煮茶應許碎剪丹砂添入桐君新譜想輕綃別泪烘餘便剪寄斷魂千縷怕明朝狼藉胭脂五更窗外雨

洞仙歌 題秋晴載崔圖

重陽過了正黃華時候滑笏波紋乍吹皺著衫兒閒坐人瘦如花却不道花比詩人還瘦　凉飔容易晚相對秋光少个柴桑共杯酒可是米家船蝨碧蟬紅要書畫舩中儘有問芳草汀洲兩胎禽看恁地清狂世間知否

如此江山 雪霽同方竹樓程玉泉蔣東楞貝壽齋方介亭望隔江山色歸飲詹南友今雨齋中

水雲吹散魚鱗白人來峭寒江上抹粉修眉洗妝輕黛天際透凝愁樣橋邊竚望甚憑翠浮嵐怨容色相山帶縈紆斷蘆聲裏春潮漲

淒清此夕風景贏得酒懷吟興歸路蕭爽銀蒜垂簾玉花剪燭小室濃春諧暢幽情跌宕捉臥甕開人盡傾佳釀不管窗前凍梅疎蕊放

高陽臺 同玉泉小飲寓齋遲竹樓後至

青豆開房綠苔小院垂簾漸覺冬深舍北街南招要不厭頻臨風塵爭得蕭閒侶況歲寒誰是知心且同斟冷淡行廚佳味難尋

疎狂只有方三拜愛酒邊覓句琴

外聽音一笑搴帷又從燈下披襟明朝便約城西去指
霜華紅膩楓林縱高吟待得春來放艇江潯

酷相思 戲作春詞送沃田歸里

幾點梅花春色淡忽河畔春船纜想此後春心真爛漫
君去也春才換君來也春將半　春水春人春滿岸放
眼把春光遣料春意逢春春久慣君住也春情懶君到
也春風暖

綺羅香 集燈里書齋觀雨中玉蘭

濕粉墻高綴珠簾矮獨立娟娟庭際百朵清寒蘸徧瑤
池春水想朝天素面爭妍宛惜別啼妝偏媚問昔遊人

到唐昌此時還似舊時未　菩薩休訪空觀只解優曇一現頓成憔悴白燕來時誤入眾香叢裏映簷牙銀燕交垂傍畫壁玉乂同倚夜沈沈夢掩梨雲小窗燈影細

風入松 甲申仲春雲谿移居自榜其室曰小湖船汪雪礓為篆主人倚此調索同人題詠余學步焉

湖船小榜稱幽居絕似泛春湖窗間只少湖雲淡更添他湖柳蕭疎屋角數聲湖鳥盆中幾個湖魚　湖天日月勝仙壺湖友不曾孤年來我亦江湖客笑斷鴻難覓湖租湖水半灣殘夢湖光一幅新圖

齊天樂 壽馬丈半查

幽人攬鏡憐華髮閒心與雲俱懶野竹分青嫩苔勻翠

小住玲瓏山館當年鶴版曾銜到巖扉鑿坏人遠寄謝
山靈近來誰是草堂伴　圖書百城坐擁且吟成喈喈
深巷門掩茗碗香濃詞箋筆妙那許軟塵輕染神仙閬
苑縱不煉金丹玉顏偏健一飲瓊漿海榴開數點

蝶戀花　送春

花事闌珊知幾許千樹濃陰綠到銷魂處流水斷橋分
手路王孫芳草迷天暮　夢破疎簾風未午百囀鳴禽
饋得春歸去獨倚闌干無意緒黃昏又下蕭蕭雨

木蘭花慢　午日題惲南田花果小幅同沃田橙里雲谿家葑田叔作

把家園小景都寫上衍波箋愛玉暈勻朱脂肪刻素花

果鮮妍樽前綵繩皓腕笑拈來風味記當年羅帕裕兒合數紗囊荔子如拳　南田妙手弄丹鉛活色至今傳有香閨兒女描成巧樣貼向花鈿空懸畫叉倚處掩犀簾裊盡鵲爐烟醉勸甌中蒲酒夢遊湖上蘭船

祝英臺近　沃田齋中植荷花數盆脩然多雲水之思吳生秀埜時來問訊酒門度曲頗極客邸之樂雲谿為倚此闋余依韻和之

髮朝晞衫午卸消遣過長夏一片濃雲急雨溜檐鏄盆池青蓋田田幾枝穠艷却仿像靈芸新嫁　玉甌瀉有人臉暈紅潮酒闌共清話百斛輕量那惜夜珠價羨君燭底樽前恁般綺麗何用喚真真圖畫

青玉案 送家韞亭之吳門時將有鸞膠再續之喜

小船三板搖輕櫓趁八月秋潮去行過橫塘塘畔路木樨香裏吳娘曲度臥聽瀟瀟雨　機雲對榻同羈旅謂令兄涵齋編修客邸應多斷魂句聞說瑤琴重按譜彩毫留在憑伊畫取京兆新眉嫵

（清）吴烺 撰

春華小草一卷附靚妝詞鈔

民國二十年（1931）亞東書局鉛印本

春華小草目錄

詩

村中感述

戲柬金宗説兄

秦淮

柳

蕉

蓼

桂

白紵詞

缺月

舟泊燕子磯

詠司馬相如二首

題家藏林印譜

題白沙翠竹江村九首

渡江

江浦

卽事同宗說

雜詩四首

雨夜迴文

春華小草

全椒　吴烺　荀叔

詩

阜陵城

曉上阜陵城單衣浥清露官柳麴塵黄栖鵶墮脩羽周池水黴黴美哉金湯固回首見平岡纍纍多古墓先人舊宅荒蒼烟没老樹誰家輕薄兒騎馬逐狐兎

雜詩三首

霜風墜庭柯旅雁過高樓籬菊坼黄花倏忽又季秋人生不得意其如時節流少年不可再胡爲守窮愁脩羽既難振何以爲營求及時一杯酒聊可以消憂

寒日曉凄凄冷光窺我扉槁葉滿庭除虚檐生伊威遠水明高寢嚴霜何漼溰傷彼芝蘭花不能吐芳菲時乎不可

失嘆息淚霑衣

我行北堂上忽聞柴扉聲爲問叩者誰亂竹搖風箏向晚日沈西宿鳥繞樹鳴窄徑久荒蕪石髮上階生四野多蕭條古藤雜叢荆步屧獨惆悵破鏡當牕明

余年十五歲作此詩岑華伯父見而喜曰氣味聲調直入黃初兒時涉筆遂臻此境覺孔北海未是儁物使我展折

獨步

園林獨步雨溟濛半掩松門小徑通十月寒蠶新績後綠牕杼柚夜燈紅

滁州西山詩六首

醉翁亭

獨立醉翁亭秋光多瀟灑醉翁時復來吟月長廊下

歐陽公梅花亭

亂山繞四圍下有樵人路把酒梅花亭婆娑梅花樹

釀泉

泉石響泠泠寒漿濺空山仙人夜沉醉獨臥莓苔間

豐樂亭

偶上平岡巔俯視荒城小荒城起暮烟新月出林表

琅耶寺 先姑丈金穀嗣讀書于此壁上題有醉咏梅花詩

山僧夜不歸花落滿柴門壁上淋漓墨殘行蝕漏痕

庶子泉

趺坐幽篁間洗耳復濯足輕風山上來吹皺池中玉

從江寧返全椒作四首

半山怪石疊嵯峨風捲輕鷗掠遠波一抹遙天青未滅鍾山回首暮雲多

銜山半點夕陽紅小艇蒲帆挂晚風兩岸月明村市散呼

牛聲在柳陰中

半畝桑陰野岸昏餧蠶天氣最消魂楊花風裏新潮長小燕將泥過別村

飢烏飛去復飛回苦憶慈顏在夜臺荒冢一抔春雨後白楊蕭瑟野棠開時余歸拜先慈墓

村中感述

男兒可憐蟲出門苦憔悴寄身于荒村有如棲古寺麥飯不得飽繩牀不得寐地脉走火龍旱魃太姿睢草木如惔焚僕夫悲況瘁水田多黃沙彼稷不成穗里胥來催租農夫心惴惴茅屋兩三椽白日客如醉羨彼鄰家翁釐麰成山積嗟余七尺軀竟爲貧賤累四顧何茫茫掩袖拭清淚

戲東金宗說兄

客況不可奈曠野草樹帀一路冒苦熱雨夜臥板榻足蹴

爲衛斃面醜是蚋嚙掩卷若得暇過我語沓沓

秦淮

明燭照水敞堂牕金爵釵虛小髻雙幾日新添濯枝雨滿河簫鼓夜逢逢

柳

嵇康宅外舊消魂踠地長條蘸雨痕此日可憐憔悴甚西風殘照掩柴門

蕉

樓外風聲雁影飛蠻牋書札近來希靈苗狼藉清霜裏日牕前脫敝衣

蓼

浪痕經雨上汀洲糝糝紅花拂漫流夢裏忽隨江上月水紋天影看深秋

桂

芳意難傳寒粟姿武陵山下動秋思王孫春草歸何處搖落風霜獨秀時

白紵詞

涼風吹牕月滿庭美人夜舞花冥冥玉簪珠佩何娉婷宛如飛龍乘雲軿歌聲悠揚動湘靈素膚皓齒獨芳馨歌闋舞罷燈青熒垂淚長吁對明星胡爲懷憂傷伶仃

缺月

西風摩空姮娥死吳剛斧斷落桂子老兔夜奔龍王宮玉杵迎秋搗海水明珠迸破蓮花謝玉皇大笑天生罅湘妃撫琴彈獨夜寒露溼衣吹蘭麝幽人起舞愁不眠結鄰瘦影不滿錢深林鬼嘯碧磷然夢魂飛逐李謫仙牽衣相羊崑崙顛

舟泊燕子磯

曉發石頭城晚泊燕子磯望望江國路遥遥帆檣迷濃露浥秋水輕風生漣漪隆熾倏已遠清涼漸可披客子傷道途柔顔變蕭衰既恐素絲染復愧岐路悲伏首授詩書所恨知者稀鳳凰鳴高岡鸛鵲栖卑枝栖息固不偶豈與同根荄芝蘭生芬芳珠玉吐光輝遇時而不寶菁華委塵埃江水去不返流光無多時感此覽物志靡靡多愁思

詠司馬相如二首

馬卿多病少貲財作賦何年上玉臺秋水遠山相對處可能消得茂陵才

一自聽琴夜半奔杜門休問卓王孫鷫裘且貰臨邛酒長著壚邊犢鼻褌

題家薌林印譜

自昔倉頡與沮誦依類象形成文章蟲魚科斗體不一鬼爲夜哭龍潛藏其後厥惟周太史籀書剖析分毫芒迨至後世體漸變李斯小篆亦差强峋嶁殘碑不可見韮花薤葉爭低昂吾家季子稱博物雕鏤捫摸放凡將或如彩鸞舞鏡檻或如秋螭盤釵梁或如金翦拗錦繡或如玉玦鳴干將神物出沒豈可擬之而鱗甲飛空蒼嗟乎斯道久淪落世人無復辨紅陽私印用以識姓字紛紛譌繆不可當六書古法嘆湮沒安得一啓他人盲願君勉旃重金石無若作古趙宧光

題白沙翠竹江村九首

見山樓

夕嵐染翠屏白雲時出沒夜深山氣清秋牕望明月

香葉山堂

秋風鳴梧柯木葉下庭際小徑人不來松門落紅桂

東溪白雲亭

曉看白雲飛晚看白雲宿隔水泊漁舟空亭響落木

芙蓉汻

田田青荷葉白鷺相往來白鷺飛不見風吹芙蓉開

耕烟閣

隔浦菱歌斷蕭蕭飛亂鴉秋來一犂雨溪田可種瓜

因是葊

金粟禮如來虛堂聽禪板晚風颼颼鳴花香入茶椀

衆響齋

軒牕敞四面彈碁此淹留槐花糝幽徑桐葉鳴高秋

仙壺

仙人居仙壺徑尺不盈斗俯仰千百年但飲蒲桃酒

寸草亭

明蟾出林杪幽人獨旁皇攜樽藉草坐一面雀頭香

客真州兩月久不見山水之趣舟發揚子江不覺

興至走筆成四十句

𧹞𧹞市井不可耐急呼烟艇下烟江是時日色漸薄暮棲霞之山横崪峴江心皎潔鏡無鏽照見飛雁影雙雙舟師搖櫓櫓㶓㶓狀如梵鐘老僧撞夾口客船攢雲樹眠桅繫纜閣棒雙石厂覆水若蹲獸下有漁人維小艭江流至此忽湍轉但聞細水聲淙淙少焉微風山上來搖動五兩飄旛幢荻蘆颼颼響不已千鱗萬甲擁船牕挂席直下疾如矢其勢欲斷枯楊椿我于此時忽興發伸紙不自知愚惷行廚具膳酌十酒傾盆倒甕翻雞缸貓頭筍熟味頗淡一餐飽送填空腔漸覺水氣蒸山腳拂袖急起加短褚雲光

飄飄迷亂眼波濤澎湃奔駿驪龍王宫中白蓮花浮出水面然銀釭重洲淺渚樹環合染黑沸白聚石砭淒神寒骨境幽邃此景佳絶復可㦎夜深江平風亦定臥聽船鼓已逢逢江上諸峯應入夢夢中美人翠髻鬟

烏

空山吹嚴風老樹千萬株孝烏翔其顛策策聲僂呼素體若輝壁潔映異卑居刷羽托林表振矯欲排空偶過高岡下雛鳳棲于梧鼓翼往從之歛啄亦得俱自顧醜掌縮側身類雁奴恐爲丸飯投乃爲屋上烏翩翩美丹質歸飛山之隅

秋日烏龍潭上作五首

一豆花雨過石城頭蠟屐還來勝地游衰柳數行山寺外西風無復六朝秋

開殘陰徑半邊蓮潭影依依卵色天隔水亭臺臨極浦一叢寒玉泊晴烟

小石粼粼響素波紅魚撥剌唼青荷分明一派登高水流入于闐綠玉河

淡烟疏雨病芙蕖浮水鳧葵素練鋪絕似青絲堪結網月明網住女珊瑚

小徑依山脈脈斜青帘綠樹有人家重來好醉茱萸酒認取籬邊帝女花

渡江

八月登高水鴻濛接太蒼遙從京口瀉直下海門長遠岸飛晴雨羣山背夕陽側身自吟嘯天地一坳堂

江浦

策蹇來山縣行人浦漵東晴雲飛不斷吹老鯉魚風城郭

青嵐外村虛黃葉中回看江上月飛出水晶宮

即事同宗說

向晚入原野相携坐翠嵐天風下木葉雲影落空潭適意秋光廻尋游清興酣斜陽司馬里一帶柳毿毿

雜詩四首

孟冬多悲風嚴霜下我庭俯仰歲將莫攝衣步前楹流水日以淺鴻雁時哀鳴百憂從中來惻愴不能平盈盈隄上花鬱鬱池中草人生天地間悲傷以終老

朝霞明高樓寒氣霑雙扉輕風摧弱柳芝蘭萎荒畦柔條不復結芬芳會有時佳人因春感壯士當秋悲歲晚生慷慨吾身將安歸

驅車陟高岡延望郭北路蕭蕭起悲風窈窕蔽廣野美人在西方道遠限關梁思之不得見泣下霑衣裳

明月生東南高樓臨廣陌美人理紅妝俯仰長嘆息中心
一何悲但感生離別素絲織爲羅上有雙飛翼豈知裁作
衾彼此相隔絶舉翮欲奮飛徘徊在君側

雨夜迴文

如何覺夢殘雨細濕紅闌爐鵲飄香冷書窗半夜寒

靚妝詞鈔目錄

靚粧詞鈔

全椒　吴烺　荀叔

釣船笛 漁父

霜月落孤篷人在蘆花深處風細水紋吹皺飛半江殘絮

晚潮潑潑打船頭蕩入蒲汀去菰飰夜來炊罷伴一灘

鷗鷺

水龍吟 自然鐺爲家鄰林賦

蟯蜆爐畔丹成仙人鐺裏瓊漿貯涼颸吹動輕紋微皺一

痕籠霧水榭迎秋閒庭消夏翠陰亭午愛芙蓉巾上温泉

沁骨却洗盡人間暑　活火半爐紅暈夜厭厭銀盤泣露

花前載酒竹邊試茗清流頻注蟹眼浮時行沙聲在落潮

低處向寒風落葉重簾不卷聽西牕雨

贊浦子

日永鑾花發匳香媚蝶飛烟縷含青黛晴絲罥翠幃 又
是一春孤負爲他費盡相思多少傷心事而今只自知

天香 龍涎香

銀葉翻殘繡衾熏罷縈成幾縷心字似結山巾如垂雲幄
喚醒一番癡睡晝長人靜伴冉冉晴絲飛起活火初温獸
炭濃香乍罷羅袂 最憐晚秋天氣漸依依殢人欲醉月
影凄迷薄霧朦朧腮紙夢到巫雲深處又遮斷屏風小囊
倚檻外茶烟絲絲較細

水龍吟 白蓮

玉冠蘸雪凝冰廉纖寒雨終宵過一番窈窕一番寂漠瓊
姿婀娜水榭風微方塘露冷寶簪斜墮想新凉浴罷迴廊
人靜垂素手披衣臥 最愛芳心未綻有多般情絲都裹
綠垂疎幹青浮輕蓋濃烟深鎖笑臉新勻小腰乍束秋容

淡沱似銀缾欲洩盈盈覆水勝西施舸

摸魚子 蓴

野艇横淡烟初斂晚潮新漲遙岸荻蘆聲細西風輭涼雨一天吹散天欲晚鬬荇帶荷錢掠水垂楊綫細莖深淺記那日妝臺鳳頭釵股小髻亂絲綰　今何處秋草隄痕青徧相思人在天遠何年攜手篷牕底常把并刀同翦歌宛轉趁羅袖生香磊落擘嬌腕一雙仙眷只柔櫓輕篙鱸魚菰飰長老五湖畔 吳道子畫衣裳磊落生動如蓴菜條

齊天樂 蟬

井梧秋冷飄黄葉蟬聲晚來最苦鬢影輕翻冠緌乍整響咽槐陰庭宇妝樓易主嘆小院荒涼殘陽趂午怕折柔條桐絃驚斷又飛去　啾啾清韻翳葉聽西風過也聲亂霜杵力弱勝寒膀鳴吸露猶似那回淒楚而今記取便說盡

齊宮舊時愁緒只有寒蛩夜闌相繼語

桂枝香 蟹

連宵月皎見亂葦蕭蕭漁家燈小依約晚潮未漲舉螯來早荒汀露冷蓑衣濕釣船橫半江紅蓼腥涎正噀行沙聲響寒蒲縛到 正滿目霜清秋老想黃花開徧綠牎深窈愛爾内黃初凝蜀薑親搗無膓那解相思苦枉折殘數莖香稻衣闌醉也小囊休把銀釭偷照物類相感志醉蟹不可見燈

極相思 秋夜

夜深缺月初明壞壁響蟲聲小牎人靜湘簾不卷挑盡殘燈 漁火昏昏三四點聽哀鴻斷續飛鳴闌干倚徧柳陰風起吹散流螢

閑中好

閑中好苔徑綠于藍樹影含鴉晚秋聲帶雨寒

又

閑中好月影半牕冷熠燿入翠簾梧桐落金井

花心動 七夕

水漲秦淮晚涼天靄靄淡烟無雨銀漢影横金風乍起消盡一庭煩暑繡題翠幌窺雛鳥蟬聲斷新眉初吐幽階悄雲幄連空陰濃桐樹　惆悵佳期久阻想此夕河橋雲横仙路别恨人間柔情天上對此瀟瀟風露穿鍼樓上簾初卷燈眀滅柳陰深處積垣外寒蛩夜闌亂語

疎影 簾內

涼月初生看小牕未閉有人長嘆依約房櫳檀炷香消透出爐烟一綫殘燈欲翳戀紅豆尚獨自夜深裁翦更惱人風弄桐陰葉葉枝枝横滿　簷馬丁東未定小鬟正揭起還被催掩最是狸奴雙眼偷窺不識押帷銀蒜流蘇帳裏

秋宵冷想好夢糢糊難辨聽漏聲咽住銅龍素影爲誰高卷

鳳凰閣 坐雨

恨晚來風雨凄凄槭槭紙牕獨坐倍蕭瑟因想玉人今夜同此岑寂惹暗砌土花暈碧　狂花無賴絶似愁人狠藉無端含淚滅顔色簾影外看長天漸黑如墨忽遠處一聲鐵笛

月底修簫譜

翦燈花開繡幌寒氣染人袂自酌瓊蘇寂漠夜闌醉惱人六幅屏風那回曾見又添了一番憔悴　燕釵墜最愛殘雪隨風飛墮鬢邊碎轉過迴廊悄向小牕倚怪他鸚鵡嫌籠一聲低喚把八字被人偷記

燕歸梁

贏得相思別淚流欲語又含羞蒲帆望斷凭高樓應爲我

日凝眸　昏潮蘸碧曉霜沸白殘月冷沙鷗西風只解送

歸舟全不管有人愁

十二郎

湘簾風約記那日綺牕閒坐隔闌外茶烟一絲輕嬝芳意

窺人婀娜憑仗青鸞傳消息問此願未知能果想翡翠簪

虛芙蓉帶冷淚痕偷墮　牕破暗風疎雨空房塵鎖恨錦

字消沈幾番竚立怕聽征鴻飛過金綫挑時紅霞嚼後腸

斷夜闌燈火最憶是翠被寒生有甚心情獨臥

望湘人夕元

看傳柑繡閣插柳小門今宵風景堪翫睡鴨籠烟香螺瀉

酒春到曲廊庭院竹葉裁帬梅花堆鬢紅燈吹燄怕綺牕

殘醉心情忘了天涯淒怨　一行湘簾未卷奈好天無寐

夢魂都倦被明月窺人添我幾番腸斷淚痕萬點情絲千縷可惜姮娥不管擬夜深飛到妝臺重整舊時釵燕

虞美人 迴文

稠花亂蕊瓊階滿院小留寒淺困人歸燕語喃喃醒酒舞風春柳嫩枝殘 垂簾繡幌飄香穗日永眉山翠綠愡紅粉恨迢迢檻倚鏡匳窺客溜波嬌

百字令 去年今日

去年今日記檀奴來也絲雨初殘門掩一庭花霧晚香泥紅蝕苔殿翦水明眸迴風冶步隻影更姍姍釀晴天氣芳心猶怯春寒 今歲又是梅開好春孤負好景有誰看只有一株新柳在垂垂還向雕闌翠羽衾單紅褻枕冷魂夢繞屏山畫梁歸燕飛來簾外呢喃

探春

度曲人歸賣花聲散嫩寒天氣初霽窄袖拖藍輕衫蘸碧素骨不勝羅綺小立赤闌橋還只怕晚風吹起無端擲與相思雙瞳斜翦秋水　舊事思量如醉便消盡癡魂芳心知未病草侵階蠻花糝徑小雨黃昏門閉獨自守空庭爭禁得許多顰額一幅鮫綃爲伊都染紅淚

月華清 秦淮五月

雲影才開烟光初斂淡月一輪沈水簫鼓聲喧曲曲藥闌花砌柳陰邊羊角燈明隱約在綠紗牕裏佳麗把湘簾半卷小門深閉　多少蘭舟同艤看酒瀉蒲萄盤堆桃李新試羅衫攜手清歌車子嘆蕭條敗屋三楹算只好臨風斛睡差喜是夜深人靜薄涼侵袂

綺羅香 春光明媚偶爾閒步忽聞嬋娟之聲出自畫橋流水間凝望久之俄而仙雲倏散不可復留悵然賦此

蜀錦爲衣吳絲繫臂小小芳心能烈褰袖輕拈含笑欲然
還怯滿晴空翦練翩翻似吹墮數雙玉蝶畫橋邊望眼迷
離斷魂飄在碎瓊屑　忽忽今又去也尋到一彎小徑餘
香初減猶記拋時幾縷金蛇齊掣石闌外片片狂花都是
他玉纖曾捻恨天斜一陣東風無端飛亂雪

南浦　元武湖

雲水正蒼茫望湖光一點夕陽猶挂小艇去悠悠歌款乃
雙槳柔波徐打漁人收網閒披釣磯長松下凭高望者是
柳影鬖鬖靈和殿也　最憐菰米波飄有斷浦烟昏明蟾
催夜何處是新宮沙痕漾臏有舊時鴛瓦餕蠶天氣桑陰
籠定湖村罅薰風游冶愛鏡裏青山千螺如畫

小樓連苑　滁州寓齋作

少年漂泊江關故鄉風景都忘了閒庭寂漠苔生虛壁當

年曾到一樹安榴隔牆紅覆半階青草悵流光似水端陽
近也釵頭上於菟小　長晝厭厭多病滿簾櫳晴絲飛嬝
心情憔悴也應羞見落花啼鳥夢裏歡娛醉中歌哭不慘
懷抱只晚來風靜曲屏六幅有明蟾照

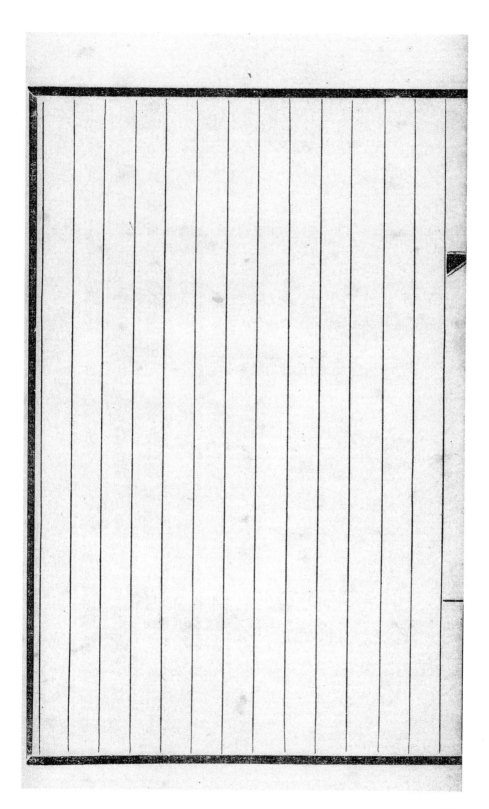

(清)吴烺 撰

杉亭集十六卷(存七卷)

清抄本

杉亭集

今體詩 甲申

全椒 吳烺 荀叔

春雪如冷人數見亦可歎寒氣于焉凝晴光未能覘空江失遠
帆長路沒野店飛鳥匿屐形疎梅閑其艷銅鐺水難温竹爐火
不燭布衾以冰冰亢除撒鹽晶光結墨池重陰恋鉛槧仰面
月在梁撚鬚花在（滿）髯釜冷背
土頹用草苫銀海無邊涯白

物自注聚斂。時有雨廉纖。那有沙泥消灔。處使裹褐輕。勢壓燈華焱。
去臘遠今春。新者與舊兼。敢云寒士愁。僉曰豐年驗。更鮮詩興
狂。但思酒力釅。僵臥如泥安。得毋友朋念。

和江雲溪

塗泥填巷。不入花。信都難問。天光未覺。春漫言宜作
瑞。歡照如銀。遲々山翁御杯亦愴神。

同程壽泉江雲溪集程豆田齋中聽曹山人彈琴主人倚
洞簫和之酒闌各賦七古一首

入。春天氣易成雨。今載風日何暄。妍。舍南有朋約小集。虛庭灑
掃閑蘭軒。携手相知三五。輩香爐茗椀同周旋。矮箋次第讀新句。
素拂拭張古絃。〻有〻喜指法。一彈再鼓清心神。蕭〻振
響空下竹。淡風、生輕寒主人高藝更奇絕。洞簫一枝通靈
仙。倚聲為奏幽蘭操。金徽玉管齊彬〻。大聲鏗鏘奏叶鸞鳳。小聲
伊軋抽絲綸。流。泉過峽苔溢徑。松濤到耳歘雲根。滿堂斂色靜
不語。高空仰視多停雲。回思十載滯京洛。春衣涅盡東華塵。疲
驢蹀躞沒堀堁。無由殘夢歸〻〻。邇來瑟居雖寂寞。吟朋飲伴

無朝昏。人生百年貴適意。當前好景須留連。我為諸君浮大白。
来日紅橋泛畫船。不然閑置若新婦。可憐孤負三春天。

題江聿亭平安車圖

新製車如小舫。輕单輪穩便。錫嘉名。考工萬䕶隨心匠。命駕東西但行。不向太行尋險徑。只從遠路認前程。知君懷抱同秋水。良康莊到處。

和壽泉探梅

佳辰有客探梅回。為訪紅橋花信來。幾點著枝原可愛。不須等十分。開。

又和湖上口占

我輩情最可憐。闌湖之與湖烟。明。朝準擬河干去。醉倒城

隅燕船。

題鍾進士按劍圖

鍾進士。蝟磔須眉負兵、哀聞說橫行白晝中。小鬼成羣充爾食。

嗟嗟進士何太狂。曾經挾策窺巖廊。胡為按劍更獨立。得毋有

人殺夜。光。公乎公乎距今幾千載。英風颯爽居然在。魑魅紛紛

近益多○慎毋食之撐腸拄腹石砢硊○主人豪端有化工○衣如尊
萊顏如松○高○堂月黑風雨夕○古劍躍出成蒼○龍○

再題平安車圖

○高齋雪後○愛春晴○幾點梅花綻小○庭○玉色畫叉懸粉壁○摩挱繠
素曰，情閒情欲補，入官記○小小巾車發新製○隻輪却用兩人
扶○曰，疎窓窈深邃○然ゝ室中○槲林殘照柿林風○霜前楊柳
千條綠雨後芙蓉百朶○紅○紅ゝ綠ゝ遙相間○行盡秋山看不厭○
指點前溪深樹中○一片酒帘出茅店○沽○来茅店酒杯寬○醉裏微

吟與未闌。會得先生造車意。人間何處不平安。

送汪維川北上

傾心。餘載、此日慰、念乎相軒昂器。文章絕妙詞。暮帆江雨

重。睛嶽雲、垂。為報、安侶龍文出匣時。

輓程壽泉

感君一見氣相親、為拂東皐華袖上塵。乳石鐫成文最古。花箋

題就句常新。世途難覓欽寄友。天意偏摧澹蕩人。怕向南隣深

巷過。傷心何忍轉車輪、

春。

和徐石滄

晴不可得。且聚雨中。天。玉樹花當檻。銀光蠟照筵。豪情見言笑。酒態入詩篇。那惜諗〻晚。虛窓夜聽泉。

苦雨十首

去年至後五回雪。直〻春來尚未晴。誰料春來依旧冷。滿城風雨晝宵明。

潤逼衣裳取次黴。爐香欲出礙書帷。蠻箋有句無心寫。墨瀋從他凝硯池。

負殼蝸牛上粉牆○墻腰苔蘚晚蒼蒼○鳴鳩乳燕無消息○夜夜愁
聽漏水○長○
紙傘濕革鞜穿○可、花巾不曾妍○湖○光久別今何似○十里濛
濛畫烟、
舍南舍北多吟侶○酒為看花到處攜○兩月陰雲愁不展○謝公雙
屐懶衝泥○
愁對殘花早閉門○無聊獨自罄清尊○蕭蕭瑟瑟通宵響○不是行
人也斷○腸魂○

柳絲不到打毬場○榆莢無心沙郎○天意也慳風雅趣○春原不
許鈿車○忙○
三春心事為判花○坐燈喬紅枉怨嗟○薄福自來桃李命○莫嫌雨
横更風斜○
蓬年說葉全黃望　農夫意可傷○負○郭我雖無二頃○硯田也
怕半　荒○
宰官勸民讀繁露○齋宿祈晴禁市沽○只愁六月炎風燥○打鼓迎
神來暴巫○

積雨初霽橙里招集淨香園

新霽朝曦分外鮮。酒人招伐泛湖船。春光乍寒乍暖候。風景時晴時 夭桃孕蕊成。喬分亭臺半濕綠楊烟。樽前有酒須沉醉。莫 長隄落翠鈿。

首夏同人集休園

草色苔痕綠滿畦。到來小坐水亭西。泉平曲沼魚爭唼。花落長廊鳥自鳴啼。隔柵仙禽如客瘦。壓簷老樹與雲齊。此間幽賞應須記。留取琅玕待後題。

同蔣舍人春農受餘書屋〻看牡丹分得侵字

薰風取次到園林蝶為芳菲處〻尋鳩婦聲中天欲雨鼠姑香
裏夏初臨一園錦繡空〻畫百朵瓊瓏向夕陰更點明燈蘭角
看花濃酒釅襲吟襟

鶴亭招遊焦〻

前夏日醴豣興躍動予友倏相招不抱漢陰甕擔囊入吳
舸微颸以片帆送〻有如鷹排霄又若馬脫韁望〻江南山美人
赴秋夢午發邗溟溝暮抵焦公洞山靈旧友朋游處昔曾共石

氣苔鮮滋○樹色烟雲重○徑途稍改易○位置相侚仲○宮牆指
聖居○熒光燭梁棟○迴梯補攱巖○偃蹇卧螮蝀○石磴互縈折○下視
江天穴、如　桑澥林〃　蠻青　音嘒○翠屏仰面看○不見天衣縫○主
人愛襃舉○同游亦已八○濟勝資短節○扶携却僕從○歸憩海西庵○
飛觴飲必痛○濤聲到枕喧吟魂落菰葑○

海西庵

樓上晴空面〃江○樓前飄鳥一雙雙○緬懷高隱心常折○庵內奉焦隱士像
坐愛精廬意早降○雍亭於庵內搆小齋數楹顏壽日堂下界烟波千里潤上

方鍾磬撞廿年回首空塵跡。又到禪龕點夜釭。

松寥閣

虛窗只為大江開。萬頃波此瀰洄。遠。樹際宜天迎曉日。驚湍激石走晴雷。無多塲圃疑秦地。不盡林亭接斗魁。却笑求仙太迂怪。人間何處不蓬萊

和江 阪焦山 懷

漠漠水雲淡。欣欣澹思濃。徑危略彴接。款側飲江虹。濤聲在上盼。翔首見古松。輕帆如撇燕。一一劃遠峰。稍覺夕烟起。已知嵐

翠。重。神仙倘可學。吾意能相從。服食採芝瑶草。毋使成衰容。

别峰庵

兩峯間處 仈庵。一 宝 亡 却向南。瓜渚欲浮波淼〻。蕪城如
夢樹綦。到来不覺上 小靜後才知野趣。甘寄語坡公最佳處。
何妨此地築花龕。

象山登僧樓

一翦帆敲燕尾風。象山頃刻路能通。嶺頭雜樹殘紅在。樓上晴
烟晚翠。通空。玉照曉簌雲髻。奁 山 亻 仙槎秋水客星同。凴高極目真

無際〻萬里扶桑更在東。

鰣魚

潑〻魚（銀）鱗活。垂〻密網牽。登盤雲母厚。入饌石華鮮。微雨空江夜。輕涼首夏。天。酒人常對此。那不飲如泉。

笋

冒雨兼沙　寸雲傍　邊〻首憐初出籜。莫遺大如船。露下根尤脆〻山中味獨全。東華塵土夢〻回首憶頻。年。

桫欏花

桫欏香葉滿祇園。始識禪房古木尊。不與凡花共開謝。惟從淨土托根源。飛帆細雨青連岸。清磬斜陽綠到門。欲洗持軍寒薦汝。長齋繡佛什郭香。

題焦隱士三詔之

我唁焦孝然。偃蹇臥荒洞。詎知幽巖間。構此美渠棟。魂來應復驚。慚愧名花供。

鼎趺歌

焦山古鼎有石趺。好事得之于江沚。紀年却署熹宗朝。辨論津

津卷端委。我聞乃宜昔當國。不愛賢才貪貨賄。爐罇盤敦璆琅
琳。甘心欲攘殊未已。斯鼎亦在青盼中。攫向華堂配文史。後来
事敗家籍没。鼎歸不翅馬加驢。當時咸以為不祥。施往焦山薦
法喜。此言乍聞亦新奇。孰知乃委巷談耳。鼎實不知所從来。刻
舟者遡其始。物之行止亦偶爾。於止得知其所止。不然拂拭
貢予。應與球圖廁矣。何為淪落在下里。怪雨盲風鎮山
鬼。鼎之遭際乃如此。儔櫟不材富年紀。與兮甘老空山裏。

宿金山二首

片帆遥指翠微間。勝地重来一鮮顏。烟樹遠分瓜步鎮。浪花輕捲石排山。南零水色浮甌澈。北固鐘聲到岸還。細讀巖前昔賢句。欲將處士留詩刪。

有客訴諧縱眼觀歸 已向暮雲看。窓中楚火明沙岸。楼下吳船棲繫石欄。高枕似沾江浪濕。微吟不放酒杯寬。主人風雅應無敵。語到深宵興未闌。

鶴亭招集淨香閣園觀競渡四首

蓮葉田田綠到門。亭臺位置川戌村。紅橋十里皆圖畫。占斷風

流是此園○

日午移船繫竹林○修廊曲曲俯幽潯○忽聞鐃鼓喧聲急○繡纖紅

旗下綠陰○

垂楊低映赤闌前○一縷斜陽萬縷烟○風曳簾波通笑語○有人樓

上看龍船○

輕罨乍似捕頭鶩奪飛鳧踏綠波○明○月夜涼人靜後○玉簫水

工起清歌○

題江橙里集句楊柳枝詞五首

記向秦淮住水亭。東風二月柳條青。板橋旧是消魂地。玉笛凄
凉不忍聽、
斜日霽湖一水遥。馬蹄芳草路迢迢。章華臺畔人何處。只有垂
楊學細腰。
燕南趙北旅愁　　柔條喚奈何。無限江潭憔悴感。淡烟疎
雨蘸湖波、
幾樹垂垂覆苑墻。晚烟歸後暮烟蒼。入間流水無紅葉。腸斷秋
来帶夕。陽。

遣興莫如微醉後。關情最是送人時。無端又費江郎筆。輕擘蠻箋賦柳枝。

題方曼生小影、

江干雪後早春晴。與君邂逅金陵城。旌門下筆萬言絶就。行宮奏賦羣公驚。自爾聲華真藉藉。意氣飛揚無與敵。清平三調李青蓮。樂府千篇姜白石。我挂布帆去潞河。都亭衰柳正婆娑。相思望斷江南樹。別緒空吟薊北歌。聞説鄭公有三絶。青氊兀坐寒於鐵。酒客來時過竹林。廣文舍後多槐葉。一官落拓似懸匏。賦

就歸與更寂寥。莊叟寓言直放達。揚雄謇吃獨牢騷。梧桐樹下
清陰滿。閑門且玩閑書卷。贏得才名當代知。漫教興趣逢人遣。
遠夢依依念故人。須眉彼串畫圖真。關心振觸十年事。可許圖
中竟結隣。

鮑香沙招同泛舟紅橋觀荷

早涼且辦涼蘖去。郭外深忘溽暑天。清氣獨深蓮葉浦。涼颸多
在木蘭。船。花神定不因人熱。畫本何須着色妍。一棹放歌歸路
晚。東城又見月華圓。

湖墅種菜歌

泗上風雲起龍虎。驅策羣英若雷雨。飛騰獨數開平王。手執長矛衞真主。圖成麟閣共侢雄。龕定何人第一功。采石磯頭秋樹老。峨眉亭下暮潮空。世家青史高聲價。血戰功名疇與亞。千載金書有誓盟。百年喬木成姻婭。薊北俄驚靖難師。可憐勛舊淚偷垂。國恩重 场通侯爵。幸免王孫泣路隅岐。王孫卓犖雲中鵠。喬若先生號蒼谷。被服居然儒者風。笑談洗盡豪華俗。早歲文章首盛名。才華直壓漢西京。哀時不少長沙疏。述古非無董相

經。有明末運真如燬。四海紛紛盛瘡痏。伴食中書粥飯僧。弄權
宰相睽車鬼。碧血長埋年年間。舉朝誰劾會之奸。批鱗折角能
舒憤。舁櫬牽裾敢犯顔。回首河山堪一慟。楚江盜賊兵戈鬬。激
成忠義亦徒然。練就家丁復何用。南来烽火照臨安。宮闕無人
寢殿寒。皁芙橋邊荒草遍。烏衣巷口夕陽殘。空江流水滔滔去。
便是兎生腸断處。却吳龍宮奪得回。夫人泣血留君住。從此人
間变姓名。家亡國破一身存。零碍断覔尋朱邸。衰柳寒烟鎖白。
門。種瓜不識青門道。湖莊墅蒼茫夜秋草。兩甲烟苗隔町畦。水

萍風絮緣池沼。而今誰訪故侯家。枯木聲中噪暮鴉。莫共文孫談往事。傷心落盡晚菘花。

淨香園觀秋荷

良會訂隔宵、侵辰出城、㘭名園十畝餘。垂柳多于髮。金塘畧彴為萬朵芙蓉發。蟬聲斷續聞。輕風散清樾。廣場布瑤席。賓主興蓬勃。絲、音啁、叔鳴不辭觴百罰。憶余屢至此。尋歷尚恍惚。時節若流水、秋容嘆飄忽。他年入夢思。芳草未云歇。坐中倩好手繪圖寫沒骨。詩成張明燈、林梢挂涼月。

棲亭携令子冀良就婚於余寓邸成長句八章余撫今追
昔悵然於懷作此存卷

清秋是宿中分。織月樓西尚巧雲。百兩不須迎少女。六萌翻遣
駕郎君。催粧詩句多名筆。贈嫁香奩只布幃。一任邦江人絕倒。
生先生牽犬是新聞。

葭莩本是舊姻緣。兩小無猜自昔年。博議好同佳婿訂。尚書誰
共乃翁傳。泉臺久已心相許（亡荊在日已有朱陳之約）故里遙知眼更懸。失
母烏雛今拂羽。謝公那得不偏憐。

當年遺挂獨傷神。徑寸惟留掌上珍。幾載京華隨薄宦。二年旅
食寄通津。鳴環從此為新婦。酹酒真堪報昔人。料得登臚無限
感。小妻執手話頻頻。
弟兄相對惜蹉跎。回首光陰一鳥過。上巳河邊同祓禊。清明水
面共飛觴。半窗風雨聯吟夜。廿載雲山寄遠歌。少壯幾時嗟老
大。樽前早覺鬢絲皤。
萍葉蓬花命可歎。飄零到處即為安。故山空賦思歸引。京國徒
悲行路難。人去九原恩未報。淚枯千點夢初殘。白楊衰草荒郊

外○倩爾年年上塚○看○余少失恃○養於庶祖母程塚在全椒南山
之陲興言及此用屬吾女焉
百世年身·世總茫茫○喜色今宵一舉觴○風日清佳燕宜樂○賓朋談笑
勝笙簧○全家久歎艱生計○半子何堪贅異鄉○莫把焦桐彈別調○
人間愁絕蔡中郎○
阜陵城外樹扶疏○老屋依然古巷隅○爭羨佳郎如冠玉○可知愛
女勝懷珠○絕無羅綺驕夫子○好取羹湯試小姑○說道長安應解
憶○思親定有淚痕濡○
水參江鄉雁正飛○一帆江上送將歸○驚心節物更新易○僂指平

生故舊稀。五岳烟霞人未老。三冬文史願多違。明年騎馬東華
去。又見緇（紅）塵染素衣。

集飲橙里齋中擬皮陸秋夕文晏得青字韻

主人不猒客頻經。留客虛齋風露冷。簾曳燭光搖夜色。樓遲蟾
魄見秋星。吟安險韻拋殘帙。讀罷新詩倚曲欞。酒盡更闌人未
散。漳蘭氣（酒）在銅缾。

徐蓺農齋中分賦秋雲

無心初出岫。涼意任還飛。已覺銀河淡。能令璧月微。英英寒細

草。漠漠涇生衣。惆悵江東遠。懷人對落暉。

歸里雜感十首

廣陵城邊新月明。廣陵城下暮潮生。相携稚齒上船去。腸斷家
人離別情。

獨客無家空自回。親朋凋謝總堪哀。巢由不得買山隱。蝯鶴何
須笑我来。

記得移家白門住。水窓閒坐數沙禽。夢回三十年前事。瓜步寒
潮知我心。

雍正癸丑先子挈家自金椒移居江寧

老輩難忘馮敬通。鞭驢扶策逐秋風。小船一葉當中坐。望見烏衣夕照紅。馮先生粹中寓鍾山書院每應歲科試輒偕烺由浦子口至張家堡坐夜行船抵滁先生舉賢書卒于都下今十三年矣

烏外殘霞樹外山。故山只在翠微間。小年游冶闌心處。枕上時有時夢還。

想到松楸一愴神。年年寒食柳條春。歲時瞻拜輸田父。慚愧東西南北人。

守黑山房看奕棋。紀羣風味耐人思。而今宿草供憑弔。兩世親

情付涕洟○息翁李先生娘大父行也暨東來表舅氏欽娘最摯今已俱作古人

身後虛名定無益○生前精力竟何如○偶從餅肆閒披檢○認得岑華手注書○先岑華伯父身後書籍多半為人竊去

幾年僕僕東華塵○彭城薄宦羈閒身○此日思君不得見○忍將離黍弔陳人○李表兄笠耘官銅山丞去年卒于官

王門養炬憶前遊○期望難將坐席酧○今日木樨花滿樹○西風誰倚枕山樓○先達旅伯父所官廨枕山樓

贈許月溪

不見先生久。相看如夢魂。須眉成老輩。詞賦討真源。兩笠朝尋
友。秋花晝掩門。竭來棲隱處。始識野人尊。

周寉亭廣文家濟亭司訓招同岳水軒金棕亭俞墨岑江
鶴汀馮昆闇朱昭平江曙華汪存南馮鷺賓集飲署齋
遂登奎光樓眺望

奇字元亭客問曾、黃華紅葉伴詩朋。閑軒已覽無邊景。拾級同
尋最上乘。鴈外關山空夕照。樽前蹤跡對風燈。年來遠道相思
夢。并入秋心付剡藤。

水軒相别八年喜晤於南譙官舍道故之餘相招痛飲賦
此誌謝
未向江頭理釣綸。孤琴長劍閱風塵。詩情不愧稱名士。客邸翻
教作主人。氷雪襟懷豪氣在。金蘭然諾道心真。幾時共遂幽棲
願。竹屋牽蘿結隣。水軒齋中有竹一林
同椶亭阻雨宿真州三十里鋪大悲菴
清霜欲落水湛潭。一碧遥天逗縞藍。曉日烘霞明嶺外。片雲銜
雨過江。南。難尋萑室維楓樹岸。暫解騾綱住草庵。不是前途泥没

踝。良宵那得共君談。

同春農飲周蘧菴齋中對菊和陶二首

心閒地亦僻。不聞塵市喧。黃華足秋意。采采東籬偏。移植小庭下。疊石成假山。同心三兩人。昕夕相往還。高論破聾俗。欣賞復無言。

靈均昔愛此。日夕采其英。泉明更獨酌。嗒然忘世情。況君有美酒。布席花間傾。夜涼秉銀燭。時蜻[聆]蛚鳴。良朋當好會。感慨深平生。

櫂歌和李晴洲十首

嘔啞烟櫓一枝柔。水。氣濛濛冷似。秋。大舶七帆何處卸。儂家只鮮美何舟。

飽挂風帆兩岸平。櫂歌聲裏太關情。趁。船人在船頭坐。也解（勝）荒山繭足。行。

椰陰繫箇檝頭船。修補船脣尚未全。一夜瀑溪梅子雨。石橋流出水濺濺。

沙棠艇子愛尋春。逢著漁郎莫問津。一自陶公歸去後。仙源從此更無人。
十日灘頭且待儂。一春吹老楝花風。問君何事偏西笑。只有清
江却向。東。
打鼓津頭船正開。抽帆解纜莫沿洄。人生但得乘風勢。休笑牽
船客子。回。
長年生来水上居。眼前兒女非羇孤。炊烟晚飯蘆中涇。坐看殘
陽下綠。陽蕪。
美水湔帬翠篠灣。打漁罷網綠楊殘。江魚白白不須買。雲母水

晶堆滿盤。

岍上山容綰翠鬟。船頭月子爛銀環。軒車轆轆長安道。爭似舟人鎮日閒。

鑿空難求天漢槎。量沙那得到黄[恒]河。李郎絶似劉郎筆。欸乃聲中喚奈何。

筠榭齋中賦缾中紅葉

秋林霜後影。曾記繞柴門。折向膽缾內。猶疑夕照。昏。燭光搖夜色。霞彩映朝暄。溝水題詩處。人間空斷魂。

立冬前一日集豆田齋中

銅鉦初日照疎窓。霜壓琅玕翠幾雙。汐社有人聯舊雨。彩毫對客按新腔。殘花尚覺秋心在。冷面難教酒陣降。從此良宵添小集。圍爐坐聽梵鐘撞。

江聿亭刻平安車圖成招客同玩酒間賦四首

幢子高懸紙軒黃。墨花拈處發奇光。他年集古標新錄。跋尾還添字幾行。

成愁（裘）集腋費工夫。廿載閒心衹自娛。片羽吉光堪鄭重。莫教錯認考工。圖。

高館明燈召客來。名花爛錦照霞銜杯。琢成一樣青花石。什襲紗

幮手自開。

倒蕤垂珠體勢全。輕羅薄翼似涼蟬。裝成即是金蘭譜。千古交

情石比堅。

題殯雲圖

薄命真如夜向闌。摧殘風月太無端。新歌有淚粘紅豆。旧恨無

心倚赤欄。桂葉眉峰妝閣閉。梨花夢雨墓門寒。可憐腸斷何人

識。傳與人間畫裏看。

為張南華題松石小幅 二首 應張看雲屬

南華宮詹擅詩筆。偶圖松石亦清狂。才人落墨有餘趣。何必紛紛說惲王。

蕭條客館看雲子。昔夢前遊憶竹林。索我詩新詩題小幀。松濤猶自響哀音。

真州留别程玉泉方竹樓方介亭江竹鄉家思堂

歲序欲云暮。客懷猶自賒。良朋一樽酒。慰我滯江涯。孤塔月中影。短籬霜後。花。明年相憶處。風雪在京華。

黄瘦石招集觀劇酒酣踏月歸隱玉齋作四首

射雉城邊風日清。虛堂揖客話離情。柘枝教就家伶舞。使作當筵子夜聲。

雁叫霜天月正皚。悄寒不到鬱金杯。尊前莫訝新相識。聯句曾經夢裏來。謂宗心源家梅原諸君子

水繪園亭憶昔年。風流消歇賸寒烟。紫雲老去楊枝死。又見清歌上綺筵。

僕本天涯落魄人。當歌對酒易傷神。吟餘隱几齋頭卧。一枕霜鐘夜向晨。

畫竹歌

竹樓胷中萬竿竹。落筆森森成一束。雨態烟姿各有情。雲心月意紛相續。古來擅場文與可。其次亦有吳仲圭。兩賢妙手脱塵俗。至今絹素生光輝。誰知竹樓更奇傑。膽大麄豪純氣魄。黑龍躍出滄海波。萬箇琅玕玕戛寒節。我有一張涇溪紙。折叠收藏破書裏。酒間磨墨傾瓷甌。竹樓見之發狂喜。一枝兩枝纖腰柔。

女兒十五含嬌羞。忽然粹闊為窖菁。婪酣大肚須髯。虬。嗚呼絕技世所絕。留襪之材何足說。五百年後真奇珍。慎毋輕付雙荷葉。

客雨香庵有懷寉亭

天馬精神本絕蹤。偶然對客語從容。滑稽風味工調侃。真摯心期貫始終。吟興豆困忙裏廢。交情不在暫時濃。兼旬小別思顏色。卧聽僧廬向曉鐘。

雪夜夢沃田

残冬踪跡滯天涯○遠夢同君看六花○客○邸頻年偏好客○家思山輕
別更思○家○即今老輩幾人在○況有新詩千首賒○料得春來多逸
興○吟節攜我逐•鈿車○

懷橙里

回首邗江一水濱○紫玲瓏閣憶留賓○逐○窮欲下分離泪○交久才
知淡遠人○送我扁舟添別緒○臨岐一語最傷○神○平生潦倒誰憐
惜○爭似先生誼獨真○

冬日挐舟訪汪璞莊適值他出寓書留余如臯之雨香庵

中偶成奉寄四首

壇坫東南處處喧。風流六子集文園。題詩點筆花盈硯。愛客開樽月滿軒。贈策人皆誇太白。買絲我(欲)繡平原。關河千里遥相感。那惜乘槎一溯源。

射雉城邊暫寄棲。霜天寒雁影迢迢。雨香庵剎多幽僻。水繪園亭總寂寥。何處笙歌尋北里。更無詞賦艷南朝。鉢池賸有荒涼月。不許羈人旅恨消。

小住真如訪戴船。凍雲作雪逼殘年。愁看彌勒琉璃火。不見詩

人玳瑁。筵。好手畫師同寂寞。謂家思堂多情衲子共周旋。謂蒼僧且容辛
盤却憶團圞夕。煨盡爐中榾柮烟。
此際翻成去住難。稻粱謀拙朔風寒。孤。蹤只合常為客。癖性從
来定歇。歡。京國雲山天北極。故鄉烟水夢南冠。此情只有霜鐘
解。一覺僧寮感萬端。
宗心源家拜梅雨君寒夜攜樽過寓
風景蕭條逼歲除。晚鐘才動閉門居。何来二客閒相訪。頓使孤
懷興早舒。得。酒歡難分主客。論心交在不親。疎。明朝踏雪衝至

泥。至。定有新詩一起予。

和汪意園述懷元韻奉贈四首

才華三十擅詩名。壇。摩詰前身是宰官。畫裏高松堪對論。卷中修竹報平安。蓮。塘倚棹烟波細。花逕牽輿歲月。寬。此日放衙看候吏。不教鄉夢落林端。

白下城西有舊家。三春晴雨冶遊賒。斷。橋攀折藏鴉柳。古寺閒尋覆水。花。浮白風光憐酒幔。踏青天氣愛鈿車。緣燕巷陌行人少。何處槽檀響琵　入琶。

閒身未許卧烟蘿。休向尊前喚奈何。小市魚塩風俗美。春原雞犬樂情多。宦遊依舊居江國。色養無殊在澗阿。况有盍簪朋侶勝。朝朝對酒更當歌。

君是人間未易才。欲持金粟問如来。停雲館冷詩千首。延月窓虚酒一盃。豈有仙禽羈玉圃。之将駿馬上金臺。匆匆莫許分擕速。頻望音書寄驛梅。

杉亭集

全椒　吴烺　荀叔著

古今體詩　十

踏燈篇　乙酉

射雉城東百餘里。如雲屋宇連聯城市。玉折珠圓流水清。由來豐利稱名美。我來正值三春初。柳未抽黄梅漸舒。觀察園亭留下榻。璞莊賓朋吟嘯歡相於。風光逼近燒燈節。曉日晴雲點微雪。忽聞街巷動喧譁。要賽花燈盤綵纈。監醝長使最風流。意園握手倚齋数唱酬。令節與民同樂事。衢樽共飲聽歌謳。才人小伎場偏擅。零縑碎錦裁成片。製就交龍大、小鐙。巧工丁緩何曾見。璞並出縑素牋錦李祇齋左筠溪家思堂同製冬色燈景極精巧錦棚高架入雲端。樓下烟霞樓上觀。月。色入簾難問夜。露華沾袖不知。寒。反腰貼地婆娑舞。趂拍花奴十棒鼓。萬。點明珠落絳河。一羣火鳳舞翔華。渚。乱墜天花上綺筵。流蘇絡纓赤闌前。青春車子廻身媚。白髮詩人望眼顛。對酒發當歌發長嘯。古有大儺暢民氣。九門磔攘索百神。八蜡順成兆豐歲。兩君磊落欽奇才。偶然游戲襟懷開。知爾他年作霖雨。蒼生億萬登春臺。

過劉翁隱居三首

主人真靜者。別墅閑門居。支枕閑聽鳥。垂竿不羨魚。槿籬寒沼外。茶具小窗虛。不踏塵囂地。相傳廿載餘。

爲憐修竹好。隨意到園林。一徑古苔色。斷橋流水深。蒼烟藹嘉樹。素壁挂鳴琴。衆籟窈然寂。曠懷無古今。

紅塵京雒夢。回首定依依。倦翮幾時返。閒雲何處歸。烟波江上棹。風雨故山薇。對此應惆悵。勞勞未息機。

汪碧谿招同王光祿禮堂蔣舍人春農小集喬氏東園八

首

衣邊縩拂客途塵。便有招要舊酒人。聞說梅花甘寂寞。尋遊好

在野塘濱。

京華遠夢太匆忙。光祿詩箋尚弆藏。回首八年彈指過。依稀重

到萬泉莊。

淮左名園鬥艷姿。樓臺金碧巧工為。却緣地僻饒餘天趣。枯木積

垣亞竹枝。

春来花草氣扶疎。被面東風二月初。閒倚水窓看暮景。有人原
上動春。鋤。鉏
苔階一折到春廊。脩 刻石前賢字幾行。今日樽前誇作手。風流不
讓古人狂。
王郎當日紅下。官舫銀燈祓禊時。日晚銜杯重惆悵。吾曹冷
淡正相宜、
三年留滯廣陵城。杯酒殷勤仗友生。喜極又愁來日別。黄埃馬
首不勝情。

薄宦難求陽羨田。斯遊不遂意茫然。歸途風景憑誰畫。一帶春城入暮烟。

寓廬種梅二株已兩度作花矣行將北上以詩別之二首

小庭殘雪滑蒼苔。一桁湘簾向日開。不是吾廬應也愛。擔泥手種兩株梅。

鳥影光陰二載餘。當窗兩度見花疎。他時遠夢空相憶。官閣憑誰更寄書。

將之都門留別邗江諸同好四首

三年寄跡廣陵城○頗覺吳霜鬢裏生○對奕有人留信宿○看花到

處得逢○迎○短笻雙屐登高興○流水寒鴉弔古情○回首平山堂下

路○錫簫吹過幾清明○

栖遲倦客本無家○身似鷓鴣閱歲華○淹慣酒痕襟袖溼○簪来花

朵帽簷斜○疎○燈老樹聽春雨○小艇秋潮送落霞○懶慢自憐真得

計○片時安穩是生○涯○

一笑相知眼最青○詩壇酒社也曾經○萬○竿竹藾穿苔徑○百頃荷

香坐水○亭○上客才華多綽約○名園風雨獨玲瓏○長安此去寒宵

夢。猶逐烟霞到晚汀。
堂〻風景竟銷磨。那不樽前喚奈何。去住情懷同社燕。飄零身
世類蓬。科難忘好友離心切。易灑臨岐淚點。多一醉登車人未
醒。怕聞玉笛唱驪歌。

叚器之同受堂過寓出平心杯留飲遂以杯贈受堂次日
器之成古風一章依韻荅之

北窓五六月。偃卧涼風多。濃雨（雲）送時雨。檐溜生（聲）滂沱。空庭草色
含烟波。闌門兀坐將如何。忽聞二客銜泥剝啄叩門至。恍然快

讀陽春白雪之高歌。芥舟不问坳堂沱。元蟬都在林間和。科頭跣足忘禮數。一笑那嫻佩玉儺。暮色蕭蕭動樺燭。微飈瑟瑟懸藤蘿。斯時不飲豈可得。濁膠貫取墻頭過。吾廬差甚蝸牛窩。蔬柈餖飣點委蛇。酒酣捉搦尋詩魔。壁間題句伊誰呵。塗鴉且勿正其譌。千里一線（瀉）龍門河。渴懷燥吻手頻摩。急搜篋笥出酒螺。螺色嫩黃若雛鵞。已如漏卮善滴沲。復如欹器置陵坡。注之不竭滿而溢。中有人兮神峨峨。持以贈君非婞婀。吾曾酒政嫌煩苛。此雖小物不足貴。鄙意直同金叵羅。人生好景易蹉跎。聞雞

起舞屢傞〻。朱顏不借麴生力。百年安得時〻酡。聞道保障湖
邊多綠荷。沙禽水鳥處〻堪婆娑。莫管紅塵京洛甚時到。與君
明日出郭拏輕舸。

感寓五首 丙戌

束髮就家塾。昕夕攻詩書。問君何所為。將為君子儒。朝廷設科
目。海內羣賢趍。一朝登仕版。名姓光鄉閭。如何清華品。乃厭承
明廬。汲〻求署置。快若鳥脫笯。一身耽醉飽。何暇惜廉隅。廉隅一
以喪。禍患與之俱。不見赭衣子。鋃鐺充若盧。

朝有百執事。詔祿分等衰。司。、度計經費。不為貧官施。嗟嗟七品官。張皇徒爾。為。輕裘錦繡段。軒車溢路達。便娟列僕從。驕馬當風嘶。其身且云樂。其心良已悲。盜鐘自掩耳。眯目非糠粃。一朝五技窮。信義棄如泥。不。貪以為寶。毋為識者。嗤。寒儒作冷官。齪齪煎百慮。倉無五斗米。機無一尺素。黃金無術成。白首棲郎署。聞有謁選官。豪華肝膽露。揮金舞榭朝。取醉歌樓暮。相逢結知己。中情託幽素。拂我南軒塵。治我中厨具。惠然竟肯來。歡笑恣饕餮。頗言略勢分。直欲同肺腑。庶幾形骸忘。得母將伯助。朝過寓廬門。寂無然僕御。叩環人不譍。蒼黃卻回顧。
鄰翁含笑言。昨已驅車去。
寒士久不遇。乃作京華遊。平生青雲志。嘯傲凌王侯。路旁見顯
貴。肩輿叱前騶。一刺竟通謁。從此締綢繆。投詩與溫卷。豈敢自
含羞。華堂讌賓從。絲管聲啁啾。醵金盡同輩。献壽稱觴籌。誰憐
坐上客。典卻青綺裘。
我有一村僮。窮苦無所託。相攜至京邸。聊以充役作。日飽太倉
米。頗覺此日間樂。不向可之罵詛事王褒約。三年刷羽翰。大異

羊公鶴。翻然改初心。云悔從前錯。人皆饕膏粱。主獨甘藜藿。人皆善奔走。主獨惜腰腳。潑髯已星星。嚴霜隕秋籜。我聞識時者。如錐處囊橐。且隨縣尹去。排衙聽呼諾。聆之發微笑。爾去當踴躍。他日爾歸來。仍栖旧帷。幕。

讀晉書

典午亂天紀。陵替始惠懷。草竊首元海。居然卓犖姿。嗟嗟陳元達。遭逢一己竒。雖非草廬顧。出處義不虧。許身在一旦。自命王者師。鹿蠡本篡賊。情性何其乖。誅僇盡耆旧。穢褻盈宮闈。畋游既無度。營造復非期。廷尉冒白刃。侃侃屢陳詞。想其抱樹日。肝膽良可披。于事雖無補。于心誠不欺。豈無明哲術。緘默以待時。

為韋約軒編修題其尊甫鐵夫先生授經圖

古人守一經。寶貴在所授。匪惟精訓詁。將以善宇宙。去聖日以遠。鄙儒失討究。遂使經世辭。區區辨句讀。卓哉韋先生。德與才兼茂。掇拾煨燼餘。猶農務耕織。耨條條肉貫串。浮浮氣蒸餾。豈檇里智囊。寔康成經袖。中年秉木鐸。設教泗濱右。斯地遭蕩潏。田疇久沉覆。奸民樂兼并。里胥枝將售。先生適司事。利弊洞將（然）

遴。大吏采其言。一一九閽奏。蠲復七千餘。永為民藏富。精心衛
名教。攘臂杜私竇。揮斥暮夜金。和平異操矯揉。平生羈微宦。健
翮未云遴。不以己力餘。而使吾心疚。嗟嗟真經師。是為名實副。
以茲衍家學。佳郎曼名宿。鳳池抽彩毫。鑾坡紆華綬。況有文孫
賢。峥嵘早肯構。紛紛頌達人。于焉昌厥後。

題錢方壺先生行樂 先生辛楣學士尊甫

古。人貴適意。圖畫寫方寸。君子耐歲寒。寄興良不遠。拂幀見天
真。風標識清徤。檀欒報平安。夭矯對高論。況復冰雪姿。幹老發

香嫩。彳亍苔徑間。披裘樂无悶。悠然世外游。貞吉占嘉遯。先生
遂家學。紀載資文獻。長公挾天才。著作帙盈萬。卓哉三不朽。唾
手可立建。淵源遡所從。斯理若操劵。獨愧駑下材。十載叨繾綣。
風流竊鯉庭。一一得成憲。高山與景行。瞻景仰畢素願。

程二丈蕺園舍人招飲陶然亭

歷刼難消選佛場。登臨且復共徜徉。烟中蘆荻千層碧。雨後軒
窓一倍涼。與對綠樽應有託。機如白鳥已全忘。五年殘夢匆匆
過。又見城隅上夕陽。

送毛敬思舍人作宰二首

記得河干共放船。長途蕭瑟餞風烟。（丙子年余偕舍人北上）典衣索米成淒絶。仗筆趨朝又十年。陰羽秋隨仙仗路。禁鐘春直紫微天。爾曹莫笑中書禿。尚有江花別樣妍。

萬事都難辨幻真。蕊宮身到尚沉淪。神仙猶自遺殘蛻。卿相安能不後塵。畫省他年思手筆。花封特地寄民人。知君不作梁鴻噫。寸祿欣然慰老親。

送粽亭南還二首

依旧疲驢駕兩輪。征衣重拂輭紅塵。沉樹船病樹身前感。螘穴

鸑籠幻裡因。大。藥有方難換骨。還丹無術莫醫貧。扁舟一葉磬

山水。何異春明下第。人。棕亭上第需次教授

千佛明經亦易為。偶然遊戲任人嗤。文。章未必增聲價。老大何

堪屢別。離。八口團圞偕吏隱。一官安穩坐皐比。五湖鮭菜漁翁

長。羨爾經師即釣師。

馮司直紉蘭招同朱編修竹君先生程舍人戢園二丈沈

吉士南樓陸舍人耳山郭舍人晴湖小集黑窑廠登高登

眺醁飲大醉賦

鳳城景物清。最好是商律。天光碧潭澄。山容翠鬟出。鍵戶注蠹魚。或請禪處蠹。良會須及時。驅車城南術。高臺深樹間。荻葦秋瑟瑟。有如倦飛羽。當風忽振翮。群賢次第至。適得竹林七。平生愛師友。此樂莫與匹。願言釋禮法。所貴在真率。談藝肉弗（貫）。研經髮受櫛。心得何必同。一一舉參質。佳肴紛錯陳。粔籹間饠饆。傳觴似流水。竟忘日西逸。歸途殘夢中。枕藉良朋郗。頻年墮薪纆。齪齪類心疾。襟懷豁然開。沈困一宵失。恐讕語叫呶。若奔車狂駃。明發熱面顔。惙惙生肌慄栗。小過當自懲。酒食戒終吉。

飲沈南樓寓齋席上賦菊花餅

季秋天氣清。風霜歷高潔。良會一以屢。嘉興未能輟。同心無多人。相對互養拙。意不在判留。所重獨情切。中廚薦嘉肴。駢羅匯補綴。雋永夸南烹。傾倒笑西揭。酒闌聞異香。粔籹柈中列。素絲絶復連。銀線亂還纈。微馨沁秋心。饌味知晚節。⿰麥粦⿰麥婁千寶注。椒橘吳均說。恨不一丈圜。乃作十字折。或鬆如翠翹。或黄若金玦。緬彼擢穎疎。而受落英襭。和齊調酸鹹。湛熇去萌蘖。延年配醽

酹○祓除比桃菊○朝插艷滿頭○夕餐分任○吾○多君出新奇○饜我老
饕餮○幽芳溢中虛○清涼滌內熱○談笑弛解圍○酒兵縱流歠○庶幾
復發棠○忽使吾望觖○

程二丈戢園舍人招同錢詹事籜石查太守儉堂畢洗馬
秋帆馮司直紉蘭陳編修仲師郭舍人晴湖陸舍人耳
山法源寺看海棠歸飲耳山寓邸遲朱先生竹君不至分
韻八首 丁亥

小雨才晴天氣新○湘簾高卷淨纖塵○○看花有約急應赴○一日無風

即好。春。

驅車為訪城南寺。樹底春人取次来。啜。茗閒談片時坐。斜。陽又照数枝。開。

記曽卜築寺東偏。愛與名花結浄緣。雙。髩恒河休照影。風光弾指十三。年。

燕支樹，淡扶踈。得似唐昌玉蕊無。花。是主人人是客。人間閲盡幾榮。枯。

小榼携来青豆房。三春端只為花忙。酹花不語花含笑。好事無如我輩狂。
天風細細響松濤。殿角香燈梵唄尚。高閣迴連天一握。一。林紅
雪落山。楸。
最能高興朱夫子。特地前期名客来。匆匆何事趨朝去。不得花
前盡一杯。
舍人宅近牛鳴地。只在城南尺五天。醵飲歡呼圍坐久。花。枝壓
帽月當。筵。
飲查太守儉堂齋中看瓶中芍藥分得江字

深紅淺白一雙雙。艷冶偏宜點夜缸。邗。水流連餘旧夢。豐臺光
景在疎。窻。蕚疊認款重摹篆。書畫如船好泛江。况有濃香浮琥
珀。不辭百罰倒雞缸。

題鄭司馬蘭陔小影

閒。花落印牀。官齋晝長靜。不聞吏人喧。彈琴對鬢。影。鄭公耽吟
者。宦嗟（遊）萍梗。室家一以聚。樂志愛韶京。清心發氷弦。妙悟得真
境。天影并絡間。風與巴江永。時。有鄉夢牽。遥情寄苓。箸。

舟發潞河

三年又泛潞河歸○為憶江南旧釣磯○經雨水痕侵斷岸○戒寒霜信入單衣○長貧風味隨緣適○愛懶情懷與世違○千里暮雲凝望處○鄉心只逐雁鴻飛○

乞假南還賣書買舟尚餘殘帙納敝簏中一夕船漏盡沒於水乃就沙岸曝之感而賦此

歸計惟憑數卷書○賣殘不遣帶經鋤○沉舟幾使蛟龍得○出水空憐鼠蠹餘○已分沾泥同落絮○可堪寄遠付游魚○沙頭點簡增惆悵○雨後甘蕉怯卷舒○

通州懷古

謝郤塵沙染鬢絲。好將淥水鑑須眉。酒。顏赭握霜楓似。秋意闌珊岸柳。知。應爲劉侯尋旧堰。獨憐吳漢有荒祠。五墻銅馬今何在。故壘蕭條有少斷碑。

張家灣

潞河對東西。南徑狐奴城。上承鮑邱水。夏澤相迴縈。或云金盞淀。渺望波淼如。薄宦乏斧資。歸裝喪郵程。瑟縮赤馬船。棲泊如浮萍。津吏昂然來。邏卒聲喧轟。但少女欄頭。瞋唱眷屬驚。國。家訊闞市。所司在冰衡。徒能爾簞壑。迻迻饕收奇羸。

神明一以〻。必收餘錢名。

汶城

倚棹歷亭前。秋風動廣川。人烟生渡口。帆影落邊城。何處濱瀘水。難尋載酒船。長吟君實句。太息古時賢。

吳橋

牽纜吳橋地。將陵邑尚留。喪侯無甲第。孫子識（勝）荒邱。羌壘頻增築。黃河古滙流。祭風臺上望。莽蒼見齊州。

舟中九日

淒隄明鏡夾湖光。孤棹東猶繫石梁。四家（海）無家漸薄宦。百年乘興幾重陽。道旁官柳秋容老。渡口人烟夕照黃。且可呼童覓村酒。客途只合醉為鄉。

渡河

南雲望斷（盡）天羅。漸喜鄉音兩岸多。東觀三年凋綠鬢。西風九月渡黃河。八斷鴻雁銜霜信。聞笛魚龍起夜波。我欲探源星宿海。客星無奈斷槎何。

淮安二首

城上河流旋碧虛。楚州地勢本沮洳。節樓旌旆霜雲霄裡。估客帆檣夕照餘。自古水衡關國計。向來鹽筴為邊儲。盈盈一帶長淮水。財賦東南盡賴渠。

霜後垂楊尚綠絲。烟波極望浩無涯。蓬茅小屋窮民爨。金碧高甍使者祠。何處漁郎歌水調。忽教羇客動鄉思。一聲樓上吹長笛。暮雨蕭蕭倚櫂時。

杉亭集

詩四

人日壬申

獨宿空齋夢易驚。霜簷初日射牕明。花前雁後都孤負。慙愧吟詩薛道衡

和同年王穀原舍人上元夜直廬獨酌看月索同直諸公用東坡韻

龍樓寫影隅畫棟。舍人兀坐如抱甕。天街月色空自明。珠鞍寶馬何由鞚。香醪貰得興自佳。獨酌何妨飲亦痛。夜靜不聞鳥雀喧。中天欲瀉金爐汞。微吟落筆無纖塵。顫鳴清若丹山鳳。箏琵腰鼓逐歡場。笑我翻然同入夢。是夕余與直廬公爲歌酒會 新篇快誦開心神。手胝口沫加珍重。湲雲澂澈天宇空。姮娥還倩東風送。十六夜余宿直廬 壽陵學步徒自愁。詩成翻吹窗間動。宵深被冷不得眠。瑤姬更譜梅花弄。

燕臺幸晤令麟洲作

金題羽采

燕臺三月楊花飛○金鞍年少驕春衣○日斜下直如勸鶴○遂鐘敲

長寬帶〻上〻客叩門急倒屣○偉然風度逸且頎○故人別久顏色

○改執手熟〻視增歔欷○憶君與余未弱冠○里中旦暮相因依○有時

醉畫酒家壁○有時卧占漁家磯○登山偶爾學狂叫○雲霞千尺毫

端飛軒来鍾越萬人敵○往〻睨壁眠赤巖○放顛作達眼慣白○長

老顱領滑罵賊讖○光陰荏苒判好會○浮雲踪跡傷乖違○湘南雁

斷阻尺素○（軒来在漢上）黄山人杳思音徽○（鍾越在新安）君復羈棲沂水畔○天涯

落〻晨星稀○丈夫立名須少壯○安能瑟縮守巖扉○君才卓犖廊

廟器。鴻崖行見金揚煇。知交良會不易得。何期聚首来都畿。典衣且為具斗酒。絮談夜久燈光微。江南風景入夢寐。櫻桃紅綻鰣魚肥。

同穀原游澄懷園四首

上苑東偏路。園扉向水潯。相携有朋好。下直共追尋。宿雨溼苔逕。斜陽淡樹陰。滄洲無限意。對此滌煩襟。

歷〻都□〻。春雲覆假山。水邊漁父静。花外吏人閒。櫪馬空維縶。林禽自往還。□廊三四折。有客掩重關。

新蒲生碧澗半似劍縱衡橋斷餘色登亭空聚落英古牆蒼鮮

幽砌々亍小立清陰外殘霞隔水明

拂拭緇塵滿渾無舊素衣風光春漸老烟水與多违望去忽疑

無到来應息機家山入遥思空負緑苔磯

移寓同年謝金圃舍人新居

料理琴書共一檐僦居新喜傍花龕（居在法源寺旁）塵囂合市遠客高卧風

雨宵深足快談緑障近分隣北樹畫屏遥借苑西嵐江天景況

依然是鄉夢何須更向南

喜鍾越兄至

我昨夢見君。知君在途間。悠悠數千里。精氣相先關。晨興聞剝啄。朧射朝陽園。儼然見君來。喜極淚潸潸。憶與君別時。飛雪滿青山。（辛未正月與兄別于姑孰使院）慨然登車去。繞郡陳褊襴。祭酒全君志。不復相追攀。（與兄有亭天子聘兄為幕僚兄心動陽岐之思揭駕歸省）余從祭酒後。越境瞻聖顏。陰羽蔽大野。仗馬森天閑。筋骸苦柔脆。時嗟道途艱。因念君平生。一羸孱脫。令試鞍馬。式、未如余嫻。莫春詠明試。名點朝班。傲裝示國。債廡近市闤。金闔雅好事。求友鳴嚶嚶。

招我、同室居。同心机若蘭。惟有念君吾曰〻如連環。知君戩計
滑。挾策〻〻裊。故交與新契。酌酒詩同刪。此中絕塵鞅。西山羅
翠鬟。陳童出古寺。蒼〻来白鷴。時雨洗溽暑。溪前流通前灣。風
定〻天一碧。雲開月半彎。素心二三侶。晨夕相往還。謂王穀原褚鶴侶蔣漁村錢辛楣陳寶所
家〻注諸君 奈何余病瘧。伏枕似兔跧。宵分每不寐。毋乃魚名鰥。懷鄉
煎百慮心敲〻〻增驚憂患。空床聞牛鬪。中心安得閒。天君真大藥。一
見破愁顏。愚頑況疴霍然起。坐聽鳥鸞鸞。一笑謂金圜。吾兄豈
等閒。

病目

瘴瘧既浹旬。榮衞違所養。忽然童子眦。拭之作閟瀼。初疑游絲飛。連絡兩清朗。須臾更朦朧。野馬礙蠶網。銀海倏生花。刺促墮榛莽。看芽欲成碧。見一誤為兩。親朋失覿面。詼諧昧指掌。離遝在耳中。時聞鐘磬響。有似癡蟇精。齧月入枯喙。金圃為余言。君病亦非杉。詐見叏熇哼。弄冰向盆盎。流連杯中物。亦令目不爽。將求勿[illegible]。忘心戒浮蕩。吾思阮共兵。青白判俯仰。又聞左邱明。著述在天壤。注貴收視。爭光收蓋鬼魎。陶然樂吾天。一醉何既懷。

秋遊 作歸覲穀原賦詩贈行 依韻留别八首

萬里魚天送曉風。潞河夾岸晚楓紅。布帆十幅輕于葉。人逐清秋入塞鴻。

巷南僦寓已經年。愛典春衣泛玉舩。余初寓楊梅竹街斜與穀原衡宇相望 記得昆明湖上望直廬向寫白雲篇。

漁莊蠏舍已掩荊扉。暫許閒身放艇歸。欲向桑根問三隱。感恩未敢脱朝衣。

炊金折桂些艱難。兩載京華戀一官。此去定知無長物。荊蘭衣敝更看重。

茫茫愁絶百年身。萬事真同東濕薪。我亦天涯厭漂泊。那堪更作別離人。

清梵鐘魚滿舍南。風光回首更停驂。中庭明月猶堪憶。何況同心共酒酣。

逢臆未了[illegible]懷孤。尚有家山一酒徒。(謂鍾越)敲枕寒燈歸夢穩。讀書堂似舊時無。

丁字簾前雲母思秦淮秋水尚維艭。幾時得遂幽栖願。門對寒
原四十韻一。

泊舟滄洲醉後作

秋容淡蕩月在天。清風樓下波淪漣。長年艤櫂夜未半。渴懷欲抽帆中流。呼童提壺叩野店。傾囊尚有三百錢。麻姑酒味最清冽。微颸吹動紅鱗鮮。棕亭（鍾越別字）小戶已辟易。船脣趺坐雙眼擱。看余攘臂氣吞虎。一斗立盡傾長川。憶昔少年慣使酒。沉醉即向壚旁眠。春花秋月動高興。典衣忍凍如枯禪。此情獨有軒来

共。白眼不受他人憐。鄉里小兒恣姍笑。兩人狂癖久益堅。光影
影轉瞬瞥鳥影。頭顱自顧非當年。低徊往事已成夢。漸覺塵慮
胸中填。有如天馬受羈靮。畢寵其首加韋韉。人生行樂匪易事。
樓居寧如二頃田。片時疎放亦快意。此景與子須留連。他時追
憶又陳迹。有酒不飲真徒然。

鄆州道中

沙岸牽牛不沙行。村墟無復午雞聲。槿籬礙道懸空網。茅屋翻
風有敗楹。滿目荒烟郯子國。連天秋水下邳城。蠲租賜復新恩

洊。中澤哀鴻感人生明。

集於人於齋中即送棲亭之漢上二首

握手壺齋裡。歡言盡素交。畫圖攜友識。詩卷乞人鈔。柏燻去浮

青萍。松牌淨粉膠。何須更怊惆（悵）往還第三交。

吸山渺無際。送客上湘江。別夢從今始。詩魔知未降。遠汀明楚

火。對吳船。漢口憑魚素。相思寄幾雙。

張氏藏書歌

張君好奇尤耽書。冥搜典籍如嗜欲。校讐剞劂壽梨棗。匡床連

屋羅璠璵。即今文孫世相守。默檢依然盈五車。香濃迷迭祛脉望。

望展卷彷彿裝池初。豈無素封積珠金玉。轉眼雀網張庭除。張君

貽謀善自世。後賢食報將何如。我家昔汴皐陵下。賜書萬卷高

六印。儲驂出門不得意。蟫紅蠹碧熏焚餘。先人手澤已零落。有

時執簡增欷歔。君家藏弆獨完好。于牴我欲同鈔胥。百城南面

足快意。帶經且學兒寬鉏。

題六吟之詩卷三首

燕市逢君僧舍[illegible]酒酣擲管如氣虹。望雲忽起歸來興。薄笨寒

車逐轉蓬。

毛生名紙惡離降。鎮日攤書坐小窗。不學當筵柘枝舞，笑他紫韻與紅腔。

今息尊前百感生。新詩都作不平鳴。風塵京國年時夢，爭似楊州月最明。

題先侍讀默巖公手蹟後并序

先侍讀公以順治戊戌一甲第三人通籍詞垣日侍禁近嘗以病假歸流寓邗江與洪敬修先生歌詩贈答稱莫逆

文畢今已十餘年先生之孫楚珍復與烺尋世講好乃得于
齋中敬觀先侍讀公手蹟行書十七絕句裝池完好墨彩爛
然於以見楚珍之不墜其先緒也爰作長歌誌之
濃香琥珀盈清樽。主人肅客張華軒。酒酣拂拭開錦幛。墨光奕
奕懸漏痕。吾先太史傾詞源（工著作）百篇立就傾詞源。八文六體古莫
比。琳瑯金薤相繽繙。百年詩人王司寇。鑾江唱和如堂昆。（先侍讀公與新
城王尚書有鑾江唱和集）初方阮亭擘窠字。至今黃[illegible]留家園。（尚書乞先侍讀公書阮亭二字）平生文
采恥自耀。獨有一氣于焉存。片鱗寸爪乍隱現。如從古鼎私扣

𢬵。兩家先人延廿德。交情歷久欣重倫吾宗秋竹雅好事。摩抄
三復欲忘忘。豈無雲爲與翰藪。此米寶貴同瑤琨。慎毋載之書
畫舫。夜半恐有蛟龍奪。

送寗檪山廣文

積雨足秋意。傲裝辭江瀆。長天渡將夕。風笛秋（空）中聞。吾子抱奇
器。才力追黃墳。卓犖觀百代。岓然時不羣。憶昔擁書籍。墨濤東
西分。酒闌發高論。氣壓飛將軍。溺攢或譏舌。巢睫多花蟲。江郎
筆正艷。君崔硯禾焚。鄭公有三絕。落紙猶芳芬。冷宮（官）寄嘯傲碧

澗餘香芹。相思渺何極。宦寶蔚亭雲

汪苓山之官粵西四首

薊北登高共舉杯。酒闌判袂掛帆回。重九與苓山鍾越晤於京師即日余偕鍾越南歸蓮飛已分天涯迹萍合誰知日下來。遠道風霜秋鬢改。寒燈笑語素懷開。交遊問訊都無恙。謂穀原家芝溪諸君別夢依依更遡洄。

羨君棒檄著萊衣。且向家山別釣磯。詩酒暫隨朋侶共。簿書好與吏人依。ゝ刀荔熟蠻烟重。絕徼塔深瘴雨霏。天遣奇才化殊俗。雙鳧應傍鬢絲飛。

相携惜別太匆匆。辛苦情懷歎蓼蟲。此地翻成君送我。大江猶
恐雪兼風。浪花踪跡真如夢。楮葉六六詞愧未工。可惜松蘿山畔
客。（鍾越時在松蘿山中）驪歌不遣於楚同。
江路梅花伴曉星。燒燈時節好揚舲。頻收風景歸圖畫。極望林
巒入窅冥。斑竹春葉烟淒雁渚。黃陵暮雨歛螺屏。計程百粵南
雲出々。二月抽帆過洞庭。

飲姚雨亭齋中

雪後晴雲壓畫橋。故交新契笑相乘。（張崇彩周橫山在座間）薔薇浣罷詩頻讀。

迷迭燒餘火細添。坐久設深敲短榻，燈紅杯暖下重簾。明年好踐看花約。問訊湖干賣酒帘。

過卒螺書院訪葦欒仙 癸酉

鼓櫂烟波入渺茫。偕帆風落訪葦郎。錦袍人去空流水。采石山明自夕陽。倚檻半侵江浪濕。聽松不覺夜雲涼。軟紅撲面東華路。那得如君寄此鄉。

七磯

溢城一戰氣雄哉。回首青堆事已遥。太息荒城今蔓草。路人猶

指七磯窯○

夢門詩

巴滇駿馬到湖陰○畫艾少驚残日欲沉○東晉強藩真跋扈○南朝往事付微吟○闌干不少春花壓○營壘曾經帝座臨○我向空亭閒眺覽○吳波碧映楚山深○

余忠宣祠

皖陽城外野烟昏○衰草空祠晝掩門○千里大江盤重鎮○半塘清水吊忠魂○尚憐伏婿稱花李○曾醉明床案酒尊○注馬欲尋風節

井○古竺〻蒼蘚沒潮痕○

蟂磯靈澤夫人祠

湘漢東流雪浪新○荒磯祠廟枕江濱○銜魚水鳥下庭樹○打鼓村巫陳渚蘋〻建業夢回津樹曉○錦官魂斷棧雲春○如何小沛屯兵日〻只向生綃泣玉人○

姑孰使院晤韋藥仙出新詩見示因憶郭侍講奉增金孝廉鎮越兼呈雙祭酒有亭七八子

燒燈十月春風暄○雪晴呼艇來江干○太白樓前輕（理）棹○歎闕惟見

梅開残○時訪蘂仙〻丞、螺書院不值 旋門聚首忽如夢○三年別緒紛無端○茫〻身
世未暇語○深〻且索詩篇觀○玉堂右客聯吟嘯詠○明珠百琲盈
晶盤○風流下里今歇絶○爾曹輕薄良可歎○誦君佳句增感慨○壁
合更念知音難○笑余鹿〻任京國○緇塵拂拭猶霑翰○飢者歌食
勞者事○草蟲徒自鳴辛酸○去年請急歸覲省○玉河夾岸霜林丹○
酒酣捉搦孝廉袖○月明恨不同君看○晨星落〻我輩在○寸心得
失寧相覓○吾師風雅邁千古○生徒歌樂悲[追]清歡○賞心應爲酌大
斗○殷勤努力迴狂瀾○

奉和甫亭天子挹芳軒看梅

輕雲簾外點韶華。廨宇幽閑樂意賒。茗椀清浮香清午夢。苔枝綴雪綻寒花。人如水部留官閣。詩比宣城散綺霞。小坐何妨待明月。疎窓冩影似山家。

贈襲葢占三首

幕府春莚舞柘枝。後堂絲管勸金巵。宵深獨作去還家夢。章貢門前暮雨時。

可愛紅蓮泛綠池。翩翩書記奈君何。稼軒樂府無人解。坐上令看有岳珂。
病酒耽吟耐早春。茫茫真似過江人。清歌一曲王曇首。邀笛桓伊總後塵。

題白雲鄉思圖步江于九韻二首

松陰雲從幾重開。寸草離離勝剪裁。鄉思一襟應會取。好教束晳詠南陔。

看雲異地不勝情。風木蕭涼入夜聲。我亦頻年違子舍。畫圖誰爲寫平生。

悼亡三首

心急風帆更覺遲。入宮忽見繐幃披。（時余從揚州歸，孺人沒已七日矣）烟淒素几香初斷。燈閃孤簷影乍離。牕下空奩塵盡掩。衣邊嬌女淚雙垂。年來久處安仁痛。真受今宵刺骨悲。

往事尋思百感紛。黔婁身世不堪云。廚空永晝賒胡餅。（余家貧斷炊，每貰餅）（兩食）薦冷殘冬債布裙。（深冬無臥茵，孺人以絮裙代之）素帙青燈依小閣。綠牕金線對斜曛。重泉一慟人何在。十載勤勞竟負君。

零膏殘（賸）馥閉空箱。摒擋思君一斷腸。可歎銅釵惜于玉。更無羅綺織流黄。鄭燕不慨盧江婦。輕別羞稱畫省郎。（余入都供職鴻今家母病遂沉重）縱有鮫人千點淚。三郎愁絕海茫茫。

題胡鏡南秦淮水上詞三首

年時塵鞅露征袖。且喜清閒過水亭。却憶岑華當日句。鍾山一角佛頭青。（先伯父比部公句也）

雨後生衣尚薄寒。相逢莫放酒杯寬。虛窗坐盡垂楊碧。人倚東風亞字闌。

隔岸誰家唱竹枝。笛聲只在小樓西。風流前輩銷磨盡。又見秦淮水上詞。

送鏡南歸廣陵二首

一棹烟波瀾○歸帆下廣陵○離心託江水○渺渺送良朋○遠樹青無際○晴峰翠幾層○汀洲吟嘯暮○歷落見漁汀燈○

十日曰門住○名園深綠苔○酒人應索笑○花逕好銜杯○君亦疏狂客○交憐落拓材○殷勤報秋竹○遲我更重來○

送郭侍講奉墀先生新納姬人歸里二首

雨後垂楊色蔚藍○水亭握麈愛清談○三年別夢今差慰○一卷新詩與細探○失侶文鴦應共歎○度河香象許同參○匆匆又挂歸帆去○

良會何時更酒油。

薰香小閣足清吟。絶調重彈綠綺琴。彩筆定描新粉黛。暗塵好拂舊花箋。情懷暇日蕭閑慣。哀樂中年感慨深。笑我鯫魚不成寐。鎖牕空掩雨沉沉。

邗江送友人歸白門

大堤芳草碧。送君乘小舸。孤帆指天末。悠然東逝波。日夕對樽酒。奈此別離〔緒〕何。

秋日同胡鏡南泛舟紅橋作

商飇發微凉。清光下庭樹。我友相招。邦溝同渡。野航輕于
葉。延緣諳前路。紅橋跨彩虹。潮痕沒魚步。亭臺夕照中。靄々蒼
烟暮。登臨緬疇昔。感慨一以屢。垂楊露濕螢。不見隋皇墓。何處
江南山。肯空潑香霧。憶余春半遊。飛紅點輕素。時節逐流水。秋
容倏妍嫮。躑躅叩名園。清芬襲芒屨。回船動詩思。微吟課新句。
照水銀蟾明。生衣拭寒露。

題結網圖

潮落湖平葦花白。七尺漁竿破秋碧。幽人結湖壖。霜柳依々弄

晴色。激廬不聞車馬聲。縹囊緗帙盈百尺城。豈羨當時漆園吏。

對此居然濠濮情。

杉亭集

詩 五

舟過邵伯驛即目三首 甲戌

如吼河聲瀑布懸。河干繫纜夜無眠。長年惟恐風帆駛。百丈難牽下水船。

甓社湖光照眼明。樓臺直與浪花平。人烟萬井邊嘘吸。一線危隄與護平。

極望中流雁齒排。旌旗一隊畫中開。流星驛騎傳呼急。又道行河使者來。

題張司馬芸署秋林讀書圖二首

秋氣在林表。達人心正閒。摩挲尋舊跡。俯仰絕塵寰。石磴流泉細。松亭碧蘚殷。鄉園入遙思。只少究陵山。

瘴海炎荒地。緣何老比人。著書淹歲月。薄宦滯風塵。騶衍談天口。林宗墊角巾。不知圖畫裏。可許結比鄰。

次韻題巻山舊廬圖

竹石蕭疎共一邱。披圖如向畫中遊。遥天暝迷深樹隔水殘色
霞映小樓。城郭盡從亭下見。烟雲都傍檻前流。吾廬亦有寒山在。
回首家園動客愁。

送王明令府梴宰石門

鳳城三月春風還。盧溝柳色新可攀。摇鞭此日送君去。夕陽回
首明西山。先生家君之執友。少年束髮同携手。廉隅砥礪近文
章。聲華肯使虛名負。藉甚名壇三十年。金臺頻索賣文錢。即看
騰馥沾丐。染指丹爐尚可仙。悵我驅車來輦下。淒風陗緊酸

眸射。箭逢傾蓋慰平生。借居未、紅塵隔。我橐不毫　禁闥旁。

先生適館近巖廊。偶然休沐論文夜。剪燭同聽漏鼓長。君今飛

舄語溪畔。垂簾應對繁花燦。足何妨百里區。清吟猶得憑柔

翰。溪知倅檄過江潭。笋碧櫻紅水蔚藍。重訪舊遊無恙在。平安

寄語老親諳。此後相思隔雲樹。尺書休遣賓鴻誤。報最他時復

詔還。為君更續巴人句。

金孝廉鍾越都下王熙原諸鷗侶錢辛楣三舍人謝金

圃庶常李笠芸明經醵飲寓齋即席八首

行踪真似隔前塵。好向瞿雲問慧因。ゝ寺酒寒燈相慰藉依然同
是去年人。
名心與爾久成灰。休嘆中郎爨下材。爲有貪故入貪小集。蹇驢
風雪又重來。
眼底相知盡古歡。送寒先奠五辛盤。閑門也學治家具。屏當中
迢ゝ水驛路三千。每往艱難數俸錢。記得昔年空酣叫夜。麻姑酒冷不成眠。
飯冷官
廚不成眠
最能讕語無如子。偶尔傷神猶一作儂。人到中年易哀樂。茫ゝ誰
解此情濃。

吴楚之歸孰感恩。江湖湞洞歷年遍遊來只有詩囊富。讀向荒齋晝掩門。

十丈紅塵𢇁客顏。君須小住共言還。牙生若遇鍾期賞。何必烟波獨放謌。

換骨難尋勾漏砂。雞缸且可酌流霞。懵騰一醉聽衙鼓。剔盡金荷絳蠟花。

送陶明府宰廬陵回首

回首金臺夕照前。送君遥路祖吴船。江鄉取次登高水。一點征

帆入暮烟

清都臺下水瀰漫。章貢交流十八灘。想到兒童出郭迎。龍華山色馬頭看。

舊雨淮南溯勝遊。風流銷歇幾經秋。衣亭好句何人問。永夜寒聲落小樓。（明府滁人與先姑父金衣亭先生同里親串）

白蘋紅蓼秋江上。螺髻千茸列畫屏。一筆輸君風雅甚。鸞箋手摹寫丹青。

過梁編修山舟味初齋啜用東坡試院茶韻

琅玕影碎秋風生。素琴挂壁寒泉鳴，虛齋坐久自忘慮息。一甌香泛蟬雲輕。此間風味已無二。況復煮茶出新意。我欲竹爐砂銚偶學山僧煎。六街塵漲何處尋，山泉亦非坡公偃蹇在西蜀。安得新茶潑乳試寒玉。先生誦經常忍飢。每于客至能軒眉。元亭不厭人問字。擔書我日相追隨。莫管餅傖茜冷笑。水厄且愛松濤細響坐到日斜時。

送王穀原比部歸里四首

儆裝何刺促。尊酒送歸程。驛路偏秋早。黯然離恨生。暮雲千樹合。霜月片帆明。掁觸鄉園夢。依依到石城。

宦況輕于葉。淹留竟四年。文章堪不朽。身世太蕭然。志已全烏
鳥。心惟托杜鵑。鴛湖秋水碧。好放釣魚船。

歷落嶔崎態。相看百不宜。江南好風景。可以賦新詩。獨往真千
古。同遊定幾時。青溪邀笛處。問訊綠楊絲。

猶記寒宵永。山房卧聽鐘。爲言歸興劇。倍覺酒懷濃。策蹇歌烏
帽。看山拄短筇。思君不可見。雲水杳千重。

寄王進士琴德四首

孟冬風日淒、庭樹脫殘葉。攬衣上前楹。霜華覆階濕、冉冉歲將暮。鬱鬱憂懷疊。所思天一方。道遠阻梁陽。矯首望飛鴻。徘徊空佇立。

鳳凰集阿閣。梧桐生朝陽。造化鍾靈異。蔚爲家國祥。明珠薦玉敦。太廟陳五英。遇合貴有時。迺卜濮景昌之子梗楠材細理敷文章。班匠顧不用。棄擲委路旁。已矣復何道。嘆息摧中腸。

朔風激塵鞅。九陌馳軒車。朝謁金張館。暮謁許史廬。新知若膠漆。灼灼春華敷。昔時同盟友。窮賤棄路隅。高言諱姓字。自笑何其迹所以揚子雲守元惟著書。
我愛榮啟期帶索鼓琴悠然得三樂。舉世無知心高風一以
邈。至今傳濟南。吾友遠行客。永慕梁父吟。金函與玉牒。寂寥勤
追尋。嗟彼於陵子。毋乃作避人深。因風託情懷。視我瑤華音。

題王編修鳳喈三峽歸舟圖

硌砑隋壁千仞縣。飛流直下滐滐烟。扁舟如葉百灘上。思歸獨
客心茫然吾聞岁牛東入西峽明月空舲天半挿。白鹽浮雲
接赤甲。一髮荊襄山岌業。風浴里滯風雲拂拂江陵猶令夢魂怯。

王郎卓犖天下才。落筆往往當探奇忽到多子國。著書屢上爾雅臺。一朝回頭歸去來。霜夜木落猿聲哀。渚宮滅沒何有哉。霸圖消歇空氛埃。畫手何人識此意。一幅鷥溪染穹翠。中有澄江作巴字。君不見浣花翁。瀼西舊宅惟蒿蓬。男兒落拓依人遠行役。安得寶軸秘函掇拾顛崖中。六朝山。三楚浪。誦君佳句精神王。遠夢尚驚三楚浪舊遊重看六朝山編修耕養齋集句于嗟乎。我亦天涯漂泊人。芒芒對此增惆悵。

送江明府蔗畦之官漢陰用謝編修金圃元韻

沙岍牽船潞水涯○嚴城回首憶鳴笳○已傳平子三都賦○更種河

陽一縣花○隋苑勾留今雨遍○禁天迢遞暮雲遮○知君晝靜垂簾

處○又向荊南紀歲華○

上陵詞四首

東巡雲罕指遼陽○中外臣民喜覲　光○一統河山開圖畫○萬年

締造卜遐昌○豳岐再至思王業○　園寢重來拜帝鄉○此日精誠

通肸蠁○松楸霜露曉蒼蒼

秋原景物肅清嚴○取次

宸衷悦豫添赫天聲靈傳赤縣怡然色養奉彤闈名王進膳
天顔喜大漠来
聖澤沾私詠話道旁諸父老雲何幸又重瞻
長白山前好合圍草經霜後獸初肥射雕箭向雲中没搏虎人從
磧上歸萬點秋嵐迎赤帝一輪晴日照黄衣賦成羽獵空文藻
那識天朝振武威
迴鑾帳殿啟卷阿染翰時時賡雅歌觸目倉箱登萬寶傾心臣
庶祝三多當闕紫氣扶　金基下入塞黄雲護玉珂細数郵籤

輔
近。舉朝瞻望更如何。
送秦修撰澗泉請急歸覲二首
含香鎮日侍彤墀。才子尤思（深）陟岵思。東觀已繙天祿史。南陔欲
補廣微詩。白雲親舍懷鄉切。赤馬吳船解纜遲。此去直沽瓜蔓
水。一篙新綠正漣漪。
澗身整許卧滄波。清夢猶疑聽玉珂。緣筆封題辭鶴禁。青陽夾
道送驪歌。烟開岸氣收靈嶽。風作潮聲渡大河。舊國兩淮南重問
訊。三吳杜牧竟如何。

題梁比部中泉青乳軒八二首

軒窓幽敞浄纖埃
花逕延緣半苔
屋角義輪未停午
起看清影落茶杯

此間風景最宜秋
蕭瑟聲中月滿樓
留取潑醅新釀熟
不教斗酒換涼州

擣衣

暗憶金微路
霜天着意寒
還將数行淚
留向禀碪彈
月皎聲偏急
風淒響未闌
羇人不堪聽
夜坐感厂端

觀獵

白望向郊圻。將軍著短衣。草深狐遠遯。天迥雉高飛。遺火生寒燒。前旌指翠微。角弓鳴勁羽。更得野禽肥。

南還舟中述懷却寄都下諸子八首 乙亥

欲別不忍別。馬嘶人在門。此行惟下淚。小住亦銷魂。入世無長策。良朋有贈言。路難歌莫苦。信罷任乾坤。

薄宦又三載。卜如一朝。典衣米。橐筆曉趨朝。寸祿難為養。歸心不自聊。謝郎同此意。話寒宵。

故人餘老屋。許我住西偏。拓，亦臨帖。聽鐘晚亦禪。謝金圃居鄰憫忠寺額曰聽鍾山房寺內有蘇靈芝碑刻 微風刪竹日。細雨養花天。不盡攻文史。機雲對榻眠。再東澥廬同在寓廬

自與穀原別。衡林失酒徒。王比部乞假南歸 江山清夢遠。文字素心孤。賦筆雄三禮。漁竿竟五湖。天南少鴻雁。報我尺無書。

人海波瀾濶。中流有二君。謂梁編修山舟錢庶常辛楣 天姿金璞玉。逸興上青雲。鍵戶惟烹茗。研經但著文。却憐塵土客。營逐日紛紛。

粽亭驅馬去。言返阜陵閒。復作維揚客。風塵損壯顏。寓書来邸

含。報我有家艱（榕亭與先君子同客邗江，先君子以無疾而逝）一痛肝腸絕。盈襟血淚斑。

我已悲風木。淒涼一鮮民。深慚烏鳥哺。只爲蓼蟲辛。道拙身懶偏懶。時清仕守貧。南雲穿望眼。遺櫬滯江濱。

潞河冰泮。買棹始言歸。惆悵思前事。艱難詠式微。雲山千里隔。風雨寸心違。歌罷長天暮。春陰冷客衣。

贈周養之三首

鏤雪雕瓊一卷廿 自山宗派是耶詩（嫓）閒情合在無言處。正好羚羊挂角時。

聞君雜誦在船窓○一笑相知天降○楊柳春風〻河路○扣船覔
句不下清江○
頻年蹤跡滯邊關萬里龍沙〻馬還○此去家園尋約舊○武林多
少好湖山○

次周養之送酒

輕舟自北下○兼旬多南風○翻羨吳艄疾○翛然隨歸鴻○周郎愛韶
景○才氣卑崆峒○佳辰過眼擲○甘如負乃公○新詩貽我讀○皎若新
磨銅○賤子素跋扈○酒陣誇豪華○瑟縮介舟內○地絕天難通○聞君

尚有酒。乘興復推篷。獨怪君不飲。休訖吾樽空。既醉更強酌。力
挽十鈞弓。明發醒時憶。所語殊難工。

蜀山湖

烟波百　蜀山湖。汶水南来向此趨。齊魯微茫津樹合。山川平
遠驛樓孤。柳垂曲岸魚將子。麥秀中田雉引雛。前去任城多美
酒。柏浮應學謫仙沽。

任城道中日夕

緑楊夾岸響風聲。雨霽雲開　更涼氣暗生。衣袖濕。微波不

動縠紋平山迴清濟參差見任城取次傾○月船窓真瑟
縮○川途極望客○濮
藥根上人芰荷堂聽雨四首
幾陣薄涼侵袂一片濕雲壓檐○燕泥墮地蝸篆○蛛絲當戶蜂黏○
竹葉黄轉翠○苔痕紫處還青○簾際一襟秋意○居然鷗鷺沙汀○
京華一别三載○故人風味重諳○衣上淡紅蓋滌○甌中嫩白同參○
藥師韻如休已○的壓諸子長城○何處香林薝蔔○試證西来妙明○
七夕前三日同王比部款原龔明府梧生傅上舍雨田集

吳煉師山房分得知字

雨後仙壇碧蘚滋。鈎簾坐久席頻移。竹梧陰暗清風度。鐘磬聲疎夕照遲。六代山光飛鳥外。一襟秋思暮蟬時。同來薄醉凭闌處。舊夢、情玉笛知。

同仝麟洲飲李笠芸齋中有懷軒來在成都

十年前事真如夢。佳回里侶重尋感昔遊。無恙琴樽餘老屋。初涼竹樹入新秋。酒闌ㄨ一悤酉飛動。醉後詩篇孰唱酬。却憶故人天末去。巴西暮雨錦江帆流。

秋日過瑯琊寺見李先[illegible]翁題壁

寺門高下亞松[illegible]山翠沿緣天[illegible]垂。石磴坐看雲起處。木樨香到晚涼時。三生已悟塵中劫。十載重吟壁上詩。欲覓舊遊何限感。雪鴻[illegible]草離離。

燈

一點蚖膏綴曉星。更殘人去小閑庭。窗開風戍風蕭瑟。帳掩流蘇夢杳冥。珠穗暗垂烟自綠。金釵初撥暈猶青。那堪別淚盈盈夜。酒冷消香銷倚畫屏。

題葦藥仙翠螺讀書圖

粉箋色如雪。點染成巖阿。蒼松潑落照。葉葉江帆多。我友耽著述。昕夕此吟哦。憶昔叩關至。門徑深悶蘿。弟子三五輩。執策同絃歌。如詠考槃。碩人留軸薖。星霜屢易。悠然東逝波。斯圖作拂拭。恍忽再過。舊遊如可續。憑君問翠螺。

移居和禹居民二首

我愛雞籠山。偶然見卜宅。閒園芋畝餘。烟霞自朝夕。京洛軟紅塵。頻年苦行役。一枝棲鷦鷯。小小燒孔席。明發念之子。風雨感疇昔。嘉樹撫田荊。敝廬何忍析。
酌酒共勞苦。于王賦詩蒼烟靄林薄。霜禽隨所之。故人各滯
深。道遠增懷思風霜戢云暮。悵望芳春時。安得脫塵駕。嘯歌恒
于茲。萬物　乘化。至人寧我欺。

冬　信宿山莊感寓用唐人韻十首

嚴冬日易暮。閒雲四山暝。獨客投山莊。涼風夜長鳴。鷲禽稍欲
棲。繞樹聲未定。啟戶天忽明。踩花覆蕉逕。
老翁持村醪。酌我東堂上。聰閑深樹間。布席亦幽敞。嗟南古寺

鏗○歷歷送清響○此間堪息機○伊誰共欣賞○愧我塵勞人○悠然結遐想○

余性慕烟霞○軒裳非所悅○入世多幽憂○壯心漸磨滅○艱難歷後深〃意良中發○寒山杳相對○芳草已云歇○積雪浩漫〃○千里耿明月○戢暮〃踟躕○何以酬佳節○

橐筆侍西清○丁〃休代百畝○闌冗點朝班○迂疏愧僚友○范子甑有塵○阮公廚無酒○撲生軟紅中○羸馬〃日奔走○思家望白雲○心折江南柳○抱痛始言歸○遺經在篋〃○我生胡不辰○白〃宿南斗○君子

乃固窮。此意人知否。
茫茫倦飛鳥。振翼卝户投。故鄉已如客。萍梗同漂流。悲来填胸
臆。淚下不能收。丁年情定力。超然與天遊。
我有半畝宅。歸来擬種竹。生氣觀春榮。高致愛秋肅。娟娟凌雲
姿。素心・幽獨。與結歲寒盟。虛衷乃如谷。
滔風倏已斂。曉色弄晴霽。高低見遠山。雪雲猶曀曀。言登東田
阪。朝日衣上麗。凍鳥時一鳴。孤烟起天際。茅簷三兩家。荆扉樹
根。閑鳥健眠屋角。童作揮肱勢。穆然太古初。逍遙聊卒歲。吾生

寡多求。所欲亦纖細。顧茲增感慨。朔風吹衣袂。傷彼南征鴻。霜天振清唳。虞淵淩灕照。錯落明諸峰。寒氣忽凜冽。陰雲忽空濃。稚子原上牧。少閒春。行人去不息。關山知幾重。一身此棲託。百慮今已慵。偃不寐。冥冥聞遠鐘。詰朝攬青鏡。毋乃成衰容。胡為卒曠野。蕭條寄吾蹤。野老强解事。相傒語。憐我山遊人。去家幾寒暑。感此發長嘆。虛名竟何許。

我家蔣山下。淡泊無所營。[illegible]深巷。蕭然遠世情。窗中綠梧

直。庭際蒼苔生。[illegible]落艷。秋蟲嗜階鳴。其如八口饑。驅我四

方行。于嗟羈旅[illegible]不如草木榮。

耕第一圖浸種

暄和節候肇農功自此勤勞處處同早辨東田穜稑種蹇裳涉水浸筠籠

百穀種先農著懋功春暄二月後香浸一溪中重穋隨宜辨筠籠罙同每多賢父老占節識年豐

氣布青陽造化功東郊傚載萬方同溪流浸種如油綠生意含春秀色籠

浸種

溪頭夜雨足門外春水生筠籃浸淺碧嘉穀細新萌西疇將

有事耒耜隨晨興雙雞祭句芒再拜祈秋成

耕　第二圖　耕

土膏初動正春晴野老支筇早課耕辛苦田家惟穡事隴邊時
聽叱牛聲

原隰亾　如茅茨煖氣舒青鳩呼雨急黃犢駕犁初畎畝人無
逸耕耘事敢疎勤劬課東作扶策歷村墟

宿雨初過曉日晴烏犍有力足春耕田家辛苦那知倦更聽枝
頭布穀聲

新
東皋一犂雨布穀初催耕綠野暗春曉烏犍苦肩赬我銜勸農
字杖策東郊行永懷歷山下往事關聖情

耕 第三圖 耙耨

每當旰　念民依南畝三時願不違已見深耕還易耨綠蓑青
笠雨霏〻
農務時方急春潮漫欲平烟籠高柳暗風逐去鷗輕壓笠低雲
影鳴蓑亂雨聲土　頭沾共穩斜立叱牛行
九重宵旰念民依課量陰晴〻不違縹緲雲山迷樹色綠蓑扶

耕耩

耙雨霏々

雨笠冒宿霧風蓑擁春寒破塊得甘霔齧膝浸微瀾泥深四蹄重日暮兩股酸謂彼牛後人着鞭無作難

耕

耖第四

東阡西水潺湲扶耖泥塗未得閒為念饔飧由力作敢辭竭蹙向田家閒

杉亭集

全椒 吳烺 荀叔著

古今體詩六

題汾嶼秋江歸輿圖二首 丙子

三載羈栖投簪身復閒歸心與秋意寫向刻藤閒桑落洲前月楓香驛外山江流渺何許宵宵送君還

舊業欣仍在家山興有餘微霜三逕菊秋雨半床書坐上銜杯客門前問字車山靈慰蜈雞朕咲意何如

同朱紫岑沙白岸張少宗曹漁菴朱桂泉集飲家拙菴先生遂初園

名園春已半，碧水淡空林。勝侶樂豪飲。主人真素心。山容當戶近。花氣入[illegible]深。我醉凴闌望。寥寥作楚吟。

聽樓晚眺

蕎麥青青繡野平，聽松樓上晚風清。靈岩秀絕凴誰畫。一塔烟中取次明。

題家竹嶼遂初園十四首

硯山堂

軒窓敞幽邃山影含虛碧庋閣紛琳琅烟霞自朝夕時有簷閑花園風落瑤席

查山閣

蒼烟靄椿薄亭亭小查山微風過闌角心與停雲閑虛窓送遥矚飛鳥何特衆

春草池

宵来春雨生芳草夹廣路陂塘一鑑明點點下鷗鷺不見楚吟

者。長懷謝公句。

巖東精舍

幽巖俛空翠，嵐氣明前除。朝陽瀲霽景。林際。烟。光。虛。小憇衆籟寂。悠然愛吾廬。

平橋

紅闌分曲彔。露重蒼苔滋。飛虹飲寒碧。下上青琉璃。沙。鳥點頭去。風潭自漣漪。

香溪田舍

衡從四十楞。䆉稏相與〻。卓。午鄰雞鳴。炊烟淡平楚。極目上平
田。塍南獨延佇。

依緣軒

夏木陰卓。夕陽漏疎影。烟霏交林樾。苔色侵衣冷。不聞山鳥
鳴。虛堂人習。靜。

歸雲嶋

西巖雨初歇。擘如循須繙。微風動密篠。冉冉沉石門。欲訪陶貞
白。相對已忘言。

青瑤池館

水亭敞四面。縠〻漾闌檻。魚藻雜鳧葵。練痕青湛湛。緬想涼秋時。霜嚴色初減。

篠簜徑

琅玕千〻个。一一凌雲姿。穿徑忽忽返。積翠沾須眉。風雨颯然至。不辨来何枝。

金粟坡

王。孫秋不歸。山花已零。乱。應有脩月人。小住寒香館。此子夜津梁。禪心參鼻觀。

聽松樓

秋窓作細響。斷續若私語。商飆振林間。寒聲駴清慮。彷彿廣陵濤、復向滄門。去。

西爽臺

夕。嵐、互明滅、紫翠紛萬。狀。躡磴登高臺。開襟把暉曠。徘。徊樹蕙間。獨立青雲、閣

埽葉廊

清霜下庭樹。葉葉風聲急。蕭瑟堆空廊。黄依綠苔濕。不。逢煨芋僧。留課山童。拾。

題李晴洲天際歸舟圖

春。水渺無際。天涯獨客。歸。孤帆溯沙岸。新夢到林扉。宫闕人千里。江村樹幾圍。但愁良友別。莫遣尺書。稀。羈旅心偏遠。雲山興不違。烟霞同寄。傲。鷗鷺共忘机。緣渚蘋移棹。紅塵暫拂衣。回思京洛聚。頓覺旧情非。

題沈學子秋燈夜讀圖

疎燈獨夜照梅檀。蕭寺羈人感萬端。一院竹梧天易暝。半樓鐘
磬露初寒。微雲河漢參差影。秋水南華取次看。料得碧空涼月
滿。更携素帙倚闌干。

秋竹招飲指香堂丁香樹下同鏡南賦五首

駘蕩風光滿院涼。丁香一樹覆微霜。定甌清茗窓前坐。看到花
枝漸夕陽。

客邸招携只素交。中廚蔬筍出嘉餚。莫辭尊酒無珍味。剥白榆
猶滿近郊。

鹿々風塵未息機。南陔華潔似君稀。行踪一枕釣天夢。衣白山人媿紫微。丁香紫白各一株

又見春光到眼前，鬢絲禪榻感流年。花間莫綰同心結。已過東風二月。天。

憶昨支硎山下過。梅花如雪點春衣。墻陰新綠已如此。獨客飄零何日歸。

春深園居

屐齒印蒼苔蘚。林間一啟扃。殘紅依石磴。穹翠下茅亭。晝永人

增懶。吟成酒易醒。錫簫聲斷處斜照淡空庭。

送汪國子對琴入都

水驛三千里。迢迢君去時。暮雲淮浦樹。春雨嶧山碑。進學先生解。談經國子師。宮墻連上苑。繫馬綠楊絲。

同閱玉井陳授衣蔣秋涇易松滋汪對琴嚴東有分賦得

酒船

一棹清波趁晚風。兩人三許素心同。樽移柳下香添碧。杯泛荷邊色借紅。劇飲推篷明月上。微醒欹枕夕陽中。湖光嵐氣溟濛處。醉眼遥天入望空。

題王少林春江夜渡圖三首

小帆山下抽帆去。遥指金陵積翠中。料。峭寒風吹薄暮。葦灯漁火一星。紅。

清澈寒流鑒客顔。半船書畫與身閒。一。丸冰月船牕冷。卧看蒼蒼六代。山。

畫手詩人兩合并。（時崔筠谷同船）此来端不負江行。雪。晴好問梅消息。春水巴陵一夜。生。

贈戴明府薫呈遂堂先生四首

官齋留飲日。回首忽經年。孔李通門久。龔黄奏績先。鄉心遼海月。宦況廣陵烟。何遜清吟處。梅花破凍妍。

風雅今誰主。巋然一老存。殷勤裁偽體。泛濫溯河源。天馬行空穩。鯨魚掣浪翻。無由共良夜。翦燭細同論。

斯人今不作。相對憶麐洲。（麟洲殁於明府幕中）寥落詩千首。蕭條土一邱。招魂来北渚。流涕向西州。獨抱千秋意。茫茫感昔遊。

吾兄真靜者（謂棱亭）蓮渚得相依。揮麈清談永。論文夜漏稀。風塵凋客鬢。霜雪敝征衣。應愧官橋柳。婆娑已十圍。

喜藥上人来金陵即送返邗江二首

避喧彈指闍。消夏泛湖同。迨灔紅橋下。蓮花葉葉風。故人秋水外。離恨夕陽中。乍喜重携手。江潭正落楓。

小住金陵縣。言尋六代山。綻衣秋色裏。卓錫白雲間。一鉢塵囂遠。孤舟江上還。屠蘇堪習靜。芋火正冬閒。

送別軒来三首

八千里外飄零客。孫楚樓前一笑逢。誰料優曇花一現。又浮秋水去臨。邛。

燕市風高拂敝裘。與君執手話離愁。蘆。溝橋上蕭涼月。照得行人欲白。頭。

十載光陰倦鳥飛。酒徒重見旧情非。傷心莫下長亭淚。聽盡猿聲到秭歸。

小花燭詞為秦脩撰作四首

新得蕪城窈窕姿。党家風味詎相宜。玉堂朝香夢朝寒覺。春。雪垂簾啜茗。時。

長安北望渺天涯○嬌小難禁薄笨車○紺碧唾壺凝別淚○雷塘西畔是儂家○

螽斯樛木古時賢○未必高風竟杳然○辛苦而今君自曉○何妨誇說見猶憐○

送秦脩撰還朝

驛路驚看使者軺○鳳城北望在雲霄○塵隨冀野新調馬○雪點文昌舊賜貂○綵筆餘香留粉盞○銀箋佳句貯詩瓢○遙知取次春明

近。二月東風柳萬條。

漂母祠

英雄貧困日。一飯亦艱難。帶。劍辱屠市。謀生憑釣竿。可憐諸母漂。獨向一人。餐。多少窮途者。蒼茫感百端。

集老樹軒同謝金圃王東白傅雨田賦二首 丁丑

卜宅已云僻。叩門時復聞。槐陰清溽暑。苔色淡斜曛。簟滑知秋色。信。簾垂漾水紋。故人衡宇望。不用嘆離羣。

小飲須乘興。深杯着意添。輕。雲千片合。新月兩頭。纖。角勝藏鬮戲。分題撿韻拈。莫愁街鼓動。留醉夜厭厭。

送周青孝（在）廉歸省

京華僦居近禪室。風雨掩關恒不出。乘興即叩康樂門。取醉嘲詼嘲破蕭瑟。周郎氣概千人雄。攘臂一呼無與匹。不飲往往矜酒戶。翻笑酒兵皆失律。蘭膏爇（盡）不肯眠。相對聽鐘坐從郄。偶然小別東華塵。言旋不用諏吉日。僕夫整頓簿書車。霜華曉踏馬蹄疾。知君換策趨明廷。已欣小試凌雲筆。歸及江南烟水春。戲彩時還（懷）陸生橘。作客年年送客歸。日暮高城吹篳篥。

首夏同樓亭雨田寓法源寺僧舍二首

幽居小憩鳳城偏。深掩禅關謝俗緣。柏葉綠肥初夏雨。棗花香淡夕陽天。烟霞風味真同調。疎懶情懷似昔年。一局圍碁人散後。桃笙拂拭且高眠。

古木隂隂臺殿寬。煖風時送鳥聲乾。細分泉脉通金井。重疊苔痕上石欄。長日琴樽書館静。暮天鐘磬寺門寒。人間祇此堪留戀。愁聽勞歌行路難。

四友詩

金圃

自是人間絶代姿。休將明鏡照娥眉。棘猴事業心原苦。蕉鹿行
藏數亦。奇。應為麻姑憐小別。不因宋玉好微詞。年來大有江湖
興。未敢烟波理釣絲。

山舟

閑門只與佛為緣。埽地焚香萬念捐。百歲功名歸茗椀。一生心
力寄萃編。春。風庭院非今雨。晴雪簾櫳似去。年。虀笑太常蕭瑟
甚。清齋為我省餐錢。

寶所

心事年時與昔違。故人風味尚依〻。不將贋本摹黄影。肯使緇塵化素衣。雌伏何妨聊戢羽。鷗盟應許共忘機。井公一笑投壺誤。日暮偏携博進帰。

約軒

宦况蕭然一葉輕。廿年蹤跡託浮名。最憐故態疎狂在。却喜新詩刻苦成。傫直禁垣宮漏近。獨眠禪榻梵鐘清。梅開忽憶曾相訪。太白楼前雪乍晴。

送傅雨田南還

祖道一杯酒。飄零失路人。要看江上月。輕別帝城春。晝刻終留字。初衣未化塵。貧交珍重意。握手共霑巾。

花朝後一日集老樹軒賦燕巢用花朝二字為韻二首 戊寅

幾點社公雨。春林初著花。暗塵黏戶網。殘壘隔窓紗。流宕空飛幕。飄零憶舊家。凝香棲宿處。別緒繞天涯。

泥融生岸草。風雨過花朝。欲問絲繩手。空梁久寂寥。移家無定两。卜宅畏壓蹈。轉愧紅襟烏。羈魂尚可。招。

鐵畫歌和梁侍讀山舟

鳩茲鐵工湯天池。鍛鐵作畫無不為。味初齋中見小幅。草虫罐

蟋蟀花枝。坐間韋郎為余說。韋約軒此技天池擅奇絕。昔日歐湖

老畫史。蕭尺木茅屋與湯切隣里。閉門潑墨皴染工。萬里烟雲浮

素紙。天池暇日常往觀。負手郤立生長歎。主。人咄咄吒怪事。直

心已入秋毫。端。歸來鑿石炭。鼓鞴。吹。洪。爐一水一石供點綴。山

亭澗壑相扶踈。忽。然心思詣神妙。不寫山川寫花鳥。活火能飛

比翼禽。金丹鑄就長生草。尤工蘭竹稱逸品。水國江洪攢碎錦。斷蘆折葦何離披。只在揚鎚細端審。豪家範以青絲障。銀燭高燒畫堂上。七賢琉璃未足珍。巧工丁緩都應讓。交游落魄多博徒。得錢聊可償摴蒱。似茲傑作世亦少。死後聲名傳上都。坐客聞言生百感。絕藝由來生（適）坎壈。君不見采石磯前太白樓。畫壁雲山空黯澹。太白樓壁蕭尺木畫

猛風行

大聲喧閬屋角來。老樹摵摵枯枝頹。家人對面忽不見。眯目盡

是沙與灰。屋瓦墮地紙窓裂。身上木棉裘已折。曉起郤立如爰居。不恋布衾似寒鐵。憶昔來荒江上。日日推篷占五兩。斷蘆折葦空港中。獨坐沙頭看駴浪。年來蹀躞東華塵。夢魂不到江之濆。孰知北地苦高燥。叫聲聒耳何其頻。初如戰馬脫羈靮。百萬千戈逢勁敵。又如屬鏤寃魄恨未平。激起怒濤同壁立。將毋拔大木。復恐吹倒山。掀天揭地無時閒。杜陵野老不解事。尚想寒士皆歡顏。莫以窮愁嗟瑟縮。猶有三楹白茅屋。駘蕩和光定有時。明日推窓看朝旭。

送王東白之官蜀中

燒燈已過白晝長○芳蕤馥熙（郁）陽春○喆朝送客入巴蜀○別懷怨ゝ增感傷○王郎才調本無敵○花朝按拍幺絃急○不向人間鬭艷詞○無端却效崔斯立○一官落拓去天涯○蜀道艱難兩鬢華○刀○州樹色雲中出○玉壘山光郭外○斜○蒼茫古蹟今何有○勝地追尋肯虛負○市上應多責卜簾○橋邊不少當壚酒○莫○逢九折嘆迍邅○畏道何妨叱馭前○平生忠孝當兼盡○況是君家有胄○賢○只我關情旧朋侶○怕見驪歌餞行處○離愁却似風中絲○一日縈迴千萬緒○計○

程春暮到縣州。萬里關山足壯游。獨有夢魂相憶苦。月明夜〻

海棠樓。

喜陳郎至賦雙燕詩戲呈山舟太史三首

天涯小別動經年。何處飄零劇可憐。今日雙栖杏梁上。依然王謝旧堂前。陳郎新婚挈眷而来

来去蕭然一葉身。紅繩繫足最情真。旧巢寂寞芹泥冷。重向雕梁拂素塵。

春深消息倩誰猜。雙宿雙飛日幾回。贏得宮中笑花蘂。夜香添

炷拜高禖○

題客牕聽雨圖二首

軒窻送清響○桐葉影離々○坐覺煩襟滌○應憐碧蘚滋○秋聲来几案○涼氣上須眉○永慕蒙莊子○濠梁寄所思○

檐溜時涓滴○高颷乍有無○誰將剡藤紙○寫出輞川圖○竹樹籠烟容○雲山入夢孤○東華塵鞅客○對此意踟躕○

送趙禮門之官黔中兼懷梁冲泉太守

精藍蕭寂日經過○喜氣爾襟懷爽氣多○鄉夢倭遅帰匃紵○郵程

取次到烏。蘺。樓頭長笛添新句。聽事高松對細哦。却憶梅溪賢
太守。憑君問訊近如何。

秦學士招飲寓廬喜涂長卿至分得痕字橫字二首

休沐經旬獨閉門。偶然招客共開樽。微。風入檻翻書帙。小雨沾
衣漬酒痕。却喜故人来日下。忽教鄉夢到江。村。燈前僂指浮蹤
跡。多少新詩與細論。
企脚匡床水簟橫。忘机猶是旧鷗盟。憐才端合推仙吏。取醉何
妨鬪酒兵。老。樹壓簷風葉響。疎英點砌露華。明。年時休賣長門

賦。定有凌雲薦馬卿

秋聲

商飈蕭瑟透書帷。坐覺輕寒襲帶圍。三。徑霜清蟲未歇。半楼月
上鴈初。飛。偶尋落葉閒題句。何處疎砧遠寄衣。忽憶江鄉微雨
夜。殘荷叢蓼田漁（苔）磯。

中秋夜與金圃對飲豆花精舍有懷王東白傅雨田二首

涼露下庭際。虛牕拓樹間。一。杯良夜良酒相對故人。顏。身外忽
如夢。此中宜閒。闋。清光不受滓。何處是塵寰。

風。景不堪憶。流光亦可憐。去年明月下。把酒夜燈前。醉脫王郎帽。狂（凭）傳子肩。三湘與巴蜀。應共此時。圓。東白在蜀雨田在楚

月夜登樓獨酌懷雨田

宿雨滴桐葉。秋晴天乍開。推窗見明月。疑向城邊來。蟲。聲集蔓草。涼意在蒼。苔。思子同良夜。難忘白玉杯。

贈韋舍人約軒移寓二首

西市原非晏子宅。居偶然託足亦吾廬。笑。君長物真何有。累殺奚童兩架。書。

茗椀香爐結靜緣。晴窗點易露朱研。不愁風雨頻来往。只在城

南尺五天。

重題約軒翠螺讀書圖

松。竹陰中太白樓。樓前瞰俯大江流。記從樓下停吟艇。曾向江

干泊釣舟。門逕尚堪尋昔夢。山靈可許問前游。如今君亦勞勞

者。烟雨空峯水國秋。

大閱恭紀八首

聖朝威德今無敵。萬里西戎向化来。都護羽書馳瀚海。蔥河秋

水過輪臺。
講武乘時卜仲冬。六師 南苑整軍容。遐荒蕃使觀隆禮。親受
天家雨露濃。
羽林萬騎肅騰驤。蛇鳥風雲陣勢張。更見司莚陳賞至。大官分
賚及降王。
明珠寶玉耀兜鍪。夏服三成射大侯。共仰登壇
天子聖。勾陳宿衛盡共球。
九天仙樂奏承雲。百福瓊漿飲六軍。五色光中霞爛漫。燭龍火

鳳両邊分○
絕域都歸怗冐中○車書從此萬方同○
聖人宵旰憂勤日○善纘
三朝未竟功○
昨歲龍媒曾入貢○予今回鶻復輸誠○直教飲馬河源上○魚海春
波洗淨兵○
上林長楊詎足誇○馬揚詞筆徒紛拏○豈知
聖德高明極○寸管難窺

日月華○

杉亭集

全椒 吴烺 荀叔

古今體詩七

同錢籜石先生謝金圃王禮堂錢辛楣韋約軒王蘭泉金軒來游王氏萬泉莊園亭分賦各體得六言絶句八首

己卯

六街殘雪融盡。尚覺花信沉沉。有客招邀〔要〕挈榼。豐宜門外追尋。

西莊學士嗜古。禮堂 手挽王郎錢辛。笑入道旁古寺。摩挲仆地殘碑。

敧斜幾行花援。衡從一帶水田。美人翠眉新畫。西山不隔春烟。

登臨脚腰脚獨健。犖石入門徧歷林邱。却笑謝公後至已輸一刻佳遊。

風潭何翊百頃。只少蓮葉青〻。蕭散似袁家渴。位置如茶仙亭。

對此那能不飲。坐盡寒流暮鴉。莫怪斯遊太早。吾曹冷淡生涯。

古藤自垂瓔珞。晴戶時冒蠨蛸。尋到迴廊一折。看見遊人過橋。

三子相期未至。褚鶴侶 陳寶所 曾漁菴 謝客各自關門。名園咫尺不賞。應被溪山笑。人。

題尋源圖二首

偶然閒却垂綸手。猶是烟波一釣徒。小坐船脣看活水。翠濛濛處泊王蜀。

天光雲影揔相宜。妙趣尋來只自知。日暮也應回首望。微波漾過水仙祠。

題水香園圖二首

屋角流雲去不停。芙蓉三十六峯青。何。人摘取丹砂水。手挽浮邱上小。亭。

黄山諸峯如翠鬟。曹溪阮溪明玦環。疑是仙人煉玉處。烟嵐漠漠迷松關。

金軒来至楚中訪余京邸旋即别去賦贈二首

一别五寒暑。思君千萬山。誰知今夕酒。重對故人顔。楚雨衫猶濕。燕塵鬢欲。斑。那堪風雪裏。又策短轅還。

太息依人久。飄零涕滿衣。（時從事開制府幕中）頻年長作客。何日竟言歸。詩句愁中老。朋遊病後稀。迢迢皐陵下。虛憶舊漁磯。

同謝再東李笠芸登陶然亭

兼旬風雨遊情懶。此日登臨放眼閒。迢遞鄉園斜照外。參差宮闕翠微間。秋烟浮動千家晚。落木蕭森獨鳥還。更欲期君明月夜。提壺沽酒叩禪關。

送家竹嶼遊西山 庚辰

曉色阜城西。垂楊綠繞隄。小車向村落。孤杖訪山谿。石竇延雲入。苔龕與樹齊。芙蓉宮址在。懷古定留題。

竹嶼遊西山歸而抱病復贈以詩

一入烟霞窟○塵寰似判年○青春為客倦○長日擁衾眠○松籟思潭
柘○茶香想玉泉○雲房留信宿○曾悟上乘禪○

食蔓蒿聯句一百韻

病余節候交○風物秀動潤○掠水燕未孚○嘉善謝墉金圃 尋香蝭
將困○林間闓商庚○烺 草際馳狡貌○好雨地覘蘇○墉 殷雷土膏震○
籜龍圻竹塍○縣馬抽藥畹○楊肺〻遠夷○烺 桑童〻交○引鄭圃感
過 文歡○漆園寄委順○縱意臺蔺游○墉 洞觀修短運○樂生陶詠繇○烺
動戒凶悔吝○纓組禮多牽○墉 漁樵跡堪溷○窺園嘶仲舒○烺 借米

乏公瑾。人事蟻夢酣。（墉）年華烏羽飛。犇塵紛流逸。（烺）雋雨寡閙
訊。履素（淡）五交。（墉）不才泯三恨。南北舍周張。（烺）青白楊妥脊。招要
暢襟期。（墉）俛仰驚眩瞬。榽楹斫未殫。（烺）穫落用還韍。翳身類蜩
瘖。（墉）爭路恥牛駿。駕言同虛徐。（烺）安步散煩懣。睽袂王貢遊。（墉）
并糧左羊遡。春思榆莢天。（烺）鄉情楝花信。且辭青雲衣。聯貫玄
石醞。飲食穴中需。（墉）資斧牀下具。（肥）燥吻膽不豩。渴腸脈屢債。圻
田待澍霖。（烺）崇岡浥神瀵。屠門郄神（肥）鮮。（墉）飣盤屏腳臐。剪齏古
篆披。（烺）采菌小蓋建。仙藥列萊蔥。（墉）禪味雜蘿（蘆）蘿。丰茸烝茹陳。

娘 敧䆉香氣噴。苹苓種本皆。墉 蔄蔓名所僅。出並王帚蓄。娘 性
帶氷臺葥。生生盛漸洳。墉 采采類藻溫。江鄉春之三。娘 蔬草類有
萬窪池捋雞蘇。墉 沃衍挑馬蘭。豆實蠶眠登。筍萌燕來近。羣品
競華珍滋。娘 此徒亦延蔓。點點美最宜魚。鮮臭仍異狽。醲薄酸醎
調。墉 堇葉根芽嫩。雞腳蕈失鮮。娘 馬莧入雋。入饌貪多多。墉
紫酒喜頻頻。幽土動水菹。娘 邇年竟充牣。招 隰田既叢生。墉 朝市
每賤販。紛紛刀鐮餘。娘 往往車轂轔。扱衣事襜裾袺。墉 頃筐富
摭攈。帶露遠各擔。娘 望曙競相逐趂。却嗤負薪勞。墉 那有爭桑

爨。就命買僮廝。烺 精擇囑女娘。中心披不傷。墉 由蘖折未惹。堆
積筠籃款。烺 洗刷瓦盆瑩。及時擷素英。墉 越宿怕紫暈。清泉戎
鹽瀹。明堂玉膏[女欠]。煎燉乘熱鐺。烺 搶掐謝淬刃。色配豐本碧。墉
氣儷有椒薰。玉跳脱半規。烺 青琅玕一寸。朵頤置左右。墉 猬齒
禁先飲。堆案若組綸。烺 出廚無子蓋。苗條象箸夾。墉 殷鮮翠甕
襯。無為細君遺。烺 也分孺子餕。加籩倘可重。冷炙不煩勸。按圖
族滋多。墉 驗節歲無鏟。疏雅[月冓]為奇。箋詩嵩不遠。洵區義而蘿。
烺 復別蔚與菽。菁青待旁搜。皤白供諦認。游湖或恐淆。墉 方潰

底容豪。抽苗〻獨靈、烺託根〻非鈍。產植良紅微。墉芳烈含嚴
峻。逢勃隨墳壚。烺笋蒀辞樴冀。瓊瓏節何珊。墉細膩肌不曼。蔡
藿體誠宜。烺葉蘖品第進。盈丈詎蔫秋。墉計寸寧厄閏。棲遲塵欣
拭目。烺盡簪快插鬢。沖和道之腴。墉淡泊神以鎮。青氈坐齩嚼。
烺朱門任排擯。咀華得中甜。墉養氣葆內健。比昌歜益聰。烺擬
靈護蠲忿。寶卌清虛姿。墉除余寤疾昔疢。秋颸忘尊思。烺冬曝陋
芹獻。茹葷戒顏淵。墉長齋師蘇晉。豈曰老饕慝。烺庶幾靈府濬。
餞軀本蹈常。墉刻苦乃循分。覓醉恬湎截。烺謁食飽饐餲。漏移

蓮漪況○墉燭跋榫烟燼○竹窓一軒豁○烺莞席重埽拚○詩魔各神
通○墉酒兵無德怨○濡首衡必平○感梅氣加奮○良會恐迢遥○烺餘
懷更繾綣○擇術輸齊民○墉生涯羡農畯○稼圃契素心○烺膏粱殊
凡顧○荃化感風騷○墉蘭滫佩典訓○智稟衞足葵○烺節厲堅中彝○
野材非時珍○靡草詎再振○思慮徒亂麻○墉榮華實朝蕣○結廬盡
言旋○烺越陌相勞問○剪稗去不仁○墉惡莠斥鄉愿○趨時覲生機○
烺辨物布小券○代耕力堪食○墉盲蓄貧可賑○科頭雜儓儷○烺裹
足絶州郡○山庖方士忝○墉食經鼎娥論○但灌一畝畦○烺安用六

國印○柴門沒蓬蒿○終老我無无悶○墉

嗜嗜吟

嗜ゝ吟成可奈何○絶無一急莫相過○笑他觸熱驅車者○褦襶從来易見呵○

青蘆二首 辛巳

十里城南路○蒼ゝ葭菼洲○微颸動踈葉○仿佛翠波流○吹管羇人怨○垂簾少婦○愁○陂塘蕭瑟甚○風景易驚秋○

獨有南冠者○鄉心此際縣○吹緜思鴈宿○燒筍憶鱸鮮○細○雨江村

夜。斜陽水國。秋天。潮痕齧沙岸。記泊釣漁船。

三月三日喜晴同家百藥侍讀陳寶所韋約軒兩舍人同年燕集寓齋分賦二首

宿。雨夜來霽。卷簾見輕。烟。小室自洒埽。叩門聲忽傳。同心三兩人。得意欣忘筌。聊復修禊事。祓除塵慮牵。清談過永日。詎必聞管絃。回首憶南國。水濱鬭嬋娟。臨流出素手。一一仙帬濺。幽蘭發紫萼。惆悵芳春天。

我思泰和人。小會東堂上。隨波泛羽觴。襟懷亦閒曠。蘭田與蕙渚。

勝地不可望。潔我盤中蔬。酌我杯中釀。吾宗如逸人。叙述獨神王。人生馳颭輪。着屐當幾緉。詰朝寫新詩。佳辰入高唱。有客問昨游。風期足豪暢。

題茂松清泉圖

蒼松偃虬龍。苔色多古意。趺坐豁素襟。清風送凉吹。靜愛流泉鳴。山空響紅翠。游心絕埃壒。適興淡名利。得毋幽求子。此間託高寄。余亦同心人。悠然結遐思。

同陳冶泉王漸逵張紫硯李雲樓姜希萊施小鐵小集城

西棗香書屋分賦

深巷見綠樹○入門如溪灣○主人尚高卧○一笑同定開顏○壁間讀新詩○秀色何斒斕○為言故人作○即在西鄰閒○立談未促郄○有客来叩關○翩翩見二子○崑玉雙連環○希來 小鐵 彼此各傾倒○嵇呂相交攀○主人指酒甕○奚頭命童鐏○燥吻對美醞○舍車不肯還○移樽到隔巷○老屋甚曠閒○熟葵似人立○豈雜草苔斑○招要數君子○流品出塵寰○入坐浮大白○狂呼膽不豩○梅戰萬人敵○十鈞弓獨彎○穿楊難久恃○一醉氣疎頑○空庭起眺覽○暮色来西山○美人隔香霧○高

低羅翠鬟○阜城門只赤○輪轂馳朱殿○此外玉泉近○雨後明流霞
潺○會當勇腰腳○不辭登陟○艱○冶亭足天趣○忘機若鷗鷴○他日更
携具○吾知心不慳○詩成太草草○尚乞羣公删○

次韻詶家秋竹

名○花乃美人○寘寘隔香霧○相思不得見○惆悵對芳○樹○之子天一
方○幾載阻良晤○城隅掩荊關○蕭然若淨住○忽念紅塵人○新詩吟
歲暮○我亦馳遙情○得毋夢相遇○區區一寸心○寄君與君

題成比部畫冊

結茅臨碧潭○軒窗足蕭爽○檀栾修竹聲○遥荅流泉響○微颸動縠紋○鸂鶒飛兩〻○境與心同清○彷彿羲皇上○惟有山中雲時〻自来往○安能謝塵緣○此間寄幽賞○

贈王瘦生 壬午

六街塵漲馳飆輪○絶無一急徒紛〻○王郎託跡栖委巷○終日兀坐關衡門○我聞王郎名◎未識王郎面◎美人隔秋水◎脉〻不相見◎昨見藥公 藥根上人 精廬中◎素紙一幅寫長松◎挂壁似有風雨至◎之而挐攫飛蒼龍◎借問誰所為○乃是王郎作○筆下分明有化工○胷

中多少閒邱壑。我語王郎君莫悲。君今具此超人姿。世間萬事皆偶爾。樂莫樂兮新相知。古来盛名今何有。相看浮雲变蒼狗。三尺龍泉任鏽生。不如且盡杯中酒。

題家比部漁浦行樂圖即送請急歸里

桐覆小山樹。歷歷爭清芬。綠苔與紅葉。交映漣漪紋。靜者結遐想。小坐空人羣。微聞風濤響。秋到蒼松根。少陵嘆今雨。淵明對停雲。斯意徒脉脉。投契良獨難。吾充性幽曠。步趨追古人。潘郎面城宅。顏子負郭田。生產不苟治。要路豈屑奔。閒中覓至樂。一卷玉笈文。如彼禪悅性。妙不在語言。我思邗江晤。風景依依存。光陰瞥鳥影。十載閱歷臻。美酒不易飲。何況求神仙。不如故交在。臭味久益親。君今請急歸。暫得蕭閒身。玉簫明月夜。應泊紅橋聞。何時更斟酌。新詩復同論。余亦高興發。歸夢荒江濱。漱石石齒齒。弄波波粼粼。小舩駕赤馬。古刹尋青鴛。一枝節竹杖。樂事難具陳。芳草遍驛路。萋萋怨王孫。君行非偶爾。悠然見天真。

送渭川弟宰普寧用東坡與子由別於鄭州西門之外韻

丈夫不肯居如兀。青雲高興乘時發。頭白揚注尚守元。人生何

苦甘寂寞。年。来踪跡江天隔。音書望斷孤鴻没。叩門驚見吾弟
来。聯袂共踏天街。月。池塘夢醒樂復樂。劇談身世轉悽惻。一官
從此更離別。榕葉此樹蛮烟絶飄忽。剪。燈把酒憶疇昔。相送官
橋水波瑟。知君詎是百里才。寸祿沾欣且供。職。

杉亭集

古今體詩 八

全椒 吳烺 荀叔著

出郭 癸未

出郭塵土淨。驅車不覺喧。三春楊柳色。今日別都門。亦。如欲竟長往。其如終戀。恩。漂萍隨所泊。何處是家園。

登舟

河干纔見水如烟。便覺身輕欲挾仙。十。丈塵清社公雨。全家人工孝廉。船。瀛来櫻笋鄉中味。拋却軒裳夢裏緣。寄謝長安舊游侶。麻姑少別即千年。

漷縣

畫眉冢廢生春草。京兆張郎去不回。斜日神潛宮外望。晚鴉飛上晾鷹臺。

武清縣懷古

鷙人白簡陽司隸。一夕羣璫盡見收。應笑竇何謀略少。至今風裁想泉州。

清風遥望雍奴城。太守年高畏夜行。試問長安塵土客。幾人侵暁聽鐘鳴。

休說文章仗彩毫。中書誥令也徒勞。笥溝烟水空蕭瑟。何處荒墳弔二高。

小窓點易露朱研。太息風流緬昔賢。我欲青門栖隱去。人間難得種瓜田。

天津

津門遥望暮烟平。南下楊村幾十程。二水滙流趨海易。速千艘

挽粟掛帆。輕。行勝蕙媿無書畫。邏卒何勞問姓名。惟有麻姑春
酒美。一夕尊今夕泊當城。
楊柳青
回首津門三十里。打頭風急客舟停。推。篷驚見春如許。楊柳青
邊楊柳。青。

壬申歲泊舟滄洲醉後賦長句忽忽已十二年感而作此
泊舟浮陽郭。水烟澹將暮。垂楊競柔綠。縷縷鬬妍嫮。雲光射東
波。夕陽在深樹。歸禽三兩聲。高城籠薄霧。憶余昔經此。酒懷忽莽

汪。沉醉蓬窗中。堅臥賦長句。回首十二年。壯心已非故。芳。草青
蒙茸。不見胡曾墓。詩人多寂寞。褰徊向岐路。西風吹微波。潮痕
下魚。步。

東光

下邑臨河僻。舟船自往還。春波濁漳水。古木魯陽山。梨棗家々
賤。漁樵處々閙。人聲喧晚漕。帆轉小龍灣。

沛縣懷古六首

東岍南垞泗水亭。亭前春草自青青。興亡事遠休憑弔。曾祭蚩尤

豐沛庭。

漢家原廟賸荒邱。縣裡城邊水自流。太息韓彭菹醢盡。君王何事賦三侯。

蘭臺文字已銷磨。斷碣重重掛薜蘿。莫問延熹當日事。東風斜日水曾波。

憶向轅門射戟枝。紀靈合鬬事傾危。英雄笑殺人中布。誤救忘恩大耳兒。

妻子相依小沛屯。豫州身世太艱辛。如何戎馬蒼黃日。綃帳殷勤比玉人。

賣卜青州亦自佳。凌雲志與許由儕。畫圖不使君王見。千古高風姜伯淮。

舟中即事

點點吳霜欲上顛。風光好處且留連。有時檣燕拂船去。無數野花開水邊。中酒阻風原不惡。懷人得句亦堪憐。輕寒輕暖陰晴乍。正是江鄉打麥天。

題相馬圖

妍。皮不肯裹癡骨。天生良馬氣超越。籋雲何必千里驅。神駿先看在齮齕。花髮連錢迴出羣。一身腰褭多奇文。渥洼之産寧足數。魄力突過飛將軍。拂幀英風生素紙。寒竹双批貼兩耳。莫言華廐仰秣時。一顧何嘗不知己。

為沈沃田題王樓山先生遺照、

想像須眉古。風流異代傾。功名先哲遠。圖畫後賢評。貫島金難寫。平原繡未成。客愁殘雨夕。愁絕隱侯情。

題聽泉圖

秋。林無停聲。淡然落空。外。曲徑苔細響。暗與天風會。靜者愛泉石。一心觀衆籟。幽韻時近遠。琮琤濺寒瀨。我思王右丞。輞川作圖繪。雨深南北垞。亇竹浮蒼靄。君今如枕流。雙耳如任激汰。坐。視飛鳥還。遥雲繫山。帶。

酬徐厚菴

綠楊城外征帆卸。行李匆匆投館舍。故人一別八載餘。執手虛堂共情話。謂對琴座中有客蘭為心。意氣凌雲無與亞。片言投契襟懷開。索我新詩即題畫。驊騮一顧真空羣。百萬驪黄俱在下。

君以相馬圖索題

君○之愛才馬如愛才○此中寓意有長○駕○風光荏苒炎熇時○火雲赫曦及朱夏○客窓兀坐誰為歡○不向比鄰家問酒價○叩門忽見長鬚来○折東手持頻慰藉○筠心嫩筍琅玕一碧○奚頭清醥珍珠瀉○堆盤欲躍漢口鱗○抽刀好割遼東炙○不用廚娘撿判單○銜杯醉倚藤花架○詩○成不覺風露涼○半輪明月清光射○

過十八峰草堂

闌檻凴虛望○峰峰積翠浮○琅玕千箇晚○鐘磬数聲秋○塔影明流外○人烟古渡頭○重来翫涼月○樹桂小山幽○

又古詩一首

軒窗拓向北○樓與松梢平○延緣曲闌角○水鑑涵虛明○望見江南山○諸峰如削○成○羣公發高興○拈韻尋詩盟○巋然一耆碩○謂杭堇浦先生坐隱奪心兵○後期約翫月○湖上秋光清○

題沈沃田小照

古心與貌俱○斯人真倔強○讀書追黃墳○好奇採罔象○拄杖携一條○蠟屐穿綫雨○倦遊罷津梁○著述引修綆○旅懷樂鍵户○客至即烹茗○堆案羅圖書○留我共欣賞○偶愛九章術○欲測三角影○四率

別異同。兩銘肖俯仰。方員辨平直。黃赤識丙丁。小數先垜積。大
法及少廣。此。學本孤行。今時益絕響。不辭心力殫。竟忘晝夜永。
吾道有真趣。聲華詎虛奬。寄語同心人。述卷土子。祖。

題弄月蓮花溝圖

天。都六六峰最奇。蓮花溝更天然。姿。軒轅丹竈不可見。至今月
照清漣漪。幽人結想絕埃壒。置。身要在烟霞外。人月應難辨古
今。水天何處分疆。界。靈砂百斛洗銀潢。驪龍珠走盤中央。莫。教
流下空山去。鷩醒詩人滿屋。梁。珠露琲〻九天落。六月惟愁紵

衣薄。當年却笑宮錦袍。夜深采石江邊捉。

題畫二首

闌干一曲任夭斜。帶眼開時便作花。無限春心關欲住。不教容易去天。涯。

長板橋頭嫩麴塵。數枝婀娜不勝春。輕。寒未換清明火。腸斷湔帬水上。人。

初秋集蘭雪堂聽江鶴亭談新安山水之勝

秋至暑猶熾。良會亦云艱。主人好客甚。布席蘭蕉、間。輕風拂書

愰。微涼恬醉顔。卸帆才数日。新自新安還。渡屐齒尚蠟。名勝曽
躋攀。曹溪與阮溪。明流如玦環。蓮華三十六。秀色羅烟鬟。水清
石可数。峰陗雲偏。閒。此中謝塵鞅。恍若居仙寰。清談驚四座。聆
者心開〻。舉杯結遐想。似聽泉潺湲。歸卧水紋簟。夢遊天都山。

題贈杜補太守補堂八首

太守昔傳循吏傳。漢家文景繼成周。賢良今見二千石。台杜誰
云不可求。
太息前明三百載。四維隳盡掇巍科。早知一様頭嚢木。何苦趨

朝佩玉珂。謂魏藻德註見下

鄉曲如何有定評。簪宗竟爾歆香茗。一朝撤主人心快地。下庸材魄也驚。公守通州時鄉賢祠旧有藻德木主按明史請于上官撤之藻德崇禎大學士降闖賊責賕掠死

小民力作豈游手。酒幔餳簫亦可憐。算到錐刀寧有幾。大官不賴水衡錢。酒肆糖鋪苛稅久經恩免時司榷欲復公力請停止

斷瓦零磚沒草萊。忠良祠宇半傾頹。歲時重展椒漿奠。欲賦招魂向夜臺。公守紹興修葺先賢祠墓捐俸贍其後昆使得承祭祀

越國君臣事渺茫。一編越絕紀興亡。繪圖一一開生面。千古英

風澌水長○公考吳越春秋及越絕書繪越君臣像各繫以贊

解印歸来興倍豪○蕭蕭華髮卧江皋○紅燈綠酒人爭訪○白雪陽春調自高○

相逢邦上早秋天○十載相思慰夙緣○準擬秋江同泛泛○水萍花外泊漁船○

過黄氏林亭分韻

名園竹樹綠交加○楼上平臺四望賒○飛鳥不還嵐翠濕○亂蟬未歇夕陽斜○吟情角勝肴分席○秋意微凉愛煮茶○却繞迴廊行幾

曲○西風欲綻小山花○

翠玲瓏閣雨中即景

高館暑氣微○涼意在綾扇○梧桐葉〻聲○踈雨滴成片○草色垂石闌○苔紋滋藥援○四坐猶清吟○爐香拂琴薦○

程筠榭重葺枝巢詩以落之

古人重伉儷○情文寫真樸○遺挂尚愴懷○況在空山麓○蕭〻白楊聲○秋風動崖谷○墓田青幾棱○于焉構小築○伏臘馨椒漿○歲時烹羹餗○星霜亦云易○鼪鼯竄老屋○虛檐架桔槔○廣場眠碌碡○程子惻

然悲。先疇此中卜。埽拚去蠨蛸。薅除芟樸樕。葺宇名枝巢。孝思寄風。木春秋潔盤匜。跪拜羅伯叔。森梢瓔珞柏。檀欒琅玕竹。手澤欣猶存。遺書暢所讀。至性感後人。詩篇刪參〻。永惟先靈妥。毋使茂草鞠。

和陶飲酒 分得第十九首

阮公昔埋照。劉伶不求仕。得酒即欣然。古人貴適己。作達一以豪。疎狂寧足恥。竭來華軒會。車騎闐閭里。英賢邁等倫。嘉興良共紀。願言永朝夕。攬袪數至止。不飲亦復佳。況有量可恃。

將之吳門留別邗上諸子

浮踪如葉任飄蕭。賴有良朋慰寂寥。卜宅已忘身是客。簪花却愧鬢先凋。新涼竹樹東西屋。細雨烟波上下潮。此去吳門尋舊侶。淮南回首小山招。

家愛棠錫山官舍喜晤蒙泉先生八首

官齋如夢燭花紅。杖履重親白髮翁。喜極欲敎雙泪落。八年離別太匆匆。

憶向秦淮泛畫船。花朝嘉會舊因緣。而今老輩銷磨盡。無復笙歌醉綺。筵。

宦況當年浙水西。釣臺風範古今齊。拂衣一笑投簪早。千里飛

鴻印雪。泥。

老屋依然署遂初。閒栽花竹半庭餘。先生長物真何有。架上惟

存數卷書。

老去襟情一倍開。吟餘清興寄茶杯。聽松菴裏松濤細。拄杖猶

能看屐。来。

石磴苔痕碧色鋪。木樨香處路縈。紆。花間細聽泉聲落。更向山

僧索竹爐

回首舊游成昔夢（謂台司馬）亭臺竹樹逐時新名山合與名流賞此是清時洛社人

小坐船窗盡一杯殷勤別意重徘徊邗江此去無多路明歲探梅我又来

贈愛棠

放衙人散午烟青山鳥山花下訟庭繭紙松煤翻石榻竹爐香桑火訂茶經游揚寒素吹春律坐卧雲嵐滿畫屏比似廬陵賢

太守〇江梅手植醉翁亭〇

過惠山寺憩聽松菴同衆泉愛棠作

到門先覺桂香濃〇樹杪微風送晚鐘〇三度時巡留睿藻〇千秋讓德仰姬宗〇（愛棠新搆泰伯廟于寺中）人尋小徑穿蒼蘚〇僧煮寒泉泛紫茸〇坐久忽聞濤韻細〇夕陽樓外幾株松〇

自惠山聽松菴携傚製竹爐至筠榭齋中和九龍山人韻

放棹蓉湖古寺幽〇聽松菴下惠泉流〇竹爐舊式山房得〇砂銚寒聲別館〇秋〇搖扇乍看紅綻活〇題詩不覺素心稠〇湘筠編就湘紋

細○風雨蕭蕭夢楚州○

鶴亭重倣竹爐復繪圖紀興同人分賦得七言古

山僧製爐遠塵俗○編削琅玕翠成束○舍人好事摹作圖○名流題詠紛相屬○小物曾邀聖人鑒○至今　奎藻榮光燭○醴陵愛客尤耽奇○倣製規模如刻玉○品字縈添活火○紅蟹眼才浮魚眼續○坐客摩挲古致存○依約松濤滌煩○溽○好手畫師分意匠○老樹茅齋出深綠○裝池長幀裝徵詩篇○清吟一一陽春曲○定知勝事人爭傳○他日重編消夏錄○

康山秋眺

慷慨已相許。況淪豈足尤。如何為庵寺。亦解愛名流。遠岫歸雲暮。高城落木秋。誰家歌水調。絲竹至今愁。

九日鶴亭同諸君鐵佛寺登高余偕棕亭泛舟紅橋不與次日用分得韻成詩

勝地頻來未覺厭。石闌痕淺晴潮添。啣杯人落風前帽。看月船開水上簾。蜻蛚聲中秋蓼瘦。鷗鴻過盡晚峯尖。年年料理登高興。兩處盤桓亦不嫌。

重九後二日泛舟瓜渚小憩雪莊歸集筠榭齋中對月

落帽有餘興○看山憩雪莊○小舟適容膝○歸路渺何長○露○葉明書幌○秋筠埽石○床○酒闌更拈韻○覓句步虛廊○

秋陰

魚鱗層疊向空排○取次輕烟冪小齋○修○竹聲中天易暝○遠山淡處晚尤○佳○簾垂香靄添衣潤○坐對涼颸暢酒懷○忽憶津亭人乍別○雲帆無影去江涯○

集筠榭齋中有懷江橙里新安道上

高館張燈夜。依依念遠人。江帆雲外影。計日下西津。水落嚴灘淺。秋晴白嶽新。何時返征棹。觴詠及佳晨。

題程壽泉小迂圖四首

荻葦叢中泊小船。船頭月子十分圓。迂生此日真迂甚。目送秋潮下遠天。

小小山齋足畫圖。客来烹茗紫砂壺。如何卻愛沙棠艇。笑殺迂生真个迂。

袞袞紅顏熱面顏。夢魂不到舊家山。可憐襱襱驅車者。輸與迂生鎮日。閒。
迂癖何由分大小。雲林仿像是前身。年。来我亦天隨子。愧爾江
湖澹蕩。人。

同方介亭尤江村閒步真州城西小飲酒家作

招要出郭四五里。躑躅閒吟三兩人。入。門見佛識古寺。過橋得
路知通。津。山厨劇飲知日未晚。野。塘弄水天如。春。偶然忽憶京國
事。拂衣一咲真前塵。

家嵋川於江浦僧房見牡丹一本能冬春兩花介亭為圖

索同人題詠

百朵交枝綴彩霞。忽教富貴到僧家。也同結夏能舒葉。又解先春便作花。粉瓣早隨葭管動。絳臺親受麥風斜。才人費盡胭脂筆。兩樣描成一樣誇。

石埜塘招集水香村墅

愛客招邀駐(暫)驂。園亭舊闢徑三三。烟霞氣(味)皆同調。湖海文章盡盍簪。歲晚寒聲鳴老樹。雪晴薄潭凌照石(清)潭。煩君更繪鸞溪絹。生上諸君皆精繢事好把新篇寄一函。

贈方酌圃

凍合河梁阻去津。衝泥許我往来頻。縱談那礙趍元箸。不飲居然是酒人。作達每從歌嘯得。風流獨見性情真。可知余亦踈狂者。一笑燈前意倍親。

題補衣圖二首

白壁明珠度好春。風光回首是前塵。那知雙袖飄零處。重見當時刺繡人。

葉葉衣衫薄薄羅。羅巾碎剪縠紋波。空箱豈少青綾段。要驗年来淚點。多。

種梅和韵圓

誰把孤山影。移来檻外橫。土。酥宜雪後。氣潤識陽生。應感栽培力。難忘點綴情。東風容易暖。只傍小窗晴、

行安書屋啜茗用東坡試院煎茶韻

梅。花初種東風生。小窗冬暖簷禽。鳴。竹爐拂拭貯活火。山童搖扇紅焰輕、我聞惠山泉水稱第二。貟甘方劣有深意。即使中泠取水頻来煎。不及黃梅時節留天泉。君不見昔日東坡在西蜀。

也愛香芽碾團玉。滑稽我如東方飢。每看茗椀偏軒眉。行安居士有同癖。渴懷許我相追隨。且趂諸公冷吟密咏未閣筆。讓予緩斟七椀喫到日斜。時。

僧廬雪中雜詠四首

獨酌

兀坐有餘古佛俱。暗中寒氣襲肌膚。漢書堆案無心讀。細火微温酒一壺。

烘被

輾轉凉宵夢不成。布衾年久易寒生。牀頭鼠唱人驚起。撿點薰籠坐到明。

負暄

初陽不敵嚴寒重。硯曬窗間氷不開。卓午情騰餘睡思。夢魂那得到蓬萊。

掃徑

地偏絶少高軒過。一任瑶花晝掩門。却笑僧雛偏好事。竹枝淨掃見苔痕。

雪夜有懷酌圃

梅。花新種得。一室自幽閒。小艇忽然去。連宵尚未還。遙憐今夜雪。好看隔江山。可憶僧廬客。孤吟短燭間。

乾蝴蝶和方竹樓

鉛粉經秋八月天。無端紫玉竟成烟。穿花舞翅今何在。閱世枯形劇可憐。奩鏡曉粧留昔媚。羅浮春夢記前緣。徐熙妙筆能描寫。扶起風中彩袖翻。

雪後集行安書屋送員帆山之金陵二首

遥山雪後露巉巖。點簡琴書束一緘。歲晚人人動歸思。笑君何事挂征帆。

尊酒寒燈對別顔。主賓且得暫時顔閒。憐余一樣飄寒零者。忍向江頭望故山。

拂登雲亭故址望南山雪色

晴光橋上暄。荒城路紆折。言尋古亭基。山川出高潔。子春昔為圖。指示快稱說。歐公紀以文。清言霏玉屑。勝遊曾幾何。池臺狐兔穴。娟娟見南山。依舊修眉列。緬想登臨人。光陰鳥影瞥。懷古

憶遥情。寒風吹積雪。坐視夕陽沉。羣峰互明滅。歸路獨踟蹰。殷

鑿層冰。鑿。

悼水香村墅寉知東坡寉歎即用原起句

園。中有寉馴可呼。我来飲酒城東隅。鶴也引吭如識予。予寧與

鶴有舊。乎。于嗟汝鶴真羈孤。區區魚稻聊全軀。一身之外何所

餘。頻年鍛翮難為娱。誰知病死在斯須。荒地照影今已無。人生

高蹈各有適。依人毋乃與鶴如。

東坡生日同人繪圖集飲用李委吹笛穿雲南飛為韻余得

吹字

客中歲晚寒風吹。友朋聚飲唯酣嬉。忽憶詰朝是十九。元祐黨（罪）人懸弧期。街南尤子好筆墨。（貢夫）伸紙作圖山歷歷。指香居士高興發。沿途拉客畀致辭。安守主、亦好事。巖齋灑埽茗具治。朝日輝輝射東壁。新圖拂拭楣間垂。陗壁直下一千尺。三老對飲如巢枝。李生橫笛泛小艇。一鶴引吭相追隨。是時嚴冬木葉脫。江山洗盡妖嬈姿。但見流波急蒼莽。遠山（峰）重疊羅修眉。東坡距今幾百載。風流往往如見之。我曹風味亦不惡。舉杯太息非同詩。諸公慎勿自菲薄。古今相望皆如斯。安知他日非故事。後賢把酒来吟。詩。

返棹邗江留別眞州諸同好用白太傅歳暮韻

天涯暮景急相催。倦客無家也要回。執手最憐人作別。多情更約我重。来。作碑索價豈名士。飲酒論錢非異才。他日樽前談往事。殷勤記取歳寒杯。

賦得明月照積雪和酌圃二首

朔。氣静于水。虛窓生夜、。初乾坤千里净。身世一塵微。默〻淡中

趣○稜々霜助威○清光不染○倚杖掩荊扉○
識得天心秘○嚴冬即是暄○寒芒垂列宿○全體見真原○萬象已無
影○六情寧有根○皓然觀大塊○欲贊竟無言○

和荅沈沃田程壽泉見懐

将歸且住屢遲々○僕本無家漫繫思○好友正躭長夜飲○故人忽
寄歳寒○詞○心如鴻鵠飛千里○身々鷦鷯借一枝○多謝封題頻念
我○開緘三復雪盈墀○

對雪懐鶴亭兼呈家葑田

一別江頭揚子津。尺書欲寄每因循。雪天雲樹空相憶。故里松楸獨愴神。驢背清吟隨處得。鶴裘風景逐時新。懸知酬唱圍爐夜。應念羇栖歲暮人。

次和酌園寄懷

醉眼迷離上小舟。一天風雪指汀洲。君如古劍寧輕贈。予愧明珠肯暗投。歲晚何人憐旅況。冰堅幾日凍船河流。多情只有方三拜。念我衝寒蘆荻洲。